間接被害者の判例総合解説

間接被害者の
判例総合解説

平野 裕之 著

判例総合解説シリーズ

信山社

はしがき

　間接被害者についての中心問題である企業損害の問題については，既に判例が経済的一体性説で確立しており，学説には有力な反対があるものの，ゆるぎない判例となっている。そのため，この中心問題だけを取り上げたのではおもしろみのない判例研究になってしまう。そこで，本書としては，これまで間接被害者として議論されてきた種々の事例を整理するという学理的な課題に取り組み，また，これまで企業損害以外についてはあまり掘り下げた議論がされていないので，企業損害以外についても，ボリュームを割いて検討をしようとした。したがって，本書は判例を分析・整理するだけではなく，総論また各論的な学理的分析にも力を入れた。企業損害以外については，判例が依然として確立していない領域が多く，将来の問題検討のための1つの資料として寄与できれば幸いである。

　なお，本書で引用している条文は，特に断りがない限りは民法の条文である。また，古いカタカナ文の判決はひらがな文にし，適宜句読点をふってある。また，判決文中，「……あった」という場合の「っ」は大文字であるが，子文字に変更してある。

　本書の執筆を頼まれてから1年が過ぎてしまった。この間，法科大学院がスタートとし，気持ち的に集中できないなんとなく心にゆとりの無い時間が過ぎたことは言い訳でしかなく，自分の能力のなさを恨むばかりである。このシリーズとしては，製造物責任法と消費者契約法についての判例総合解説も依頼されているが，これについては判例の蓄積をいまだ待ちつつあるところであり，判例の蓄積を見て完成させていきたいと思っている。

　本書が，判例総合解説シリーズの1つとして，実務家にとり調査の1資料となり，また，教材としても法科大学院の学生らにより活用されることは，この上ない幸せである。本書の校正など出版にかかわる大変な作業については，『保証人保護の判例総合解説』同様に編集工房 INABA の稲葉文子氏にお世話になった。この場を借りてお礼を申し上げたい。

2005年6月10日

平　野　裕　之

目　次

はしがき

間接被害者

序章　はじめに … 3

1　間接被害者の意義 … 3
　(1)　問題の提起と整理 … 3
　(2)　間接被害者の問題の位置づけ … 4
2　間接被害者の分類 … 6
　(1)　固有の損害の賠償請求 1（不法行為成立要件型） … 6
　(2)　固有の損害の賠償請求 2（損害賠償範囲型） … 7
　(3)　固有の損害の賠償請求 3（一切保護されない類型） … 7
　(4)　肩代わり費用（不真正間接被害者――権利代位・求償権取得型）
　　　 … 7
3　間接被害者をめぐるこれまでの議論の流れ … 8
　(1)　企業損害論以前 … 8
　(2)　昭和 40 年代における企業損害論 … 8
　(3)　「間接被害者」という問題として一括りにすることへの疑問
　　　の提起 … 9
　(4)　企業損害における消極的姿勢への批判の提起 … 10
　(5)　企業損害以外は必ずしも解決されたわけではない … 10
4　本書の対象範囲の確認――財産損害に限定 … 10

第 1 章　近親者の看護のための交通費・休業損害など … 11

第 1 節　企業損害以外の間接被害者についての判例の状況 … 11
1　介護・葬式出席のための親族の交通費 … 11
　(1)　判例の紹介【1】～【4】 … 11
　(2)　介護・葬式出席のための親族の交通費についての判例の分析
　　　 … 14

目　次

  2　介護・葬式出席のための親族の休業損害 ………………………… *15*
   (1)　損害賠償肯定判例【5】【6】 ………………………………………… *15*
   (2)　損害賠償否定判例【7】～【10】 …………………………………… *16*
   (3)　近親者の休業損害についての判例の整理 ………………………… *18*
  3　遺族による墓碑建設費などの損害賠償請求 ……………………… *19*
   (1)　否定する判例【11】 …………………………………………………… *19*
   (2)　肯定する判例《12》～【14】 ………………………………………… *20*

 第2節　企業損害以外の間接被害者についての学説の状況……… *23*
  1　介護のための休業損害の賠償請求を認めるか …………………… *23*
   (1)　原則否定説 …………………………………………………………… *23*
   (2)　全面的否定説 ………………………………………………………… *24*
  2　遺族による墓碑建設費などの損害賠償請求 ……………………… *24*
   (1)　否　定　説 …………………………………………………………… *24*
   (2)　肯　定　説 …………………………………………………………… *24*
   (3)　本書の立場 …………………………………………………………… *25*

第2章　企業損害1──取締役の死傷事例── …………… *27*

 第1節　取締役の死傷事例における企業損害をめぐる判例の
    　状況 ………………………………………………………………… *27*
  1　取締役の死傷事例1──会社が損害賠償を請求した事例に
   ついての判例【15】～【49】 ……………………………………………… *27*
   (1)　賠償が肯定された損害 ……………………………………………… *59*
   (2)　賠償が否定された損害【50】～【68】 ……………………………… *60*
  2　取締役の死傷事例2──取締役自身が損害賠償を請求した
   事例【69】～【71】 ………………………………………………………… *77*

 第2節　代表取締役の死傷事例における企業損害についての
    　判例の分析 ……………………………………………………… *80*
  1　判例の結論の分析 …………………………………………………… *80*
   (1)　企業固有の損害賠償請求を肯定する判決 ………………………… *80*
   (2)　個人会社性を肯定するが別個の理由で損害賠償請求を否定す
   　　る判決 ………………………………………………………………… *81*
   (3)　個人会社性を否定する判決 ………………………………………… *83*

(4)　経済的一体性説以外に基づいて会社の損害賠償請求を否定する判決 ……………………………………………………………… *85*
　2　判例の法理の整理・分析 ………………………………………… *85*
　　(1)　間接被害者についての一般論──原則否定 ………………… *85*
　　(2)　例外についての一般論 ………………………………………… *86*
　　(3)　企業損害についての問題処理の法的構成 …………………… *86*
　　(4)　予見可能性の要否 ……………………………………………… *87*
　　(5)　肯定判決の損害の認定 ………………………………………… *88*

第3章　企業損害2──従業員の死傷事例── …………… *91*
　第1節　従業員の死傷による企業損害についての判例の状況
　　　　　【72】～【97】 ………………………………………………… *91*
　第2節　従業員の死傷事例についての判例の整理・分析 ……… *114*
　　1　結論について──殆ど否定判決 ……………………………… *114*
　　2　法 的 構 成 ………………………………………………………… *115*
　　　(1)　相当因果関係を問題として処理 ……………………………… *115*
　　　(2)　債権侵害を問題として処理した判決 ……………………… *115*
　　　(3)　経済的一体性を問題として処理した判決 ………………… *116*
　　　(4)　間接被害者というが経済的一体性はいわない判決 ……… *116*
　　　(5)　直接的企業損害という構成を採用した判決 ……………… *116*
　　3　肯定判決で認容された損害賠償の内容 ……………………… *117*

第4章　企業損害3──その他の者の死傷事例── ……… *119*
　第1節　特殊ケース──妻など家族が働いている場合【98】～
　　　　　【102】 ………………………………………………………… *119*
　第2節　逸失利益以外の企業固有の損害について【1】【103】
　　　　　【104】 ………………………………………………………… *123*

第5章　企業損害をめぐる学説 ………………………………… *127*
　第1節　企業損害の問題の位置づけ ………………………………… *127*
　　1　問題の位置づけ ………………………………………………… *127*
　　　(1)　請求主体の制限の問題という理解（請求権主体説）……… *127*

(2)　損害賠償の範囲の問題という理解（賠償範囲説）……………… *127*
　　(3)　本書の立場 ………………………………………………………… *128*
　2　直接被害者とする構成の可能性について ……………………………… *129*
　　(1)　債権侵害構成 ……………………………………………………… *129*
　　(2)　営業侵害構成 ……………………………………………………… *130*

第2節　法的保護の結論（その1）──原則否定説が通説・判例 … *131*
　1　原則否定説 ………………………………………………………………… *131*
　　(1)　原則否定される根拠 1──実質的な根拠づけ ………………… *131*
　　(2)　原則否定される根拠 2──法理論的な根拠づけ ……………… *132*
　　(3)　原則否定される根拠 3──比較法的考察から ………………… *132*
　　(4)　本書の立場 ………………………………………………………… *133*
　2　原則否定説で例外的に損害賠償が認められる場合 ………………… *133*
　　(1)　故意がある場合 …………………………………………………… *133*
　　(2)　判例の認める例外的事例（経済的同一体説）………………… *134*
　3　本書の立場 ………………………………………………………………… *136*

第3節　法的保護の結論（その2）──原則否定説に疑問を提起する学説 ……………………………………………………………… *137*
　1　栗田教授による問題提起 ……………………………………………… *137*
　2　夏目判事による全面的反論（無制限肯定説の提示）………… *138*

第6章　企業損害の関連問題 ……………………………………… *141*

第1節　個人企業における経営者個人による損害賠償請求の認否 ……………………………………………………………………… *141*
　1　取締役個人による損害賠償請求 ……………………………………… *141*
　　(1)　会社の損害賠償請求を肯定する立場では ……………………… *141*
　　(2)　会社の損害賠償請求を否定する立場では ……………………… *142*
　2　取締役個人による損害賠償請求と会社による請求との関係 ……………………………………………………………………………… *142*
　3　過失相殺について ……………………………………………………… *143*

第2節　被害者である代表者個人が賠償請求できる額 ………… *144*
　1　全　額　説《105》 …………………………………………………… *144*
　2　労務価額説【69】《106》〜【109】 …………………………………… *145*

第3節　個人営業の場合の経営者個人と家族の損害賠償請求権 …… 149
  1　個人経営者による損害賠償請求【110】【111】 …… 149
  2　被害者である家族による損害賠償請求【112】 …… 151

第7章　親族による治療費支払・看護など …… 153

第1節　親が学費を負担している事例——学費分相当の損害賠償請求 …… 153
  1　判例の状況 …… 153
  2　判例の分析および本書の立場 …… 154

第2節　不法行為後に支払った費用——治療費 …… 155
  1　判例の状況 …… 155
   (1)　被害者自身ではなく支払った親などが賠償請求をした事例《113》【114】 …… 155
   (2)　被害者本人が賠償請求をした事例《115》〜《117》 …… 157
   (3)　判例の分析 …… 159
  2　学説の状況 …… 160
   (1)　治療費を支払った近親者による損害賠償請求 …… 161
   (2)　補論——転落事故を知って現地に会社が社員を派遣した出張費・宿泊費用・救護諸経費 …… 164
   (3)　直接の被害者による損害賠償請求について …… 164
   (4)　本書の立場 …… 165

第3節　看護ないし介護費用など …… 166
  1　判例の状況 …… 166
   (1)　付き添った家族により損害賠償が請求された事例【118】【119】 …… 166
   (2)　被害者の損害として賠償請求がされた事例《120》 …… 168
  2　学説の状況 …… 171

第8章　会社による給与の支払など …… 173

第1節　企業の反射損害をめぐる判例の状況 …… 173
  1　主要な判例の紹介《121》〜【130】【19】【131】〜【162】 …… 173

目　次

　　　2　判例の整理・分析 ……………………………………………… *198*
　　　　(1) 肯定判決の法的構成 …………………………………………… *198*
　　　　(2) 肯定判決の事例類型 …………………………………………… *200*
　　　　(3) 請求が否定された事例 ………………………………………… *201*
　　　　(4) 取締役への役員報酬の支払の事例について………………… *202*
　第2節　反射損害ないし不真正第三者損害をめぐる学説およ
　　　　　び分析 …………………………………………………………… *204*
　　　1　反射損害ないし不真正第三者損害をめぐる学説 ……………… *204*
　　　　(1) 会社の給付が義務的である場合 ……………………………… *204*
　　　　(2) 会社の給付が義務的でない場合 ……………………………… *205*
　　　2　本書の立場 ………………………………………………………… *206*
　　　　(1) 支払が義務な場合 ……………………………………………… *206*
　　　　(2) 支払が義務ではない場合 ……………………………………… *206*

第9章　その他の特殊事例
　　　──近親者の死亡・傷害による間接的財産損害──
　　【163】〜【165】 ………………………………………………………… *207*

終章　本書のまとめ ………………………………………………… *209*

　　1　損害賠償範囲型 …………………………………………………… *209*
　　　(1) 判例の状況 ……………………………………………………… *210*
　　　(2) 本書の立場 ……………………………………………………… *211*
　　2　不法行為成立要件型──企業損害 ……………………………… *211*
　　　(1) 判例の状況 ……………………………………………………… *211*
　　　(2) 本書の立場 ……………………………………………………… *212*
　　3　権利代位・求償権取得型 ………………………………………… *213*
　　　(1) 判例の状況 ……………………………………………………… *213*
　　　(2) 本書の立場 ……………………………………………………… *215*

　判例索引 ………………………………………………………………… *217*

判例集等略称

大　判	大審院民事部判決	下民集	下級裁判所民事裁判例集
最　判	最高裁判所判決	交民集	交通事故民事裁判例集
高　判	高等裁判所判決	交通下民集	交通事故による不法行為に関する下級裁判所民事裁判例集
地　判	地方裁判所判決		
支　判	支部判決		
民　集	大審院民事判例集	金　判	金融・商事判例
	最高裁判所民事判例集	判　時	判例時報
新　聞	法律新聞	判　タ	判例タイムズ
高民集	高等裁判所民事判例集	訟　月	訟務月報

文 献 略 記

文 献 略 記

幾代通・徳本伸一『不法行為法』（平5）
稲田龍樹「間接被害者の損害」『自動車事故〔ジュリスト増刊総合特集42〕』130～134頁（昭61）
内田貴『債権各論』（平9）
近江幸治『民法講義Ⅵ事務管理・不当利得・不法行為』（平16）
加藤一郎『不法行為（増補版）』（昭49）
加藤一郎ほか〈座談会〉交通事故による損害賠償請求訴訟の諸問題」判タ208号31頁（昭43）
加藤雅信『新民法大系Ⅴ事務管理・不当利得・不法行為』（平14）
加藤雅之「規範的損害概念への展望」法学政治学論究61号213頁（平16）
加藤了「企業固有損害の賠償請求について」判タ303号51頁（昭49）
久世表士「交通事故賠償の諸問題(3)――企業損害について＝判例を中心に＝（Report '89）」時の法令1349号63～76頁（昭64）
倉田卓次「交通事故と企業の損害」松田判事在職40年記念『会社と訴訟（上）』（昭43），同『民事交通訴訟の課題』（昭45）63頁以下に収録（引用は後者による）
栗田哲男「間接被害者の賠償請求 『民法の争点(2)―債権総論・債権各論』196～197頁（昭60），同『現代民法研究(3)』（平10）120頁以下に収録（引用はこれによる）
児玉康夫「企業損害・間接損害」『現代裁判法大系6』（平10）
後藤博「間接被害者の損害」『裁判実務大系第8巻民事交通・労働災害訴訟法』187～194頁（昭60）
小長光馨一「間接被害者の損害」倉田編『判例からみた自動車事故の諸問題』（昭52）
小西義博「企業損害」『民事弁護と裁判実務5』（平9）
潮海一雄「不法行為により第三者に生じた『反射損害』（Reflexschaden）の救済(1)～(3)」六甲台論集17巻2～4号（昭46）
潮海一雄「間接被害者の損害賠償請求」『損害賠償法の課題と展望（石田喜久夫・西原道雄・高木多喜男先生還暦記念論文集 中）』202～232頁（平2）
潮見佳男『不法行為法』（平11）
四宮和夫『不法行為』（昭60）
田邨正義「間接被害者の損害」交通法研究創刊号（昭46）
田邨正義「会社の代表者の負傷と会社の損害」『実務法律大系4交通事故』（昭48）
田中隆「判批」交通事故判例百選（第二版）96頁（昭56）
田山輝明『不法行為法』（平8）
徳本伸一「間接被害者の損害賠償請求権(1)」法学33巻3号（昭44）
同「(2)・完」法学33巻4号（昭44）
徳本伸一「間接被害者の損害」『損害賠償法講座7』287頁（昭49）
徳本伸一「間接被害者からの損害賠償請求」『新・実務民事訴訟講座(4)―不法行為訴訟(1)』265～286頁（昭57）

文献略記

中井美雄「間接被害者」『民法講座別巻2』（平2）
夏目明徳「間接被害者の損害」『新・裁判実務大系5 交通損害訴訟法』（平15）
西井龍生「企業の損害」西南学院大学法学論集15巻3号1～29頁（昭58）
西原道雄「間接被害者の損害賠償請求」『実務民事訴訟講座3 交通事故訴訟』（昭44）
浜崎恭生「間接被害者」判タ268号（昭46）
平井宜雄『債権各論II不法行為』（平4）
前田達明『民法VI$_2$（不法行為）』（昭53）
丸尾武良「企業の損害」判タ212号102頁（昭43）
村田輝夫「間接被害者の損害賠償に関する一考察──「個人企業」の損害について」文経論叢弘前大学」32巻2号45頁～61頁（平9）
安田実「従業員等の交通事故と企業主の損害」企業法研究第207輯（昭47）
安次富哲雄「自動車事故と間接被害者」加藤一朗・木宮孝彦編『自動車事故の損害賠償と保険』（平3）
湯川浩昭「企業損益に関する諸問題（平成5年度における東京地方裁判所民事27部の裁判例の動向──法人役員の逸失利益と企業損害）」判例タイムズ842号19～25頁（平6）
吉田邦彦『債権侵害論再考』（平3）
好美清光「間接被害者の損害賠償請求」判タ282号（昭47）

間接被害者

判例総合解説

序章 はじめに

1 間接被害者の意義——広くは直接の被害者以外で損害を被った者

(1) 問題の提起と整理

(a) 財産損害について

❶ **いわゆる企業損害について**　例えば、実際にあった判例【84】の事案でいうと、建築会社の社員の慰安バス旅行中、道路の管理についての瑕疵により落石のため事故が起き、多くの従業員が負傷し会社が殆ど操業できない状態になり、注文を受けていた建築作業も他の業者に依頼するなどの大きな損失を受けている。このような事例を、次に述べる広い間接被害者の問題の中で、特に**企業損害**という。

ここでは、負傷した取締役や従業員が自己の受けた損害を賠償請求できるのは当然であるが、会社が、当該取締役または従業員が就労できず事業の執行に支障を来たしてそれによって収益が減ったり、余計な費用の支出が必要になった場合に、不法行為責任を負う者に対して損害賠償を請求できるのかが議論されている。その前提として、不法行為法におけるこの議論の位置づけ、そのあてはめとして損害賠償を認める場合の要件をどう考えるか、といったことが問題となっている。

❷ **広い意味での間接被害者**　「間接」被害者という問題を広く考えれば、交通事故の被害者の親族が、その居住する海外から急遽帰国した交通費、看護のために会社を休んだ休業損害なども問題になり、更には、被用者が就労中に第三者による不法行為で負傷した場合に、就労していないのに会社が従前と同じ給与を支払っている場合なども、「間接」被害者の範疇に含まれることになる。このように間接的に、第三者が直接被害者への不法行為を契機として何らかの出捐をしたり、または、逸失利益の損害を受けた場合に、間接的に被害を受けた者を広く**間接被害者**ということができる。

(b) 精神損害について——民法に関連規定あり

間接被害者の問題は、精神的損害についても考えられ、この点について財産損害とは異なり民法は特別規定を置いている[1]。すなわ

---

1) なお、711条は精神的損害についての制限であるが、被害者が死亡した場合について、相続構成ではなく扶養構成を採用し、711条を適用（類推適用）して解決しようとする提案がされている。前田達明『判例不法行為法』313頁。東京地判昭46・10・26判タ271号231頁は、5歳の子の死亡に

ち，民法は711条で，被害者とは別の者が加害者（不法行為者）に対して精神的損害の賠償請求（慰謝料請求）をできる場合を，被害者の範囲および賠償請求できる事例の両者から制限をしているのである[2]。

(2) 間接被害者の問題の位置づけ
(a) ドイツ民法とフランス民法

間接被害者の問題を不法行為におけるいかなる議論のレベルで扱うかについては，ドイツ民法とフランス民法とでは，立法形式が異なるため，問題のアプローチの仕方には顕著な対立が見られる。

❶ ドイツ民法──不法行為の成立要件の設定により間接被害者を排除する　ドイツ民法では，不法行為責任が認められるためには，原則として権利侵害が必要であるため（ドイツ民法823条1項），間接被害者についての不法行為の成立を問題にする限り，直接の被害者に権利侵害があっても，権利侵害を介さない派生的な間接被害者については，不法行為責任は成立しえないことになる。即ち"権利を侵害された者だけに"損害賠償の請求資格を限定し，第三者へ損害が拡大しても権利侵害を介さないので，その損害賠償請求は認められないのである。但し，権利侵害を営業権侵害などに拡大をしていけば，間接被害者についても，権利侵害の要件を充たすものと考える余地があることになる。

❷ フランス民法──不法行為の成立要件では間接被害者が特に排除されない　他方で，フランス民法では，不法行為の成立要件として，そもそも権利侵害という要件を設定しないので（損害が発生すればよい），間接被害者による損害賠償請求の可能性は排除されていない。そのため，①直接被害者への不法行為により，第三者も賠償範囲に入るとする処理，また，②直接被害者への不法行為とは別に第三者に対する不法行為を別に認めるという処理のいずれも可能となる。いずれの解決が採用されるべきかは，民法規定による制限はなく，解釈に任されている。この点について，「フランス法では，間接被害者における利益の侵害の有無を問題にして，それがある場合には損害を認定するというかたちで間接被害者自体についての不法行為の成否が問題とされる」と評されている[3]。即ち，損害を被った被害者の数だけ不法行為責任が存在

より母親が精神的苦痛を受けたのみならず，健康を害して入通院を余儀なくされたと主張して，母親自身の治療費，入院中の主婦としての労働能力喪失による財産的損害の賠償が請求された事例で，慰謝料請求権と並んで，原告主張のような治療費や労働能力の喪失損害を別個の損害として構成することは認められないとする。

2) 間接被害者である近親者が慰謝請求できる構成については，民法711条は沈黙している。不法行為の成立は直接被害者について考察し，損害賠償の範囲内ならば間接被害者にも損害賠償請求権が成立するというのか，それとも，直接被害者への不法行為，間接被害者への不法行為という別の不法行為の成立を認めて，間接被害者は自分への不法行為の成立の効果として賠償請求できるというのか，不明である。

3) 加藤雅之・規範的損害概念213頁。フランスにおける間接被害者の紹介としては，本論文のほか，吉田・再考481頁以下がある。

するといってよく，保護に値する利益を侵害されたことを必要として損害概念に規範的評価を持ち込んで，ここで間接被害者に対する不法行為責任の成否について絞りをかけているようである。したがって，権利侵害とまでは厳格にはされていないが，不法行為の成立要件のレベルで保護される利益か否かという観点から絞りをかけようとする点では，ドイツ法と大差はないといえる。

(b) **日本民法での位置づけ**

日本民法は，709条に権利侵害という要件を設定して権利侵害という基準によって不法行為の限界を画そうとしたが，その後，権利が法的に保護されるべき利益に拡大され（現代化法によってこの点は，条文に明記された），権利侵害に代わる不法行為の限界づけのための基準が必要になり，そのために違法性（受忍限度論など）による限界づけが，権利侵害に代わる新たな限界づけの基準として認められるようになっている。したがって，わが民法では，間接被害者による損害賠償が当然に否定されるような形にはなっていない。2つの法的構成が可能である[4]。

❶ 別個の不法行為の成立を問題とする方法　先ず，不法行為の成立要件として権利侵害である必要はないので，間接被害者について独立した不法行為の成否を問題にすることが考えられる。しかし，単に損害を受けるというのでは足りず[5]，権利または「法律上される利益」を侵害されて損害を受けたことが必要である。このようなアプローチでは，損害賠償を受けられる者か否かは，法的に保護に値する利益の侵害があるかという問題に解消される[6]。これに対し，違法性と読みかえるまたは過失に吸収し，要件として損害の発生だけでよいという考えでは，違法性ないし過失の問題に解消される。

その結果，企業損害では，債権侵害の事例にも似た，侵害対象である利益がどこまで保護されるか（どのような侵害に対して保護されるかという違法性論も含んだ意味で）という不法行為の成否の価値判断が必要になってくる（これを真正間接損害の問題といえる）。しかし，広い意味での間接被害者の問題にも多様な類型があり，すべてをこの成立要件レベルの構成で解決する必要はないと思われる。

❷ 因果関係の問題として解決する方法

---

4) これまでの議論は，冒頭の企業損害を専ら念頭において間接被害者の問題を議論しており，企業損害の事例をどう構成すべきかについて，①損害賠償の範囲の問題として位置づける考え（賠償範囲説）と，②損害賠償請求主体の範囲の問題と考える立場（責任主体説）の2つに分ける学説がある（平井・不法行為182頁）。**平井・不法行為** 185頁，**吉田・再考** 481頁以下，**内田・債権各論** 434頁。前田陽一「損害賠償の範囲」『新・現代損害賠償法講座6 損害と保険』95頁は，賠償範囲説である。
5) フランス民法1382条では損害を受けることだけが要件として規定されており，権利どころか利益侵害という要件さえ設定されていないが，間接被害者については法的に保護に値する利益による制限がかけられていることについて，**加藤雅之・規範的損害概念**を参照。
6) フランス法を参考にして，「被侵害利益を基礎にした規範的損害概念から間接被害者論の再構成の可能性を考える余地があるのではないか」と提案をする，**加藤雅之・規範的損害概念** 215頁も，同様の立場であるといえよう。

次に，飽くまでも損害の派生的拡大現象の一貫として考えて，不法行為の成立要件は直接被害についてのみ考えればよく，相当因果関係の範囲内にあるか否かで，その損害が賠償されるべきか否かを考えるということも可能である。主体を超えて被害が拡大しても，間接被害者もいわば直接被害者に対する不法行為の保護範囲の人間として（いわば"被害者側の損害"の法理），独立した不法行為の成立を問題にすることなく，自分の受けた損害賠償を請求できるという構成が考えられるのである。直接被害者と間接被害者との親族関係などに基づく利益的結びつきからして，一体としてその利益保障が考えられるべき場合には，このような損害賠償範囲型の解決をすることが可能であろう。

(c) まとめと展望

結論を述べると，わが国では，間接被害者を保護することに民法上の障害はないが，間接被害者の問題をすべて統一的に解決する必要はなく，不法行為の成立レベルの問題，損害賠償の範囲レベルの問題，更には損害賠償請求権の代位ないし求償権取得の問題と，3つの類型に整理をして，その事例に合わせた妥当な解決が考えられるべきである。

2　間接被害者の分類

前述のように，間接被害者の事例には多様な事例が含まれており，これらをすべて統一的な基準で解決する必要はなく，類型化しそれぞれ類型に応じた妥当な解決が図られるべきである。その類型化については，本書では，以下の3つの類型に大きく分類・整理した上で，さらにその中で細分化していきたい

(1)　固有の損害の賠償請求 1（不法行為成立要件型）

先ず，第三者に生じた損害について，不法行為上の保護を与えるべきかまたいかなる場合に与えるべきか，不法行為の成立次元で問題とされるべき事例が考えられる。

(a)　企業損害 1――真正間接被害者

冒頭に述べた企業責任の事例であるが，会社の従業員や取締役などが交通事故などで負傷をして，そのためにその者が業務に従事できず，使用者たる会社などが事業活動に支障を生じて逸失利益を生じた場合に，その逸失利益を賠償請求できるか，といった問題がある。債権侵害が問題にならない点で異なるが，被害者の看護のために親が会社を休んだ休業損害などについては，むしろ(b)の損害賠償の範囲の問題として考えるべきである。

(b)　企業損害 2――個人会社の特殊事例（形式的間接被害者）

個人で経営していれば，その個人が交通事故などで負傷をして営業ができず，逸失利益を生じた場合には被害者である個人自身がその賠償請求ができるのは当然である。では，もし税金対策などで法人化していたらどうなるのであろうか。被害者は代表取締役としての逸失利益の損害賠償が請求できるだけであろうか。実体は同じなのに，その事業全体の逸失利益の損害賠償を請求できないというのは不都合である。この問題の解決としては，

個人経営者に法人化しても，収益全部の賠償請求を認めるか，それとも，法人自身に逸失利益の賠償請求を認めるかということになり，後者の解決では形の上では間接被害者による損害賠償の請求ということになる。訴訟で主張され判例が容認したのは後者の構成である。しかし，この事例は，賠償請求主体に受傷者＝企業の関係が成立し，「直接被害者と別法人格の間接被害者に対する不法行為の成否」という設問自体が解消されてしまうような特殊ケースであることは[7]，注意すべきである。

(2) 固有の損害の賠償請求 2（損害賠償範囲型）

次に，被害者と間接被害者の親族関係などの特別関係からして（それ以外の遠い損害は，そもそも不法行為法では一切保護されない），利益保障についてこれを一体とし相当因果関係のハードルをクリアーさえすれば，別個に不法行為の成立を問題にする必要がない類型が考えられる。直接の被害者に生じた損害と同様に，単に相当因果関係の問題として考え，そのような利益が成立要件の対象になるのか特別の考慮を要しない事例であり，被害者の子が看護のために居住する海外から駆けつけた交通費などが，この類型に含まれる。

(3) 固有の損害の賠償請求 3（一切保護されない類型）

Ａ会社の設備を加害者が破損し，Ａ会社が，工場が復旧するまで製品の生産ができなくな

り，そのため，Ａから部品の供給を受けていた別のメーカーＢが製品の生産ができなくなったなど，複雑に主体が結びついている現代社会においては，損害が関連企業に拡大していく事例は枚挙にいとまない。単なる反射的な利益を得ていたに過ぎない場合は保護に値しないのは当然（例えば，隣のＡスーパーの集客力によって客が支えられてきたレストランで，スーパーが加害者の不法行為により一定期間操業ができず，その間レストランの客が減ったなど），(1)(2)以外の事例では，もはや不法行為法の保護を考えることはできないであろう（成立要件のレベル，相当因果関係のレベルいずれでも否定されよう）。

(4) 肩代わり費用（不真正間接被害者――権利代位・求償権取得型）

さらには，間接被害者の固有の損害または損害賠償請求権を問題にすべきではなく，被害者が不法行為と同時に取得した損害賠償請求権を，第三者が実質的に塡補したことにより，被害者の有していた損害賠償請求権がその第三者に移転（代位取得）したこと，または，不真正連帯債務者間の求償権を取得したと認めるべき事例が考えられる。この場合には，損害が予期を超えて拡大したという問題とは異なっている[8]。これを企業が従業員や取締役の死傷を契機として加害者に損害賠償請求するものであるため，間接被害の問題として議論されてきたが，代位弁済または弁済した不真正連帯債務者による求償またはその

---

[7] 夏目・間接被害者 227 頁。
[8] 平井・不法行為 183 頁は，不真正間接被害者と呼ぶ。

求償権のための代位の問題である。そして、子の治療費を親が支払った場合なども、同様に代位が問題になるだけなのか、この類型の妥当範囲の限界付けも容易ではない。

ただし、これまでこの問題も間接被害者の問題として議論されてきたので（また、判例には相当因果関係で処理するものも少なくないし、ほかの類型との限界付けもそう容易ともいえない）、本書では一応この類型も取り上げることにする。

(a) 近親者による治療費等の支出

未成年者が不法行為の被害者であり負傷をし、その扶養義務者が被害者について治療費を支出したり、看護のために付き添いをして仕事を休業して休業損害を受けた場合、被害者が死亡し喪主が葬儀費用を支出した場合などがある。死亡の場合は別として、このような場合には、被害者自身が自分の慰謝料などと共に全損害を賠償請求することも、近親者がこれらの損害を別に賠償請求することも、いずれも選択できると考えられている。

(b) 会社が従業員または取締役らについて、香典を出したり社葬を行った場合

会社が従業員の葬儀を社葬として行った場合、その費用の支出を不法行為による損害として、加害者に対して損害賠償請求できるかが問題になる。社葬のため、会社が休業にした逸失利益（休業損害）については、(1)の事例か(2)の事例か微妙である。

(c) 会社が従業員または取締役らについて休業中の給料、役員報酬を支払った場合

この場合には、会社は反対給付なしに賃金等を支払うという損害を被っているが、これを不法行為者に損害賠償請求できるかという問題である。判例・学説ともこれを肯定するが、固有の損害賠償請求権なのか、被害者の損害賠償請求権を代位取得するもの、または、求償権を取得するものと構成すべきなのか、議論されている。

3 間接被害者をめぐるこれまでの議論の流れ

(1) 企業損害論以前

遺族が葬式費用の損害賠償を請求できるのか、また、被害者の扶養者が治療費を支払った場合に、この者が加害者に対して不法行為による損害賠償を請求できるのか、といった問題については、既に戦前より判例があり、また判例評釈によりわずかながら議論がされていた。しかし、間接被害者といった概念も設定されておらず、戦後の中心論点となる企業損害の問題は、判例に未だ登場していないのみならず、学説上も議論がされていない。

(2) 昭和40年代における企業損害論

いわゆる「間接被害者」という名で問題が議論されるようになるのは、昭和40年代に入ってからである。そこで議論の中心とされたのは、わが国特有の議論であるが、個人会社の経営者が交通事故などで負傷し、そのために従前の事業活動に支障をきたし、会社の収益が減少した場合に、直接の被害者である

個人が治療費や休業損害・後遺障害逸失利益などの賠償請求ができるのは当然として、この会社も逸失利益（営業損害）の賠償を請求できるか、である。これを皮切りに、個人会社でない場合、また、従業員が死傷した場合へと議論が広げられることになる。さらには、会社が従業員に補償金を支払っていたり、負傷により就労していない間も従前どおりの給与を支払っていた場合に、会社が不法行為者に損害賠償を請求できるのかも議論されるようになるが、肩代り損害などといわれて、しだいに別の類型に整理されていく（次の(3)参照）。

昭和40年代にこのような訴訟が急に発生・増加した原因としては、殆どの事例が交通事故の事例であり、交通事故による死傷事故の増加が背景にある。さらには、実態は個人営業なのに税金対策のために形だけ法人とすることが一般化したというわが国の特殊事情がある。また、企業内の職種の専門家と補充労働力の不足といった事情も指摘されている[9]。学説上の議論も、昭和40年代に集中しており、その後も判例は継続的に蓄積されているが、すでに判例は確立された感がある。

(3)　「間接被害者」という問題として一括りにすることへの疑問の提起

間接被害者という一括りの問題設定をすることに対しては、その後に疑問が提起されている。例えば、平井教授は、「賠償範囲説」の立場から後述するような分析を行い、「『賠償範囲説』によるとすれば、『間接被害者』という概念は、法技術概念としては不要であり、その概念によって扱われる問題は、理論的には保護範囲確定の一般理論の扱う一極面にすぎないことになる。」（傍点筆者）とまとめている[10]。

また、平井教授の批判に賛同しつつ、近時、潮見教授は、次のような疑問を提起する[11]。即ち、「間接被害者の法律問題として取り上げられる事件群にはそれらを統一しうるだけの共通の法技術的視点が欠けており、間接被害者という集合名詞のもとにまとめる意味がないし、個々の事件群を1つひとつピックアップしたときにも、間接被害者という権利主体面から特別扱いして論じる必要を見出さない。むしろ問題の本質を覆い隠してしまうおそれがないとは言えない」と。そして、個別的には、①肩代わり損害は、損害の金銭的評価＋賠償者代位の可否の問題、②定型的付随損害を、後続損害が直接の被害者以外に発生したというだけで、損害賠償の範囲の問題であり間接被害者特有の問題として処理する必要なし、③企業損害は、企業の営業利益、経済的利益が法的に値するかという問題であり、間接被害者の問題として考えるべきではない、また、④企業損害で個人会社の場合は、損害賠償請求の次元での法人格否認・形骸化の問題として考えればよい、という[12]。

---

9)　潮海・間接被害者204頁。
10)　平井・不法行為186頁。
11)　潮見・不法行為182〜183頁。
12)　潮見・不法行為183頁〜186頁。

(4) 企業損害における消極的姿勢への批判の提起

企業の物的施設を侵害し（所有権侵害），それによって派生的に事業上の損害が発生した場合には，相当因果関係が認められればその賠償が認められている。所有権侵害というよりも，それを利用した営業の侵害であるが，特に営業侵害として構成することはない。ところが，人的施設とも言うべき代表者や従業員が侵害された場合に，被害者本人が損害賠償を請求できるというだけで，どうして物的損害とは異なり企業は損害賠償を請求をできないのか，疑問が提起されている。そして，後述するように，夏目判事によって，積極的に企業損害について賠償請求を肯定すべきことが近時主張されている。

(5) 企業損害以外は必ずしも解決されたわけではない

企業損害以外の事例では，最高裁判決がなかったり，または，最高裁判決があっても，必ずしもその後の判決がそれにしたがっておらず判例として確立しているとはいえない事例が少なくない（親族による看護，治療費の負担については，被害者・親族のいずれからも損害賠償請求が可能という点は判例として確立しているといえよう）。また，そのような事例については，学説上も，結論的にどう異なることになるのかその議論の実益は疑問視できないではないが，議論が紛糾している（最近は議論自体少ない）。

4 本書の対象範囲の確認——財産損害に限定

先ず，711条の精神的損害＝慰謝料請求の問題については，ここでは検討の対象からはずしたい。基本的には慰謝料算定の問題であり，損害賠償請求権者の範囲の制限，請求できる事例の制限という政策的な主体の制限がされており（解釈により一定の場合に拡大），これは間接被害者の財産損害を問題にするに際しても参考になるものと思われるが，710条の問題として被害と括りに説明するほうが適切（読者の立場からも）だと思われるからである[13]。そこで，本書では，財産損害に限定して説明をしていくことにする。左記に述べたように，異質の議論が含まれているが，一応すべてこれまでの議論は取り上げていくことにしたい。ただし，これまでの議論は企業損害が中心であったため，企業損害の問題を主として取り上げることにする。

---

13) 団体に対する名誉毀損につき団体の会員が慰謝料を請求できるかという問題（幸福の科学事件）も，本書では取り上げない。この事件については，京都地判平4・4・30判タ798号138頁，判時1451号137頁，名古屋地判平5・3・26判時1467号94頁，判タ833号233頁，徳島地判平5・6・18判タ845号281頁，札幌地判平5・11・12判タ845号285頁，名古屋高判平5・12・24判タ846号221頁，高松高判平6・10・25判タ871号257頁などの判決があるが，いずれも請求は否定されている。711条の趣旨からしてやむを得ない結論といわざるをえない。

第1章　近親者の看護のための交通費・休業損害など

第1節　企業損害以外の間接被害者についての判例の状況

ある主体への不法行為の結果，被害者の下で損害が意外なまでに拡大していった場合に，これをどこまで不法行為者に賠償させるかという損害賠償の範囲の問題が登場するが，同様の問題は，第三者に損害が拡大する場合にも認められる。以下に取り上げる事例については，直接の被害者以外に生じた損害ではあるが，間接被害者として意識的に議論はされておらず，判例上専ら単純に損害賠償の範囲の問題として考えられているものである。なお，踏切事故で電車を止めてしまったため，乗客が立ち往生した電車の中に閉じ込められ，大学入試の受験会場に間に合わなかった，飛行機に間に合わなかった，重要な取引の交渉に間に合わなかった，不渡りを避けるための入金に間に合わなかったなど，複雑な現代社会においては類似した事例は枚挙に暇ないほどもありあふれている。しかし，このような場合には，そのような利益がその侵害に対して不法行為法上そもそも保護されるのかという，不法行為の成立レベルの問題とされるべきである（このような場合には，拡大した損害を受けた間接被害者の直接被害者である鉄道会社に対する債権侵害でもない）[14]。

以下には，①介護・葬式出席のための交通費，②介護・葬式出席のための休業損害，③墓碑建設費について説明をしていく。看護・介護それ自体，治療費の支出については，権利代位・求償権取得型の事例類型であり，第7章で説明する。

1　介護・葬式出席のための親族の交通費

(1)　判例の紹介

交通事故の被害者の親族が，留学先，海外勤務先から急遽帰国した往復飛行機代は，被害者が加害者に損害賠償請求できるものではなく，被害者の親族が固有の損害として賠償請求するしかないが，この場合には債権侵害は問題にならない。親族などに対する固有の不法行為を別個に問題にする余地はなく，純粋に損害賠償の範囲の問題として処理すれば足りるであろう（被害者が介護に来た親族に交通費を支払ったら，代位を問題にするしかない

第1章　近親者の看護のための交通費・休業損害など

であろう）。実際に，判例も損害賠償の範囲の問題として考察をしている。

【1】　東京地判昭44・8・13判タ239号184頁
（葬式参列のための交通費，子——肯定）

　[休業損害——否定]「X₁は大学を卒業すると同時に渡米し，昭和42年1月29日ごろはロスアンゼルスの共同貿易株式会社に勤務するかたわらILWAの労働組合において日本拳法を指導し，同会社から給与として月額18万円，同組合から報酬として月額36万円を得ていたが，父であるAの死亡の報に接し葬儀に参列するため同年2月1日急拠帰国し，葬儀終了後はアメリカに戻るつもりでいたところ，母であるX₂の懇請に応じてAの後を継ぐことになり，同年6月家財整理のためにアメリカに往復したことはあったが，共同貿易株式会社の勤務とILWA労働組合における指導はその時期も判然としないまま辞職する結果となり，同年2月からはX₃会社から28万円の給与を受けていたことが認められる。したがってX₁がアメリカに戻らずにAの後を継いだのは結局X₁の意思に基づくものであって，本件事故によるAの死亡はその契機を作ったものにすぎず，その間に必然性はないと

いうべきであり，また帰国後はX₃会社から給与を得ていていわゆる休業と目すべき状態はなかったとみるべきであるから，X₁の休業補償の主張は理由がない。」

　[葬儀参列のための交通費——肯定]「これに対し……，前記葬儀参列のためおよび残務整理のための東京とロスアンゼルス間の航空往復運賃25万円（その余の交通費についてはこれを認めるに足りる証拠はない。）は本件事故によるAの死亡ということがなければ支出する必要がないものであるから，本件事故と相当因果関係がある損害である。」

《2》　最判昭49・4・25民集28巻3号447頁
（看護のための交通費，子——肯定）〔判例評釈〕斎藤修・民商法雑誌80巻6号775頁，篠原弘志・高梨俊一・日本法学41巻3号88頁，柴田保幸・法曹時報28巻3号105頁，松石献治・交通事故判例百選＜第2版＞82頁

　被害者が交通事故により重傷を負ったため，被害者の娘がウィーンに留学途中のモスクワで事故の知らせを聞き急遽帰国した往復費用につき，「当該近親者において看護等のため被害者の

14）　なお，運送契約や寄託契約において，目的物が第三者の所有であった場合に，運送人や受寄者が目的物を毀滅させたとしても，所有者は直接被害者である。運送会社が運送中の客の所有物を，交通事故で第三者が過失で事故を起こして侵害しても，この場合の所有者は直接の被害者である。不法行為者は，177条の「第三者」に該当しないので，所有者を別の者と信じていようと，その者の所有と信じた関係で過失が否定される可能性はあるとしても，直接被害者である。更には，誰の所有か知っている必要はない（例えば，債権者は，債務者の占有する有体動産を差押さえた場合に，第三者から第三者異議の訴えを提起した旨の通知がなされたときは，右有体動産が第三者の所有に属するかどうか，また第三者異議の訴えを提起したかどうかの事実の真否を調査し，もし競売開始のときまでに調査をすることができない事情があるときは，競売はこれを一時延期して，その調査を完了し，その結果に応じる措置をとるべき義務があり，また，第三者から，執行異議の訴えを提起した旨の通知があったにかかわらず，右事実の真否を調査せずに，競売手続を遂行したときは，債権者は第三者の権利侵害につき過失の責を免れることはできないとして，損害賠償責任が認められている（最判昭30・11・25民集9巻12号1852頁）。

許に赴くことが，被害者の傷害の程度，当該近親者が看護に当たることの必要性等の諸般の事情からみて社会通念上相当であり，**被害者が近親者に対し右旅費を返還又は償還すべきものと認められるとき**には，右旅費は，近親者が被害者の許に往復するために通常利用される交通機関の普通運賃の限度内においては，当該不法行為により**通常生ずべき損害**」とされている。

但し，注意すべきは，娘自身が原告となって損害賠償を請求しているのではなく，被害者が，娘の旅費の「支出を余儀なくされ……円の損害を被った」とされている点である。この点で【1】【3】【4】とは事案を異にしている。

―――――――――――――――――――

【3】　岡山地判昭57・11・29交民集15巻6号1555頁（葬儀参列のための交通費，子――肯定）

交通事故の被害者たる母親の葬儀のためにスウェーデンから帰国した子供の交通費・通信費について，事故と相当因果関係のある損害と認めた。「交通事故等の不法行為により被害者が死亡したため，外国に居住または滞在している被害者の近親者が被害者の葬儀に参列するために一時帰国を余儀なくされ，それに要する**交通費・通信費等**を出捐した場合，当該近親者において被害者の葬儀に参列のため帰国することが社会通念上相当と認められるときには，右の交通費・通信費等は，近親者が一時帰国し，再び外国に赴くために通常利用される機関の普通料金の限度内においては当該不法行為により**通常生ずべき損害**に該当するものと解するのが相当である」（判例《2》を参照とする）。「そうすると，本件において，Aの子であるXが，母の葬儀に参列のため一時帰国したことは社会通念上相当というべきであり，Xが帰国するために支出した交通費，通信費の額も，スウェーデンから帰国するために通常利用される交通機関の普通料金額を上廻るものでないことが明らかであるから，右の交通費および通信費は，本件事故により通常生ずべき損害であるといわなければならない。」と判示する。

―――――――――――――――――――

【4】　横浜地判昭59・4・16交民集17巻2号556頁（看護のための交通費，子――肯定）

［X_1の付添看護費――肯定］「①X_1は被害者であるX_2の**長女**であり，X_2が入院中の昭和52年9月16日から同年10月23日まで38日間付添看護をしたこと，当時付添看護が必要な状態であったことが認められる。そこでこれによる損害を1日当り3,500円に換算して計算すると13万3,000円となる。」

［X_1の休業損害――否定］「X_1の供述中には，X_1が当時合衆国内の勤務先を休みそのため1,203ドル相当の賃金を失ったとする部分が……あるが，**外ならぬ同女が長期間付添しなくてはならなかったとの点については証明が十分でないから，これを基礎とすることはできない。**」

［看護のための交通費――肯定］「X_1は，X_2が事故に遭い重傷であるとの連絡を受け，当時の住所地である合衆国はカリフォルニア州サンフランシスコ市から飛行機を使用して見舞に訪れ，前記のとおり付添看護をして，帰路も飛行機を使用したこと，往復の運賃に1,314ドルを要したことが認められ，当時の日本における円ドル交換比は1ドルが220円を下ることがなかったことは当裁判所に顕著である。」「X_2は入院当初意識が無い状態で症状も重篤であったことが認められる。この様な場合に子が親を見舞い，費用を負担することがあるのはやむを得ないところであり，事故と**相当因果関係にある損害と認める。**」

［X_3の付添看護による休業損害――肯定］

第1章　近親者の看護のための交通費・休業損害など

「X₃は昭和30年10月18日に生れたX₂の次女であつて、事故当時は在日アメリカ陸軍補給廠に勤務し、年収7,408ドルの収入を得ていたところ、X₂の付添に専念するため同所を退職したこと、X₂には、症状固定まで付添が必要であり、X₃は少なくとも昭和55年9月15日まで1117日のうちX₁が付添をした38日を除く1079日間これに当ったことが認められる。」「そこでX₃が付添看護によって蒙った損害は、入院期間322日から38日を減じた284日については7,408ドルに220円を乗じた162万9,760円を365日で除した4,465円を1日当りの損害として126万8,060円を得、その余の期間については、一日当り2,000円と評価するのを相当とし、159万0000円を得、合計285万8,060円とするのが相当である。」

(2) 介護・葬式出席のための親族の交通費についての判例の分析

事例としては、葬儀参列のための交通費（判例【1】【3】）、看護のための交通費（判例《2》【4】）に分かれるが、いずれも子が海外から帰国した交通費が問題になっている。

結論としては、判例【1】《2》【3】【4】のすべてが交通費の損害賠償請求を肯定している。その理由については、判例【1】【4】は相当因果関係があるとのみ説明し、判例《2》【3】は通常損害というだけで、間接被害者という特別の問題はまったく意識されていない（直接の被害者が娘の旅費を負担し、自ら原告になっているため）。いずれも不法行為責任にも

416条を適用し、416条を相当因果関係の問題として解決するという、これまでの判例の立場に依拠しているものといえよう。なお、判例には、葬儀のための上京費用を相当因果関係にある損害ではないとした判決もあるが、詳しい分析はされていない[15]。相当因果関係とはいいながら416条を適用するのであれば、特別事情の予見可能性が必要になるが、予見可能性の問題を回避するために通常損害とするのは安易にすぎるし、また、予見可能性を肯定するのでは（たまたま交通事故の被害者に海外在住の子がいることが当然に予見できようか）、いかなる可能性も予見できることになってしまい予見可能性が擬制にすぎなくなってしまう。

交通事故や医療過誤などの直接被害者の死亡につき加害者に損害賠償責任がある場合でも、近親者や友人・知人が病院に駆けつけたり、葬儀に出席するための費用は、通常は損害賠償を請求できるものとは考えないのがわれわれの法感情であろう。海外から駆けつけた場合を特別扱いするのは、金額が社会通念上受忍すべき額を超えるということを理由として、社会通念上の受忍限度といった基準でも設定するつもりなのであろうか。認められるべき人的範囲の者であるのならば、国内の交通費用も認められるべきである。判例【1】～【4】はいずれも直接被害者の子であり、それ以外の者についてはどこまでが賠償請求が許容されるのかは、不明である。事例判決で

---

[15] 東京地判平11・4・13交民集32巻2号611頁が、「亡Aの兄らの上京費用については、相当因果関係のある損害とみることはできず、かりに、被告の任意保険会社の担当者がこれを損害に含めることを承諾したとしても、最終的に示談で解決できなかった以上、本件で被告に賠償を求めることができる損害と認めることはできない。」としている。

第 1 節 企業損害以外の間接被害者についての判例の状況

あり「近親者」とは表現しているが一般化が許されるかは疑問である。債権侵害のように独立した不法行為の成立を問題とすることなく，直接被害者への不法行為によりどこまで，損害賠償請求主体を拡大できるのかという709条の不法行為の効果を受ける損害賠償請求権者の保護範囲の問題であるが，社会通念から判断して711条を類推適用し親子・夫婦を原則とすべきであろう。

2 介護・葬式出席のための親族の休業損害

被害者が交通事故などにより負傷または死亡したため，近親者が付き添いのために仕事を休んだような場合に，近親者が加害者に対して損害賠償を請求できるかが問題とされている。

この場合も，債権侵害ないしその類似の事例としてでもなく，また，間接被害者への不法行為責任の成否の問題としてでもなく，損害賠償の範囲の問題として扱われるべき問題であり，実際に判例上そのような処理がされている（以下に述べる判例のほか，後述山口地宇部支判昭55・1・28交通民集13巻1号119頁——ただし，妻の分については介護費用相当額につき肯定——，判例【1】【4】【118】も否定する）。判例【1】は帰国し死亡した被害者の後を継ぎ，海外の勤務先を退職したことにつき，事故によりそうなるべき必然性がないものとして損害賠償請求を否定している。また，判例【4】は長女については同人が付き添いをする必要性の証明がないとして否定されたが，次女については，症状固定までの付添いが必要であったとして，休業損害の賠償請求が肯定されている。判例【118】では，父親が被害者である4歳の子に付き添い，その間不動産仲介業ができず営業上の損害を被ったことを認め3万円の休業損害の賠償を認め，他方これにより付き添いによる損害は塡補されるので，それとは別に付添看護料の賠償請求はできないとされている。このような例外はあるが，一般的傾向は否定的である。

親族による介護費用自体の損害賠償請求については，近時は被害者自身の損害賠償請求を認めることで，実務では確立しているが，当初は近親者自身が損害賠償を請求する事例があった。この点は，第7章第3節に述べる。

(1) 損害賠償肯定判例

以下に紹介する判例の他，後述判例【118】も看護による休業損害の賠償請求を肯定している。

【5】 名古屋地判昭37・12・26判時328号25頁（妻が看護，看護した妻が損害賠償請求——看護費用相当額に限定して肯定）

「X_1……は，……X_2と結婚し，X_2との間にX_3のほかに長女であるA……が出生しているところ〔X_2 X_3が直接被害者〕，本件事故当日より……34日間は，X_2が手術を二回実施したりしたため附添看護を必要としたので，看護婦の資格のあるところから，Aを他へ預けて前記松井整形外科病院においてX_2 X_3に附添看護したこと，このためその間は主婦としての**家事労働に従事することができなかった**ことが認められ，右認定に反する証拠は存在しない。一般に主婦の家事労働は親族間の扶養義務又は夫婦間の協

第1章　近親者の看護のための交通費・休業損害など

力扶助義務の履行としてなされる訳であるがこの故にこれを財産的に評価できないと解すべきでなくただいかなる標準によりこれを算定すべきが問題であると解すべきである。本件においてはX₁はX₂やX₃の附添をしたが、本来であれば附添婦を雇いこれに附添料を支払うべきところ、看護婦の資格を有するためこれの代りを務めたのであるから、愛知県における普通一般の附添料を標準としてX₁の損害を算定することは可能であると解する。そうとすれば……愛知県における看護補助者の料金は1日600円、2人の場合はいずれも3割増とされていること、本件事故当時前記病院で附添婦を雇うとすれば食事付で1日金450円、2人の場合はその2割増の料金であったことが認められるから、X₁は少くとも1日金600円の損害を蒙りその34日分金2万2,400円の限度において得べかりし利益を失い同額の財産上の損害を蒙ったものというべきである。」

本件は主婦としての家事労働ができなかった損害を問題としつつ、結局は、付添看護料を基準としたものである。そうすると、付添料を被害者自身の損害として賠償請求できるのであり、被害者本人が請求した場合と認められる額が変わらないことになり、とりたてて近親者自身の損害賠償請求を認める実益はない。

【6】　宇都宮地判昭43・9・26交民集1巻3号1089頁（母親が看護、看護した母親が損害賠償請求——肯定）

6歳の女児Aが交通事故にあい、両親が付き添い看護をし入院治療費を負担した事例。父親X₁および母親X₂の損害賠償請求につき、次のようにな損害賠償まで容認している。

［X₁がAの治療のために支出した費用］　X₁はAの治療に関して次の費用を支払ったことが認められる。①Aの甲病院入院中の氷代、②Aの乙病院入院費、③Aの乙病院に通院して加療を受けた治療費、④Aが乙病院に入院中、母X₂が付添いのため、BとC明の2人の子供を親戚に預けておいた謝礼金、⑤Aの乙病院入院中、母X₂の付添いのために要した宿泊費交通費諸雑費等、⑥Aが鹿沼から東京まで通院のために要した交通費、以上合計金23万65円を支出したことが認められるので、その内金17万6,266円の請求は理由がある（額を限定した根拠不明）。

［X₂の得べかりし利益の喪失］　母親「X₂は本件事故発生当時、B光学株式会社の下請工場に光学レンズの研磨工として勤務し、日給330円を得ていたが、Aが本件事故により甲病院に入院し、これを附添看護する必要から右勤務を継続できなくなったため、その間の給料1万2,540円の得べかりし利益を失ったことが認められる」。

(2)　損害賠償否定判例

【7】　福岡高判昭25・11・20高民集3巻3号178頁（父親が看護のために欠勤——被害者である子自身の損害として賠償請求。否定）

鶏によって子（X）が目を負傷させられた事例で、Xが右負傷のために被った損害賠償の請求中、①慰謝料5万円、②治療費5,911円、③医療費薬代1,500円、④通院のための車馬賃1,700円、⑤食養生費1万円以上合計6万8,391円についてYにその賠償責任のあることは原審において認容されたところであり、かつこれに対してはYから控訴もしくは附帯控訴の提起がないので確定している。Xが控訴し休業損害などを賠償請求したが、次のように退けられている。

「Xは右の外更に㈠通院等の際購入した菓子、

第1節　企業損害以外の間接被害者についての判例の状況

果物代等金 3,000 円㈡父 A が**附添のため 3 カ月間工場を欠勤**して失った給料等金 1 万 9,015 円㈢慰藉料金 25 万円の請求をするので，右の点について順次にこれを考究する。」「㈠については……，右菓子，果物等の購入が控訴人の療養に必要欠くべからざるものであったことは認め難く，その他これを認めるに足る証拠はない。」「㈡については，その主張自体によるも又，その計算関係の帰属の点から考えても，**本件負傷に基く X 自身の損害でないこと**が明らかである。」「従ってたとえ父 A において，右主張のような損害を被ったとしても，**X 自身から Y を相手取り**本件負傷によって X 自身の被った損害の賠償を求める本訴において右の請求を認容し難いことは明白である。」

【8】　大阪高判昭 46・10・28 判タ 276 号 321 頁
（妻が看護，被害者である夫が損害賠償——否定）

次のように判示して，被害者本人の損害として賠償請求することを否定する。

[休業損害——否定]「X_1 の妻の X_2 は，A 会社に勤務していたが，本件事故による夫負傷のため，昭和 41 年 11 月 25 日から約 4 ヶ月間にわたり付添看護をしたこと，この間右勤務先を欠勤したこと，その間の得べかりし給料 1 ヶ月金 25,000 円の 4 ヶ月分金 100,000 円を失ったことが認められるが，本件の場合において，付添看護をする者が，必ず妻でなければならない理由たる事実の証明がなく，そうすると，妻が付添看護をしてその勤務先を欠勤し，得べかりし給料が得られなかったとしても，それは妻自身において生じた損害の域を出ず，夫たる X_1 の負傷と相当の因果関係があるものとすることはできないから，右請求は理由がない。」

[看護費用——否定]「そこで付添看護費用を請求する予備的主張について按ずるに，前認定の X_1 の受傷の部位，程度，入院期間，後遺症に，〈証拠〉を総合すると，X_1 は，本件事故当日の昭和 41 年 11 月 24 日から入院中及び退院後自宅療養中も昭和 42 年 3 月末頃まで，4 ヶ月間付添看護を要したこと，その間妻の X_2 が付添看護したことが認められ，……当時付添看護婦費用が一般に月額金 25,000 円相当を要することは争いがない。しかしながら，右看護費用も，X_1 でなくて X_2 が自ら負担したものとして，X_2 固有の損害として Y らに請求するについては，X_2 の債務負担が是非とも必要であったとの事由即ち相当因果関係の認められるものがなく，単に自ら支出し又は負担したというだけの理由では，これを Y らに請求し得るものではないから，本件において，右看護費用相当額を X_2 の損害として請求することは，その理由がない。」

【9】　大阪地堺支判昭 55・5・29 交民集 13 巻 3 号 727 頁（母親が看護，被害者である子が損害賠償請求——否定）

「X は，本件事故による負傷のため歩行不能となり，入院中及びギブス装着期間中母親の付添を必要としていた。この間及びその後 8 日間，母親は，A 製作所，B 製作所の二か所の勤務先を欠勤したため，収入の減収があり，その減収分を付添費用として請求する」として，20 万 6,666 円が請求された事例で，次のようにあっさりこれを退けている。

「X の負傷の内容からしてギブス装着期間中（入院当初からギブス装着の日まで含む。）は勿論，実際に母親の付添看護を受けた日までの付添費相当額は，本件事故と相当因果関係のある損害と認めるのを相当とするが，その相当額は，入院期間中（12 日間）は 1 日あたり金 3,000 円，通院期間中（19 日間）は 1 日あたり金 1,500 円

と認めるのが相当である」（合計6万4,500円を認容する）、「Xは、付添費として、Xの母が付添看護のため休業を余儀なくされたので、休業による減収分を請求しているが、右損害は、本件事故との相当因果関係のある付添費ないしは付添費相当額とは認め難いので、採用できない。」

【10】 大阪地判平10・8・26判時1684号108頁、判タ1015号180頁【判例評釈】目崎哲久・私法判例リマークス21号74頁（母親が看護、母親が逸失利益の損害賠償請求——一部認容）

牧場で放し飼いのポニーにX₂（6歳）が頭部を蹴られ受傷した事故において、X₂の母親X₁が自己の休業損害を請求した事例（内訳は、①スナック「チェリー」減収分27万9,000円 それまでの1か月の平均給与68万8,500円が本件事故のため欠勤したことから、40万9,500円に減少した差額分27万9,000円、②乙山生命分6万7,044円 事故前3か月分の平均給与13万5,044円から現実の収入分6万8,000円を差し引いた額）。裁判所は、次のようにXの請求を退けている。

「X₁がX₂の付添、看護等のため勤務先を休業する必要性があったことやX₁主張の差額が本件事故と因果関係のある損害であることを認めるに足りる証拠はない。そこで、幼児の通院付添看護費相当額である1日当たり2,500円をもって本件事故と相当因果関係がある損害と認める。」として、合計8日通院したため2万円のみを認容する。

(3) 近親者の休業損害についての判例の整理

事案としては、看護した親族が自分の損害として賠償請求するものと（判例【1】【4】【5】【8】【10】【118】【119】）、看護を受けた被害者が自己の損害として賠償請求するもの（判例【6】【7】【9】）とに分かれる。結論としても次の3つに分けることができよう。

❶ **肯定判例1——実損害の賠償を認める判決** 先ず、看護費用相当額の範囲内ではなくではなく、休業損害の賠償を認める判決がある。判例【1】【4】【6】【118】がこれである。

❷ **肯定判例2——看護費用相当額に制限する判決** 次に、休業損害の賠償を形式的には認めながら、看護費用相当額に制限する判決があり、判例【5】【10】【119】は、主婦としての休業損害を認めるものの、結局介護費用と等しい額が認定されているだけである。被害が看護費用の賠償請求ができることは現在では確立した判例であり、看護した親族も休業損害の名目で同額の請求が認められることになる。

❸ **否定判例** 第7章第3節に述べるように、被害者が看護費用相当額の損害賠償請求ができるため、判例としては一切看護した親族に認めない判決が多い。判例【4】は次女X₃については認めたが、長女X₁については休業損害の賠償請求を否定しており、常に否定するのではない。ほかの判例も、全く否定する趣旨ではなく、判例【10】は介護費用の損害賠償を認めるが、母親が仕事を休んで介護しなければならない特別事情があったわけではないとして、相当因果関係を否定している。判例【7】【8】は、第三者に生じた損害というだけで、相当因果関係を否定している。そして、介護費用自体も、被害者ではな

第1節　企業損害以外の間接被害者についての判例の状況

く介護をした者が請求するのは理由がないとしている。現在の判例は，介護をしたのは近親者であっても，被害者自身に介護費用の損害賠償請求を認容しており，結論としては被害者が賠償請求することを認めるので，それが実務として定着している現在としては，原則として看護した近親者に休業費用の損害賠償請求を認めなくても問題はない。判例【9】は，被害者自身が，母親に生じた付き添いのための休業損害を賠償請求した事例であるが，相当因果関係を否定する。何故相当因果関係が否定されるのかについては何ら説明がない。

なお，後述判例【118】は，母親が被害者である幼児の看護に付き添ったため，その兄弟の面倒を父親が見なければならなくなり残業ができず，残業分の休業損害をこうむったと主張された事例で，これは間接損害であり，経済的一体性がなければ損害賠償請求が認められないと企業損害についての経済的一体性説を適用して，これを否定している。

3　遺族による墓碑建設費などの損害賠償請求

(1)　否定する判例

(a)　判例《13》（最判昭44・2・28）前の判決

墓碑建設費用について，これを不法行為と相当因果関係の範囲内とすることについて否定する判決もある。**名古屋高判昭36・1・30交民集昭和36年度24頁**は，「Xが名古屋市に永住の意思あるところから自己及びその家族の墓石を，Aの死亡を機会として建立したための費用」，および「いわゆる香典返しの品物を購入するため支出した費用」はいずれも本件事故により直接同控訴人に生じた損害と解すべきではないとする。**東京地判昭43・2・17交民集1巻1号131頁，名古屋地判昭44・1・31交民集2巻1号171頁**も同旨の否定判決である。

【11】　**東京地判昭40・5・10下民集16巻5号829頁，判時415号33頁，判タ176号136頁**【判例評釈】植林弘・判例評論84号18頁

「XがA（死亡した被害者・3歳）の葬儀関係等諸費用として……合計金27,160円の支出をなしたことは当事者間に争がなく，右支出は本件事故によりXが被った損害と認めるのが相当である。……XはAの死亡に際し墓地使用料60,000円，右昭和38年度管理料600円，墓石代100,000円（但し既払額は20,000円）の各出損を余儀なくされたことが認められるものの，右墓地墓石ともにAの死亡を機としXら一家のためのものとして設置，建立されるに至ったことは右本人尋問の結果によって明らかであるから，右費用をもって本件事故と相当因果関係に立つ損害と認めるのは相当でないというべきである。」として，葬儀費用の損害賠償は認めたものの，墓地使用料，墓石代は「Xら一家のためのものとして設置，建立されるに至った」ものであるとして，**損害賠償請求を否定している。**

(b)　判例《13》後の判決

次に述べる判例《13》の最高裁判決後も，否定する判決があり，例えば，**神戸地伊丹支判昭55・11・21交民集13巻6号1577頁**は，別居中の妻について，①「遺体引取りその他の費用であるが，……AはXらと別居してい

第1章　近親者の看護のための交通費・休業損害など

たため，Aの遺体引取りにXらは伊丹市から佐世保まで赴かざるを得なかったことが認められるので，その費用として，金10万円程度を要したと認めるのが相当である」，とするものの，②「Xは墓碑建立費として金10万円を請求するけれども，墓碑の建立は，死者の遺族自身が死者への追とうをこめてなすべきものであって，これまでを，本件事故による損害に含ましめるのは相当ではない」としている（被害者の過失を理由に，①の損害賠償についても過失相殺をしている）。他に，神戸地判平11・7・28交民集32巻4号1222頁は，20歳の被害者が死亡し両親が葬儀を行った事例で，「葬儀費用の支出は社会的慣習に根ざした支出であって，本件事故に起因する損害ということができ，当時，右葬儀に通常要すべき費用としては，150万円を下らなかったものと認められるから，葬儀関係費用は150万円が相当である。」としながら，「墓地及び仏壇関係費用は，遺族の故人に対する思慕の念の表れであり，個人的な宗教的感情に出たものであって，損害賠償の対象外であるというべきである。」としてその賠償請求を退けている。判例【131】も，葬儀費用は否定。

(2) 肯定する判例

直接被害者が死亡した場合の，葬式費用や墓碑建設費用などは，喪主などが負担することになり，事故の被害者から見れば第三者が損害を受けることになる。

(a) 葬儀費用

既に，葬儀費用については，次の判決により古くから損害賠償が肯定されており，相当額の範囲内で相当因果関係が認められるというのが確立した判例である。

《12》　大判明44・4・13刑録17輯569頁，民集3巻12号522頁

「故意又は過失に因り人の生命を害したる者は，其の葬儀に関する費用を損害として賠償すべきものにして，死は人の早晩免れざる運命に係り又其の費用は死者の親族に於て当然負担すべきものなることを理由として，之が賠償を辞することを得ざるは本院判例の夙に認むる所なり（明治44年（れ）第465号同年4月13日第2刑事部判決参照）」と，初めての判決であるが肯定の立場を採用している。

また，大判大13・12・2民集3巻522頁も，「故意又は過失に因り人の生命を害したる者は其の葬儀に関する費用を損害として賠償すべきものにして，死は人の早晩免れざる運命に係り又其の費用は死者の親族に於て当然負担すべきものなることを理由として，之が賠償を辞することを得ざるは本院判例の夙に認むる所なり」（判例《12》を参照として引用）と，この判決を承継している。

この費用は直接被害者が本来負担する性質のものではなく，肩代わり損害ではない[16]。葬儀費用については，被害者以外の支出であるから損害賠償の範囲に含まれないといった

---

[16]　浦和地判昭57・5・21交民集15巻3号665頁は，「右葬儀費用は本人の死後にXが支出したものであるが，本人の死亡の場合葬式等仏事をするのが通常で，本人について生じた損害とみることができる」と，死者本人の損害と構成し，相続によりこれを相続人が取得するものとしている。

第 1 節　企業損害以外の間接被害者についての判例の状況

議論は殆どされておらず，被害者は必ずいつか死亡し葬儀費用が必要になるため，相当因果関係にある損害ではないのではないかといった議論が中心である。しかし，葬儀費用の賠償請求を肯定するのが判例の一般的傾向であるといえよう（例えば，**浦和地判昭 55・6・26 交民集 13 巻 3 号 794 頁**など）。細かく損害内容を明らかにするものとして，**神戸地判平 10・8・28 交民集 31 巻 4 号 1268 頁**は，妻が死亡し夫による損害賠償請求の事例で，「葬儀関連費用金 102 万 6,714 円，病院から自宅への遺体移送費金 1 万 3,000 円，霊柩車費等金 1 万 3,000 円，病院における措置費用金 1 万円，以上合計金 106 万 2,714 円を負担したことが認められ，亡節子の年齢（42 歳），職業等（地方公務員）に照らすと，右金額はいずれも本件事故と相当因果関係のある損害である。」とする。

(b)　墓碑等の購入費用

最上審裁判所の初めての判決として次の判決がある（それ以前には，秋田地大曲支判昭 43・9・2 交民集 1 巻 3 号は，50 パーセントのみを賠償請求しうるものとしていた）。

《13》　**最判昭 44・2・28 民集 23 巻 2 号 525 頁**
（判例評釈として，安田実・事故と災害 3 巻 3 号 52 頁，伊藤高義・法律のひろば 22 巻 5 号 31 頁，浦川道太郎・交通事故判例百選＜第 4 版＞106 頁，加藤雅信・法学協会雑誌 87 巻 7～8 号 860 頁，篠原弘志・判例評論 126 号 23 頁，谷口知平・民商法雑誌 62 巻 4 号 171 頁，野村好弘・ジュリスト 421 号 111 頁，野村好弘・ジュリスト 456 号 60 頁，野村好弘・宗教判例百選 144 頁，野村好弘・宗教判例百選＜第 2 版＞200 頁，野田宏・法曹時報 21 巻 7 号 158 頁，有地亨・交通事故判例百選＜第 2 版＞84 頁）

[墓碑，仏壇費用]　「人が死亡した場合にその遺族が墓碑，仏壇等をもってその霊をまつることは，わが国の習俗において通常必要とされることであるから，家族のため祭祀を主宰すべき立場にある者が，不法行為によって死亡した家族のため墓碑を建設し，仏壇を購入したときは，そのために支出した費用は，不法行為によって生じた損害でないとはいえない。死が何人も早晩免れえない運命であり，死者の霊をまつることが当然にその遺族の責務とされることではあっても，不法行為のさいに当該遺族がその費用の支出を余儀なくされることは，ひとえに不法行為によって生じた事態であって，この理は，墓碑建設，仏壇購入の費用とその他の葬儀費用とにおいて何ら区別するいわれがないものというべきである（大審院大正 13……年 12 月 2 日判決，民集 3 巻 522 頁参照）。したがって，前記の立場にある遺族が，墓碑建設，仏壇購入のため費用を支出した場合には，その支出が社会通念上相当と認められる限度において，不法行為により通常生ずべき損害として，その賠償を加害者に対して請求することができるものと解するのが相当である。

もっとも、その墓碑または仏壇が、当該死者のためばかりでなく、将来にわたりその家族ないし子孫の霊をもまつるために使用されるものである場合には、その建設ないし購入によって他面では利益が将来に残存することとなるのであるから、そのために支出した費用の全額を不法行為によって生じた損害と認めることはできない。しかし、そうだからといって右の支出が不法行為と相当因果関係にないものというべきではなく、死者の年令、境遇、家族構成、社会的地位、職業等諸般の事情を斟酌して、社会の習俗上その霊をとむらうのに必要かつ相当と認められる費用の額が確定されるならば、その限度では損害の発生を否定することはできず、かつその確定は必ずしも不可能ではないと解されるのであるから、すべからく鑑定その他の方法を用いて右の額を確定し、その範囲で損害賠償の請求を認容すべきである。

ところが、原判決は、本件不法行為による訴外A子（当時3歳）の死にさいして、その父であるXが25万円余を費して墓碑を建設しかつ代金1万0550円をもって仏壇を購入した旨の事実を認定しながら、これらが将来その一家ないし子孫の全員の霊をもまつるためのものであることのみを理由に、右の支出をもって不法行為と相当因果関係に立つ損害とはいえないとして、たやすくこれに関する損害賠償請求の全部を排斥しているのであって、帰するところ、右のような因果関係に関する民法の規定の解釈適用を誤り、審理を尽さなかった違法があるものといわなくてはならず、この違法が原判決の結論に影響を及ぼすことは明らかである。したがって、論旨は理由があって、原判決は、Xの請求中仏壇購入費用および墓碑建設費用の損害の賠償を求める部分に関するXの控訴を棄却した部分について破棄を免れず、なお相当と認められる損害の範囲につきさらに審理をさせるため、右部分を原審に差し戻すことを相当とする。」

【14】 大阪地判平11・3・29判時1688号3頁、判タ1010号96頁

「不法行為により死亡した者のため、祭祀を主催すべき立場にある遺族が葬祭をとり行い、墓碑を建設し、仏壇を購入したときは、そのために支出した費用は、社会通念上相当と認められる限度において、不法行為により通常生ずべき損害と認めるべきである（最高裁判所昭和44年2月28日第二小法廷判決・民集23巻2号525頁参照）。そしていかなる額が社会通念上相当かは各被害者によって異なるのであるから、各被害者別に判断することとする。原告らは、本件においては一般の自動車交通事故訴訟と異なり大量・迅速処理の要請はまったく存しないのであるから、原告らが葬祭に関連して支出した全費用につき被告らに負担させるべきであると主張するが、葬祭費用が社会通念上相当な範囲の支出に限って損害として認めるのは、事故と損害との相当因果関係の問題であって、大量・迅速処理の要請とは関係がないことであるから、原告らの右主張には理由がない。なお、原告らが請求している葬祭関係費用のうち仏間改装費用、墓地の永代使用料は本件事故と相当因果関係を有する費用とはいえない。」として、仏間改装費用、墓地の永代使用料を排除している。

その他、妻（53歳・職業）の葬儀費用を夫が負担した事例で、葬儀費用として285万3,907円を支払った事実および原告らの家はいわゆる分家であり仏壇がなかったために仏壇購入費用として97万5,000円を支払った事実が認められるが、本件事故による損害としては、110万円が相当であるとした判決もある（名古屋地判平10・7・1交民集31巻4号

992頁)。東京地八王子支判平14・9・5交民集35巻5号17頁は，葬儀費用について，2,000万円の支出があるが，接待飲食費等が多く含まれていること，通常は香典収入があるため主張のような負担額にならないこと，葬儀費用はいずれにせよ避けがたいものであり，「現実の損害としてはその支出が早まったことによる損害以外には考えにくく，また，葬儀費用は人によりその支出額がまちまちであるので，現実の支出額全額を損害と認めたときは，他の事案との不公平が生ずること，などから，支出した2,000万円のうち120万円の範囲で事故と相当因果関係を認め，また，墓地代700万円および仏壇費用300万円について，全額を事故と相当因果関係を認めることに疑問の余地がないわけではないが，被告において積極的な反証をしていないので，全額を相当因果関係にある損害と認めるのが相当である」としている。

第2節　企業損害以外の間接被害者についての学説の状況

1　介護のための休業損害の賠償請求を認めるか

(1)　原則否定説

近親者が仕事を休んで被害者を看護した場合の休業損害については，判例も全面的に否定するのではなく，親族が休業までして付き添わなければならない特別事情がある場合に限り，それによる休業損害の賠償を認めている（判例【4】で長女X_1につき否定し，次女X_3について肯定するが，基準はこのようである）。学説もほとんど議論はないが，原則として否定すべきであり，特別の事情がある場合には例外的にこれを認める余地があると考えられている。たとえば，「一般的には近親者付添費について，職業的付添人の賃金を超えて認めることは困難であろうが，乳・幼児等で父，母の付添いを必要とする事情があり，しかも父母の休業損害が職業的付添人の賃金を上回るような場合には認めるほかない場合も起こり得よう」と，説明されている[17]。

本書もこの原則否定説に賛成したいが，例外的に損害賠償を認める場合に，416条による限りこのような特別事情の予見可能性を肯定するのは擬制以外の何者でもあるまい。やはり，不法行為においては，416条の適用を否定し，予見可能性を問題とすることなく，損害賠償の範囲内と考えるべきか相当性を判断すべきであり（予見可能性からはなれた相当因果関係を問題にすべき），上記のような特別事情がある場合には休業損害も相当な損害の範囲内として賠償請求を認めるべきである。親などによる看護については，独自に不法行為を問題することなく，被害者への不法行為との相当因果関係を問題にして，親などについての不法行為の成立問題にすることが許されよう。

---

17)　馬渕顕「付添費〔介護費〕」『交通事故損害賠償の法理と実務』（平元）204頁。

なお，看護費用そのものについては，看護費用を親族が支払った場合と同様に，被害者の損害賠償請求権の代位取得と考えるべきであり，医療費を親が支払った場合などとともに後述する（⇨第7章）。

(2) 全面的否定説

これに対して，学説には，全面的に親族による休業損害の賠償請求を否定しようとするものとみられる主張もある。徳本教授は，「始めから付添料相当額『そしてそれだけ』が，被害者本人に生じた損害であるとして，本人中心に問題を整序していったほうが，右の限度を超える近親者固有の逸出利益などを賠償範囲にとり込まない，という処理としては，余程簡明なのではあるまいか」という[18]。近親者の休業損害を近親者自身が損害賠償請求することを否定する。例外を一切認めない趣旨であるのかは不明であるので断言はできないが，これを認めない趣旨と評することができようか。

2 遺族による墓碑建設費などの損害賠償請求

711条や企業損害とは異なり，墓碑などの費用については，学説上も間接被害者についての特別の問題といった意識はされておらず（拡大・制限いずれの方向にも），単純に損害賠償の範囲の問題として議論し，現在では判例・学説は相当な範囲内に限りその損害賠償を肯定している[19]。

(1) 否定説

穂積博士また谷口教授は，判例評釈において，墓碑の建設・仏壇購入費用は，葬式とは異なって，「社会的義務あるものとはいい難いし，不法行為と相当因果関係があるというのはどうも賛成しがたい」として，慰謝料算定において考慮すればよいといい，否定説を主張している[20]。なお，起草過程では，親が子の葬儀をする場合には，加害行為がなかったら負担しないですむのが常であるから損害といえるが，逆の場合には賠償を求め得ないとされていた（『民法議事速記録四』308頁の長谷川質問に対する，同309頁の穂積発言）。

(2) 肯定説

例えば，加藤一郎教授は，「付添が客観的に必要とされる場合には，一般の付添費を限度として……，賠償を留めるべきである」という[21]。また，四宮博士は付き添いのための休業損害について，付添料相当額を越える部分については，「ここで侵害される利益は，一般には，単なる逸出利益であって……，『権利』侵害と呼ぶに値しないし，そのよう

---

18) 徳本伸一「被害者とその近親による損害賠償請求」金沢法学17巻1号（昭47）25〜26頁。
19) ただし，近江・不法行為168頁は，被害者の近親者の支出した医療費，付添看護費用，争議費用，争議のために帰国した旅費などを，422条・499条・500条・536条2項但書などの代位規定の類推適用によって説明をしようとしている。
20) 穂積重遠「判批」『判例民事法大正13年』475頁。谷口知平「判批」民商62巻4号176頁も同様。
21) 加藤一・不法行為234〜235頁。

第2節　企業損害以外の間接被害者についての学説の状況

な損害発生についての過失は，考えるとしても，あまりにも擬制的である。したがって，そのような損害は，狭義の間接被害者……の損害として……，行為者にその侵害についての故意ないし害意がある場合でなければ，賠償を請求できないものというべきである」という[22]。ただし，「どうしてもその近親者の付添看護が必要である場合には，その近親者の稼動可能性の侵害として，後続侵害帰責基準による帰責を認めるべきであろう」ともいう点は注目される。また，負傷それ自体を損害とみる西原教授は，「近親者が自ら付添看護をした場合にも，それによって他の収入を失ったかどうかを問わず，その労務を金銭的に評価して」，被害者の通常要すべき付添看護の費用の賠償請求権に代位できるといい，固有の損害賠償請求権を認めない[23]。

さらに，一般論として，潮見教授は，「こうした定型的付随損害は，後続損害（第2次権利侵害）が直接被害者と異なる主体に生じたものである。いわば，権利主体をことにする場面での保護範囲の問題として捉えることができる。間接被害者特有の問題として処理する必要はない。もとより，問題の後続侵害（損害）発生についての故意・過失は問題とならず，直接被害者に生じた第1次侵害とは危険性関連を問題にすれば足りる」，という[24]。

(3) 本書の立場

本書としても，墓碑費用などについては，第三者に対する不法行為の成否の問題でも，また，被害者の損害賠償請求権についての代位取得や求償権の取得の問題でもなく，相当因果関係を基準に間接被害者の損害賠償請求権の成立を考える。即ち，判例《13》のいうように，社会通念上相当な範囲内であれば，費用を支出した喪主に自己の損害として加害者に賠償請求できるものと考えたい（本書7頁にいう，「損害賠償範囲型」の類型）。なお，損害賠償の範囲の問題については，不法行為についても416条の類推適用によるべきかという大きな問題があるが，偶発的な他人間の不法行為を規律する法理として予見可能性を問題にする416条は適切ではない[25]。判例が416条に依拠しながらも，その運用が実際には擬制にすぎないことを考えれば，こう考えても，判例の結論自体を支持することに支障はないであろう。

看護費用については，後述するが権利代位型の問題であり，看護のための休業損害は，成立要件型か賠償範囲型か微妙な事例であり，四宮教授のいうように，そのような損害を与えようという害意がある場合にのみ，休業損害の賠償を認めるべきである。

---

22) 四宮・不法行為523頁。
23) 西原・間接被害者219頁。
24) 潮見・不法行為184頁。
25) 予見可能性を問題にしたのでは，バスの乗客の中に精神病質者がいること（福岡地判昭35・3・16下民集11巻3号541頁），交通関与者の中には動脈瘤保持者がいること（静岡地判昭49・3・27交民集7巻2号405頁）が予見できるとして処理することになり，予見可能性という要件を擬制せざるをえなくなる。

第2章　企業損害 1──取締役の死傷事例──

第1節　取締役の死傷事例における企業損害をめぐる判例の状況

1　取締役の死傷事例 1──会社が損害賠償を請求した事例についての判例

　会社の経営者である取締役が第三者の不法行為により負傷または死亡した場合の会社の企業損害の問題については（ただし，死亡の事例で企業損害が問題となった事例は判例【56】だけ），判例は以下のように多数存在するが，判例《17》の最高裁判決以来，いわゆる経済的一体性説で確立し，その要件を充たさない限り会社に固有の損害賠償請求を認めないということで確立しているといえよう。すなわち，会社と経営者である取締役との経済的一体性が認められるような個人会社の場合以外は，故意的な場合でない限り（傍論としていわれるだけであり，故意を理由に損害賠償認めた判決はない），会社は損害賠償請求ができないことになる。

【15】　東京高判昭35・2・15下民集11巻2号341頁，東高時報11巻2号36頁（否定）
債権侵害構成？　因果関係の問題ではなく，会社に対する不法行為を問題にし，故意過失がないとする。

　「X_1が青果販売を業とするX_2会社の代表取締役であり，殆んど一人で仕入販売等会社の業務執行に従事していた」。「X_1が本件事故により傷害を受けたため或る期間X_2会社の業務を執行することができず，ためにX_2会社の営業成績が悪くなり損失を蒙った」。X_2会社は，Yの惹き起した本件事故は，X_1に対する不法行為であると同時に，同人が代表取締役であるX_2会社に対する不法行為であると主張する。

　「X_1がX_2会社に生じた損害として主張するものを見ると，それは代表取締役であるX_1が会社のために行うべき業務が本件事故のために行えなくなったことに因って会社に生じた損害である。法律的にこれを見れば会社が取締役に対して有する**職務執行の請求権**が侵害せられたことによって会社に生じた損害と認められるのである。」「しかしながらYが前記の事故を起した際にX_2会社の有する取締役に対する右の**請求権を侵害すること**の認識を有したものとは認められないし又その**認識を持たなかったことに過失**があったと認むべき何の根拠もない。すなわちX_1会社の利益侵害についてYに故意過失の認むべ

きものがないから，本件事故によりX₂会社に対する不法行為の成立すべき理由がない。」

【16】 東京地判昭42・12・8判時513号57頁，判タ216号171頁（肯定）【判例評釈】安田実・事故と災害2巻2号82頁，好美清光・判タ222号84頁

［一般論］「X₂会社の主張する損害が本件不法行為による損害と言いうるかどうかが一つの問題となる。けだし，本件事故の被害者はX₁個人であって，被侵害法益としてのX₁の身体が追突事故によって傷害されたことが不法行為なのであり，これに因って生じた損害として，被害者たるX₁とは法的に人格を異にするX₂会社に生じた損害をも数え上げることができるか否かは検討の余地なしとしないからである。

しかしながら，不法行為の根本法規たる民法第709条は，「他人ノ権利ヲ侵害シタル者ハ之ニ因リテ生ジタル損害ヲ……」と，また特別法規として本件に適用ある自賠法第3条も「他人の生命又は身体を害したときは，これによって生じた損害を……」と，それぞれ規定するのみであって，損害を，自己の権利（生命身体）を侵害（傷害）されたその他人に即して把握し，「その者に生じた損害」と規定しているわけではない。従って，被害者自身とは全然別の者に生じた損害であっても，「これによって生じた……」と言いうる以上──すなわちこの点にいわゆる**相当因果関係ある以上**──は，なお賠償の対象となるとすることに，法規の文理上困難は存しないのであって，換言すれば，民法（自賠法第3条）は，間接損害者にも賠償請求権の主体たりうる可能性を排除していないのであるから，前記のような心配は無用と言えるのみならず，そもそもX₁は個人のX₁であったばかりでなく，X₂会社代表取締役としてのX₁でもあったので

あるから，その受傷は，個人のX₁としてだけではなく，X₂会社代表者としての受傷たる一面を有し，被害者と損害主体とが法的に人格を異にするとは一概に言い切れぬものがあるわけである。従って，法人格が別異であることに拘泥するよりも，むしろ，X₂会社の主張する損害がX₁ないしX₂会社代表者今の傷害と相当因果関係あるか否かを探究すべきものである。そして，この点が肯定せられる以上は，その損害がYないし被告車の運転者に予見しえたか否かについては顧慮する必要はない。けだし，いわゆる特別事情に基づく損害について予見の可能性を要求しうるのは，契約に基づく取引関係に立つ当事者に対してであって，不法行為の当事者間にこれを要求するのは失当であり，相当因果関係ある損害である以上賠償請求権を生じるものと考えるべきだからである。従ってこの点のY主張は採用できない。」

［本件への適用1──要件の充足］「そこで，相当因果関係の問題を考えるに，……X₂会社設立の動機およびその規模と現状，すなわち，昭和26年頃までX₁の個人営業であったが，税金対策上昭和27年2月有限会社組織に改めたこと，社員はX₁1人であり，業態は個人経営当時と何ら異ならないこと，工員12名，事務員1名，運転手1名を社長なるX₁が統轄指揮し，自ら受注，材料仕入れ，技術指導，納品運搬，集金まで行っていたこと，資本金370万円，機械加工の下請を主とし，1ヶ月220万円ないし300万円の売上があったこと，等の事実を総合して見ると，X₂会社はいわゆる個人会社であって，その事業の実態は個人企業と異ならず，**経営成績はひとえにX₁個人の活動に依存していた**ものであることが明らかである。そして，このような場合には，その個人会社の中心的存在たる者が傷害せられることによってその会社に生じた損害は，右の者の傷害事故と**相当因果関係**ありとい

第1節　取締役の死傷事例における企業損害をめぐる判例の状況

[本件への適用——損害の算定]「そこで，問題は，本件においてX₂会社の主張する損害が，果して，X₁の傷害によって生じたものと認めうるか，この点での相当因果関係を肯定しうるか，という点に移る。よって証拠を案ずるに，X₂会社の主張は，X₁の臥床により昭和40年7月および8月が各100万円以上の収入減となったというにあるが，……同人が6月14日から23日までは通院，同24日から7月27日までは入院したこと，退院後も8月中は会社の仕事に全く従事しえなかったこと，9月に入って何やかやと指示することができるように恢復したが自ら作業はできなかったこと，X₁休業中も会社の工場自体は操業を続けていたが，代りの者では注文を受けるときの見積りが拙劣であるため十分な利益をあげえなかったのであること，仕事に従事しえなかった6月および7月の2ケ月間の休業の影響は，それぞれの翌月である7月および8月の売上額に影響したものであることが認められる。従って，7月，8月の売上減少額から算出せられる損失（得べかりし利益の喪失）は，X₁の傷害と相当因果関係ありといわなければならない。」「よって，右両月の売上減少額を見るに……，右両月の売上額はそれぞれ246万9,560円および222万5,557円であって，それに先立つ昭和40年6月分の売上額397万6,779円に比し著しい減少を示したことが認められる。」「しかしながら，同年2月，3月分の売上額がそれぞれ207万5,124円，181万2,791円であることでも明らかなように，売上額は月により相違があり，6月はその著しく多額を示した月なのであるから，6月が右両月に先行するからといって，直ちにこれを基準として損害を算出することはできない。また一方，2月や3月が低い売上額であったからといって，7月，8月に示された低い額をこれらと同視するのも適

当でない。けだし，前認定の事実からは，6月，7月に原告がもし健康に仕事していたとすれば，7月，8月の売上額はもっと高くなっていたであろうことは十分推測しうるからである。そこで，問題の7月，8月の前後各5ケ月を合せ，その10ケ月の売上額の平均値を以て基準とすることにすると，……月額300万円となる。そこで7月，8月の売上減少額は，前記数値から，それぞれ53万円強，77万円強となり，**合計130万円がX₁の休業による売上減少額**ということができる。」「X₂会社は，売上減少額をもって直ちに損害と主張するもののようであるが，工場が通常に操業し，諸経費は変りなかったとしても，少くとも材料仕入費を考慮に入れなければならない。X₁本人の供述では，その場合の荒利益の率は55パーセントないし60パーセントというのであるが，前認定のように，本件損害の主因は，X₁の代りの者が受注に当ってなした加工費の見積の拙劣にあったのであるから，更にその点も考慮に入れ，**失われた利益は前記売上減少額の約70パーセントに当る90万円**と見るのを適当とする。その余のX₂会社の損害は，これを認容することを得ない。」

《17》最判昭43・11・15民集22巻12号2614頁（肯定）【判例評釈】可部恒雄・法曹時報21巻8号124頁，好美清光・判タ234号72頁，青竹正一・ジュリスト475号172頁，川井健・民商61巻1号90頁，田中隆・交通事故判例百選〈第2版〉96頁，徳本伸一・民法判例百選(2)——債権〈第4版〉194頁，副田隆重・交通事故判例百選〈第4版〉120頁

この問題についての最初，かつ唯一の最高裁判決である。第1審判決から追って説明をしていこう。

間接被害者の判例総合解説　**29**

第2章　企業損害 1 ——取締役の死傷事例——

【17-1】 第1審判決　熊本地八代支判昭37・12・19民集22巻12号2614頁より（否定）

　X側は次のように主張する。
　X_1は薬剤師でX_2有限会社の代表取締役であって、同会社の薬品の調剤、販売などに従事しているもの、X_2会社はX_1の薬剤師としての技能識見を最大限に発揮せしめるため設立された医薬品の調剤並びに販売の業務を営む会社であるが、実質上はX_1の個人経営と同様である。X_1はYの運転するスクーターに背後から激突されその場に転倒し、X_1は顔面挫傷の傷害を受け、右傷害は眼上部に横に骨折を伴い、左顔陥没して顔面が変形し、左眼は視野が甚だ狭くなり、殆んど失明の状況にある。「これらが原因して事故前後においてX_2会社の収益は少くとも1年間金22万円の減少をきたしている。」
　しかし、このように損害の発生を認定しながら、裁判所は理由を示すことなく、X_2会社の請求を棄却している。

【17-2】 控訴審判決　福岡高判昭40・3・19下民集16巻3号458頁（肯定）【判例評釈】田村茂夫・ジュリスト404号131頁

　X_2会社は次のように述べて控訴をする（X_1は控訴していない）。
　[X側の主張]「X_2会社は、もとその代表者X_1が個人として薬局の経営をしていたのを、対徴税の関係から昭和33年10月1日設立した個人会社であって、社員もX_1と妻Aの2人に過ぎず、X_1だけを取締役として発足したもので、有限会社という法形態をとっているものの、その実体はX_1の個人経営となんら異なることはない。したがって、X_2にとっては、代表者であるX_1が全く掛替えのない不可欠の人材であり、同人に対しその能力を最高度に発揮してX_2の利益を向上せしめるように求め、またそのとおり実現されてきたものであって、同人がいなくてはX_2の存立は考えられない実情にあった。すなわち、同人の調剤・販売などの営業能力が、そのままX_2の営業能力であり、同人の営業能力の消長は、X_2のそれの消長であり、同人に対する不法行為による能力低下に基づく損害は、すなわちX_2会社の損害に外ならないのである。」
　[判旨——請求認容]　裁判所は、X_2会社の主張をおおむね容認し原判決を取り消しX_1の請求を認容する。次のようである。
　「不法行為の成立について、不法行為者に故意または過失があるというには、不法行為者においてその行為により何人かに損害が生ずるであろうことを予見し、または不注意によって予見しなかったという事実があれば十分で、必ずしも特定の人に損害が生ずることを予見し、または不注意によって予見しなかったことを必要としない。」「ある人に対し直接加えられた加害行為の結果、その人以外の第三者に損害が生じた場合でも、**加害行為とこの損害との間に相当因果関係が存するかぎり、不法行為者は第三者について生じた損害を賠償しなければならない。**」
　本件について見るに、「X_1は初め個人で飯田薬局という商号で薬店を経営していたが、その後合資会社組織に改めた後これを解散し、再び個人で真明堂という商号の薬店を経営してきたところ、納税上個人企業による経営は不利であるということから、昭和33年10月1日有限会社形態のX_2を設立経営したけれども、**社員はX_1とその妻Aの両名だけで、X_1が唯一の取締役であると同時に法律上当然X_2会社を代表する取締役であって、Aは名目上の社員であるにとどまり取締役ではなく、X_2会社にはX_1以外に薬剤師はいないしX_2会社はいわば有限会社という法形態をとった実質上はX_1個人の営業である**

こと，X₁を離れてX₂会社の存続は考えられず，X₂会社にとってX₁は必要不可欠の人材で，余人をもって代えることができないものであること，数年前から納税対策などの事由からX₂のように実質上個人企業でありながら，法的に会社形態をとる小企業が漸次甚だ多きを加えていることは周知の事実であること，X₁は本件の不法行為により昭和35年3月15日頃左眼失明と診断され……左眼視力が，職業視力の下界までに低下し，視野の狭さくも生じた結果，両眼視機能が失われて外斜視となり，立体視が不可能な状態にあり，しかも両眼視機能を回復する見込は甚だ少く，**薬剤師としての営業能力が低下した**こと，X₂会社はその成立以来X₁に対し月金35,000円の給与を支払い，なおその外薬局の店舗の賃借料など年額金50万円をX₁に支払っていること，**X₁の営業能力の低下により，X₂会社は同人の能力の低下がなければ収得し得たはずの，いわゆる得べかりし利益を失い損害を被っている**ことの各事実を認めることができ，この認定を動かす証拠はない。」

[《17》最高裁判決] Yから上告がされるが，原判決の事実認定を確認した上で，次のように判示して上告を棄却する。

「すなわち，これを約言すれば，X₂会社は法人とは名ばかりの，俗にいう個人会社であり，その実権は従前同様X₁個人に集中して，同人にはX₂会社の機関としての代替性がなく，経済的に同人とX₂会社とは一体をなす関係にあるものと認められるのであって，かかる原審認定の事実関係のもとにおいては，原審が，YのX₁に対する加害行為と同人の受傷によるX₂会社の利益の逸失との間に**相当因果関係の存する**ことを認め，形式上間接の被害者たるX₂会社の本訴請求を認

容しうべきものとした判断は，正当である。」[26]

【18】 東京地判昭43・11・28 交民集1巻4号1370頁（一般論肯定，損害を否定）

[問題についての一般論——相当因果関係]
「先ず，X₁会社の主張する損害が，本件交通事故による損害といい得るかは一つの問題である。すなわち，本件事故によって傷害を受けたのはX₂個人であって，**X₂の身体傷害が不法行為であり**，X₂と法人格を異にするX₁会社の損害までも，本件事故による損害として賠償を認めることができるか，については問題の存するところである。

ところで，民法709条は，「他人ノ権利ヲ侵害シタル者ハ之ニ因リテ生ジタル損害ヲ……」と規定し，自賠法3条も「他人の生命又は身体を害したときは，これによつて生じた損害を……」と規定しているのであって，侵害を受けた「その者に生じた損害を……」と規定しているのではない。したがって，権利（生命・身体）の侵害を受けた者（直接損害者）とは別個の者（間接損害者）に生じた損害であっても，その間に「これによって生じた」といい得る関係，すなわち相当因果関係が存する場合には，間接損害者にも賠償請求を肯定するのが相当である。」

[本件へのあてはめ]「そこで，本件における相当因果関係の存在について判断する。……X₂は，昭和35年に個人でポロシャツ，運動着，肌着等の製造，販売の営業を始め，昭和38年8月12日にX₁会社を設立してその代表取締となったこと，同社の資本金は130万円で名目上の出資者はX₂の他に，X₂の父A，弟B，義弟Cとなっているが，実質はX₂が全額を出資しており，

---

26) 青竹正一「判批」ジュリスト475号174頁は，代替性がある場合でも，一定期間業務に支障が生じて会社に損害に損害があれば，会社からの損害賠償請求を認めてよいのではなかろうかという。

第2章　企業損害 1——取締役の死傷事例——

職務内容も，X_2 がポロシャツの製造，製品一般の販売，原糸購入，対外接渉，経理事務全般を担当し，右Bと従業員たるDが運動着，肌着の裁断，製造を担当し，右Aおよび X_2 の母E，妻Fらも時々雑用を担当していたこと，昭和39年から同41年にかけて配当金（19万5,000円と10万4,000円）は2回とも X_2 が全額を受領していること，が認められ，以上の諸事実を総合して考えると，X_1 会社はいわゆる個人会社であつて，その事業の実態は個人企業と異ならず，X_2 と経済的同一体をなすものと認められる。このような場合には，その個人会社の中心的存在である X_2 の身体が害せられたことによって X_1 会社に生じた損害は，右傷害事故と相当因果関係があると認めるべきである。」

[予見可能性について]「次に，X_1 会社に生じた損害の予見可能性の問題について判断する。民法416条は，損害賠償一般にあてはまるべき原則として不法行為にも適用すべきであり，したがって特別事情に基づく損害賠償は予見もしくは予見可能性のあった場合についてのみ認めるべきであるが，予見可能性の判定について，債務不履行の場合には主観的事情が重視されるに対し不法行為の場合には客観的な事情が重視されるべきである，と解するのが相当である。」

[損害についての判断]「そこで，本件における X_1 会社の損害が特別事情に基く損害か通常の損害であるかについて判断する。X_1 会社がいわゆる個人会社であって，その事業の実態は個人企業と異ならないことは前記認定のとおりであり，したがって，X_1 会社の損害は経済的実態においては X_2 の損害と同視することができるのであり，X_1 会社の主張自体も3ヶ月足らずの就労不能による損害額として12万3,898円というのであって，**右の如き損害は，通常生ずべき損害**というべきである。したがって，予見あるいは**予見可能性を論ずるまでもなく**，本件交通事故により X_1 会社に生じた損害があれば，その損害は賠償すべきである。

そこで，その具体的金額について判断する。……昭和42年7月31日現在で材料の在庫の金額は1,986,837円で，そのうちポロシャツの原料の売残品の金額は841,436円であることが認められ，……ポロシャツ一枚につき，縫賃は23円，アイロンかけの工賃25円ないし40円，ビニール袋の代金2円70銭，製品を入れる箱の代金1円ないし1円60銭，えりの作成代48円ないし55円であることが認められるが，ポロシャツの売価については立証がなく，「既に売り上げた売上金額」についても……その金額を証明する証拠もない。のみならず，……X_1 会社の各期の利益金は，昭和38年8月11日から同39年7月31日まで（第1年度）が4,506円，同年8月1日から昭和40年7月31日まで（第2年度）が23万8,617円，同年8月1日から昭和41年7月31日まで（第3年度）が10万5,629円，同年8月1日から昭和42年7月31日まで（第4年度）が9万4,320円，同年8月1日から昭和43年7月31日まで（第5年度）が4万3,149円であることが認められ，これによれば，本件交通事故と関係のない第3年度は前年度よりも利益金が減少しているのであるから，本件交通事故による X_2 の就労不能と関係のある第四，第五年度の利益金の減少を以って直ちに，本件交通事故に基くものと認めることはできない。

したがって，本件全証拠によるも，X_1 会社の損害を認めることはできない。」

【19】　東京地判昭44・8・29 判タ239号198頁
（代替人員の給料——肯定）

民法第709条に基づき，Xらの次の損害を賠償すべき義務があるとして，その中に次のような項目の損害賠償を認容しているが，特に議論

第1節　取締役の死傷事例における企業損害をめぐる判例の状況

はない。

「X₃会社は材木の販売を目的とする有限会社で、本件事故当時X₁が代表取締役であり、X₂が従業員であったが、いずれも同様に材木をかついだり、自動車で運搬する仕事が通常の仕事であった。」「この他X₁の妻が事務の仕事をしていたのみで他に従業員はいなかった。」

[給与支払──肯定]「X₁は本件事故により昭和43年3月8日より同年6月17日までの間約38回にわたってAに通院し治療を受け、この間X₃会社に出勤したが当初1ヶ月半位はほとんど仕事をすることができず、その後も少しずつ仕事をしていたが、客との応待、電話に出る程度で、力仕事や自動車の運転はできなかった。」「X₂は昭和43年3月8日から同年4月24日まで、約35回にわたりAに通院し治療をうけ、この間、X₃会社へ出勤していたが、力仕事、自動車の運転はできず、客の応待等をしていた。」「X₃会社は右期間中事故前と同額の、X₁に月15万円、X₂に1ヶ月原告主張の38,000円を超える給料を支払ったことが認められる。」「右認定事実によればX₁は2ヶ月と10日間、X₂は1ヶ月半の間それぞれ通常の3割程度の労働しかなし得なかったものと認められ、この間X₃会社は両名に支給した557,000円の7割である389,900円の損害を蒙ったものと認められる。」

[代替人員の給料──肯定]「X₃会社はX₁、X₂の治療期間中の昭和43年6月5日までの間不足した労働を補うため訴外Aを使用し給料として125,000円を支払ったことが認められる。」
（損害賠償請求認容）

【20】　東京地判昭44・11・26判タ242号277頁（個人会社性肯定、損害の発生を否定）

「X₂会社は、社長はX₁の父であるAであり、X₁は取締役、従業員はBとCとDの義兄であるEの3人という小規模の会社であり、X₁が実質的には中心人物で、X₂会社はいわゆる個人企業であったことが認められる。」「したがって、X₁の本件事故による負傷とX₂会社の損害とが相当因果関係にある場合には、Yの損害賠償責任を肯定すべきである。」

「ところで、右証拠によればX₁は整備士の資格を有し、中古車の価格を鑑定したり中古車の整備、修理をする仕事を担当していたことが認められるが、**必ずしも代替性のない職種であるとは認められない**のみならず、……事故の前事業年度である昭和41年11月1日から昭和42年10月31日までの事業年度におけるX₂会社の税務署に対する所得申告は僅かに13万7537円であって、X₂会社主張の利益額に比して余りにも少額であり、これとの対比において、……損害に関する部分は俄かに措信し難く、X₁に対する俸給を支払わなくなりそれだけの経費が減少したにも拘らずなお、**減収となったことを認めるに足りる証拠はない**。」

【21】　東京地判昭44・12・10判タ244号266頁（個人会社性肯定、損害否定）

[営業損]「X₂会社は昭和40年11月22日に設立された資本金50万円の会社で、厨房器具の工事、販売を業とし、事故当時は従業員5名で、実質的にはX₁の個人会社であることが認められる。」「かかる個人会社の代表取締役が事故に遭遇し死傷の結果会社に損害が発生した場合には、事故と相当因果関係のある損害については賠償を認めるべきである。」

「X₂会社は、売上額の減少に荒利益率を乗じた額を以て、損害額であると主張するが、かかる金額は荒利益の減少額であって、これを以て逸失利益の額とすることはできない。けだし、損害賠償の対象になるのは、荒利益の減少額で

はなく，荒利益から諸経費等を控除した純利益の減少に相当する損害であるからである。」「昭和41年10月1日から昭和42年9月30日までの1ケ年間の原告会社の利益金が1万3,500円であるのに対し，昭和42年10月1日から昭和43年9月30日までの1ケ年間については利益金はなく損失金が186万7,760円であるが，損失の大きな原因は，得意先の倒産による貸倒金が292万円余りあることによるものと認められ，得意先の倒産という本件交通事故とは関係のない事情によつて損失が発生しているのであって，かかる倒産がなければ，前年度より多くの利益を収めたであろうことが推認される。」「したがって，利益金の比較によれば，X₂会社の損失が認められるが，これを以て本件交通事故と相当因果のある損害と認めることはできない。本件全証拠によっても，本件事故と相当因果関係のあるX₂会社の損害は認められない。」

【22】 横浜地判昭45・10・31 判タ261号333頁（肯定，個人会社性肯定）

「X₁は，約20年以前から消火器火災報知機等の販売を業としていたが，取引上の信用と税金対策のため，昭和31年にX₂会社を設立した。X₂会社の役員は知人の名義を借りて形式を整えたにすぎず，出資した人も共同して営業する人も一人もいない。X₂会社は，全くX₁一人の個人企業にすぎないことが認められる。

X₂会社はX₁の個人企業であるから，X₂会社の損害というもX₁の損害であることに変りがない。本件においてX₁は，得べかりし利益についてのみX₂会社の損害として請求しているから，X₁に得べかりし利益の請求権が認められ，これを自己の損害として請求しない以上，X₂会社の損害として認めても，何等差支がないものというべきである。」

【23】 東京地判昭46・6・15 判タ267号339頁（否定，詳細不明）

判決文は簡単であり，関係する部分全文を引用しよう。

「外注に回した損害は認め難い。即ちX₂会社はX₁の個人的会社であることはX側の自認しているところである。X₁個人の働きであり，収益に直接影響する関係にあり，外注に回して代金を支払ったとしても，その分の減収がX₁個人に帰したものと同視しうべく，X₁個人の休業損害として評価すれば足りると解するのを相当とする。」

【24】 大阪地判昭46・6・30 判タ270号338頁（肯定，個人会社性肯定）

[事実認定]　「企業損害」と題して，次のような判断をする。

「X₂会社は，断熱ドアの設計製作，取付を業務内容とする会社で，昭和34年ころX₁の個人企業として発足し，昭和38年ごろ有限会社組織に改め，従業員10名位で，X₁においてその代表取締役となり，同人において，材料の仕入れ，得意先との折衝，注文取り，設計，現場での仕事の段取り，指揮，監督等，その殆んどを掌握していたが，同人が本件受傷のため入院し，X₂会社の経営に重大な支障を来すこととなったため，X₂会社と兄弟会社である訴外A会社（X₂会社と同種営業目的を有し，X₁の実兄がその代表取締役）の取締役訴外B（X₁の実弟）が，事故直後より昭和43年5月末日まで東京からX₂会社（大阪）へ毎週一回の割合で応援に出向きX₁が会話できる状態になった昭和43年4月ごろからはその都度X₁と協議のうえ，得意先との折衝等X₁の代替をなして来たが，同年6月10日X₁が退院してからは，向う3年X₂会社の従

第1節　取締役の死傷事例における企業損害をめぐる判例の状況

業員として毎月一回出勤することをとり決め，昭和45年2月2日X₁が死亡するまで右状態が継続し（X₁はX₂会社から毎月20万円〜25万円の報酬を受けている），この間，……X₂会社においてBに金員の支払いをなし，X₂会社従業員C，B，同Dに特別報償金を支給した。その後は，暫時BがX₂会社の事実上の経営責任者となり，現在，原告X₃がその代表者として経営を担当しているが，**本件事故後，X₁死亡に至るまでのX₂会社の営業成績は，事故前に比し，漸次下降の状態にあった。**」

　[判旨]「右認定の事実からすると，X₂会社はその企業規模経営の実態において，X₁の寄与度の極めて高い，**いわゆる個人会社とみることができる**。不法行為により身体の傷害を受けた個人以外の法主体が間接的に損害をこうむった場合，それが直接被害者のこうむった損害を肩替りしたもの，つまり，直接被害者自身の損害と重り合うもの（例えば会社が事故により休業中の従業員に給与を支払う）でない限り特段の事由がなければ保護に値いする損害の範囲から除外されるべきものと考える。本件についてこれをみるに，X₂会社は，有限会社ではあるけれども，右認定のとおり，X₁の個人企業と同視し得る程度のものであり，X₂会社の損益は即ちX₁の損害と実質においてほぼ等しいものとみることができるから，事故以前の営業成績を維持せんがためにX₂会社が支出を余儀なくされた経費のうち，損害の公平な分担の観点から相当性の肯定される限度において，**本件事故と相当因果関係のある損害と評価するのが妥当である**。そうすると，①X₁が入院していた昭和43年6月10日までの間に，**X₂会社がBに支払った交通費22万3,980円，1日7,000円の割合による53日分の出向手当37万1,000円は，これをそのままX₂会社の余分の経費として損害と認めるべく**，②その後1カ月7万円の割合によりBに支払った229万4,040円については，その出勤回数が従前の2分の1以下に低下し毎月一回の割合程度であったこと，X₁の報酬額等に照らし，**1カ月につき交通費を含めて2万円の割合によるX₁死亡の時に至るまでの8カ月分合計16万円を，賠償に値いする損害と認めるのが妥当である**。」（①②は著者による）

【25】　東京地判昭46・9・28判タ271号348頁
　　（肯定，個人会社性肯定）

　[一般原則及び本件も肯定]「ところでX会社は，X会社代表者Aの受傷に基づき，同人とは法律上別人格であるX会社に生じた休業損害および逸失利益の賠償を求めるのであるが，……X会社は，その代表者木下個人の出捐によって設立された会社で，役員も同人のほかはその両親が名義を貸しているにすぎず，会社業務も同人一人で担当している**いわゆる個人会社であり，同人とX会社とは経済的に一体をなす関係にあることが認められる**。このような場合には，同人の右受傷によりX会社に生じた右の如き損害も，加害者たるYにおいて賠償すべきものと解する。そしてその損害額は次のとおり算定される。」

　[損害額の算定——休業損害]「Aの前記休業期間を含むX会社の昭和42年4月1日から翌43年3月31日までの営業期間における各固定経費等の年額は，減価償却費21万567円，不動産賃借料18万円，租税課金3万4,625円，水道基本料金720円（月額60円），ガス基本料金3,192円（月額266円），電灯基本料金1,920円（月額160円），電話基本料金1万3,300円（月額1,100円），保険料3万7,650円の合計48万1,974円と認められ，その74日分（365分の74）は，9万7,715円と算定される。」「そして，右固定的経費分は，X会社が業務を遂行していれば当然X会社において負担すべき費用である

が，現実には，X会社代表者の本件事故による休業のため，X会社において業務を行なうことなくして負担のみを余儀なくされたものであるから，特段の事情のない限りこれは本件事故と相当因果関係にある損害というべきである。」

【26】 東京地判昭47・1・31 判タ276号330頁
（否定，ただし代位は肯定）

［企業損］「X₂組は，代表者であるX₁の受傷のためX₂組の受注していた工事の納期が遅れたため，金100万円の損害を蒙った旨主張している。……X₂組は昭和43年1月17日，訴外A会社から同社の車庫および宿舎建設工事を，納期同年4月15日，請負代金712万3,173円，納期が遅れた時は1日金5万円の割合により損害金を支払う旨の特約付で請負ったこと，X₂組の代表取締役社長であったX₁が本件事故により受傷したため，A会社に依頼し，納期を同年4月30日に延してもらったこと，それでも，右工事は右納期までには完成できず，同年5月25日頃に至ってようやく完成したこと，納期が遅れたため，X₂組はA会社から金100万円の損害金の請求を受け，請負代金と相殺されてしまったことが認められ」る。「いわゆる個人会社のような，代表取締役に代替性がなく，かつ代表者と会社とが経済的にも一体をなしている場合には，その法人は実質的には代表者と同じく**直接の被害者**として，蒙った損害を加害者に請求し得るが，そのような関係がない場合には，加害車に故意があったような特別の事情があるときを除いては，蒙った損害の賠償を求めることはできないと解すべきところ，……X₂組においては，鉄骨建築の職人の手配，工事手順の手配等ができるのはX₁だけであったため，X₁の入院中はX₂組の従業員BがX₁の指示により諸手配にあたっていたが，事故当時の5ケ所の下請作業にはさ程の影響はなかったものの，元請の鉄骨建築のC工事の作業は遅れてしまったこと（しかし，……C工事の作業が遅れたのは，X₁の受傷に一因があることは容易に察しることができるが，他にも原因があったことが窺われる。）X₁は昭和24年頃から土建業を営んでいたが，社会的信用を得べく，昭和39年4月頃，妻の実家等から資金援助を得，同人らをも株主とするX₂組を設立し，以後X₁が代表取締役の地位にあったことが認められる。しかし，右事実によると，X₂組は，鉄骨建築の作業手順，職人手配に経験のある者を得ていれば，本件のような損害を蒙らなかった蓋然性が高いことに鑑みれば，X₁が本件事故により蒙った損害のうち，相当因果関係にあるのは，**右のような経験者を雇用するに要した費用の範囲に限られる**と解すべきであるところ，後記するようにX₁の休業損害を認める本件にあっては右損害はそれにより填補されるから損害があったとはいえず（即ち，X₂組が，X₁に休業中の給与を支払っていなければ，右給与分をもってX₁に相当する経験者を雇入れ，本件の如き損害を発生しないですんでいる可能性も考えられ，その場合にはX₁の損害を認めれば十分であり，本件の如き，事務管理の構成によるもこの理は同じだからである。）また，X₂組にはX₁以外にも実質的な株主が存在するというのであるから，X₂組とX₁が**経済的に一体の関係にあると見ることもできない**から，結局，他に特別の事情の認められない本件では，X₂組の本件の如き損害は，Yに請求し得ないといわねばならない。」

［X₁の給料立替金］「X₁は，本件事故当時，従業員約15名のX₂組の社長として，毎月，所得税社会保険料を控除した残の手取りとして金8万8,500円を受給していたが，本件受傷により入通院して休業した期間中もX₂組から給与の支払を受けていたことが認められ」る。X₁の休

第1節 取締役の死傷事例における企業損害をめぐる判例の状況

業期間は2ヶ月程度と推認され、「X_1は本件受傷により、金17万7,000円の休業損害を蒙ったことになるが、右金員のうち、本人の労働能力の喪失とは関係のない金銭資本物的資本投下の対価的ものがあるとすればこれは控除されねばならないが、前記認定のX_2組の業種および企業規模に鑑みると、X_1の前記給与は同種の立場に比較してさ程高いものとも認められないから、特段の反証のない本件では、前記金員は本件事故と相当因果関係のある損害として、X_1が Y に求め得る性質のものであり、右のように、Y は X_1 に対し金17万7,000円の損害賠償債務を負担するにいたったところ、X_2組は Y のために X_1 に対し同人の休業中の右損害賠償を立替えて支払い Y に対する右賠償債権を取得していることが認められる。してみると、X_2組は Y に対し金17万7,000円の支払いを求め得ることとなる。」

[過失相殺および損害の填補]「本件事故と相当因果関係にある X_1 の損害は50万9,249円……、X_2組のそれは金25万3,550円となるところ、前記認定のとおり、被害車の運転者訴外中村弘〔注——X_2の従業員〕にも過失があったから、いわゆる被害者側に含まれる者については過失相殺をしなければならない。」

【27】名古屋地判昭47・3・8判タ283号182頁(肯定, 個人会社性肯定)

[X_2会社の得べかりし利益]「X_2会社は本件事故当時資本金300万円、従業員8人の土木建築請負を目的とする会社で、株式の約6割を兄弟、親戚が所有し、残りを友人、知人が所有するいわゆる同族会社であること、X_1はX_2**会社の代表取締役として会社の業務全体を総括指揮する**とともに、営業(工事の受注等)、施工については特に重要な役割を果していたこと、X_1は本件事故による傷害のため昭和42年10月19日から同年12月20日まで2カ月間A外科に入院し、翌12月21日から昭和43年10月9日まで293日間(治療実日数25日間)同病院に通院加療を余儀なくされたこと、また右傷害の後遺症(頭重を主とする神経症状)により労災保険級別14級に該当する旨の診断を受けたこと、したがって、右入院期間中休業しなければならなかったのはもとより、通院期間中も十分に働くことができなかったこと、昭和42年3月1日から翌43年2月28日まで1年間のX_2会社の所得金額は金370万7,880円であったこと、以上の事実が認められる。右認定の事実によればX_1のX_2会社における前記地位、役割、会社の規模からみて、X_1が本件事故に遭遇せず、通常どおり稼働していたならば、昭和42年度のX_2会社の所得金額は当然前記認定の金額を上まわったであろうことが推認され、その推定額と右所得金額の差額がX_2会社の得べかりし利益と考えられるが、右金額を把握すべき確たる証拠がない。しかし、本件事故の日の昭和42年10月19日から昭和43年2月末日までの約4カ月間に相応する前記所得金の3分の1にX_1のX_2会社における寄与率および平均労働能力低下率を乗じたものが、昭和42年度のX_2会社の得べかりし利益に近似した数値となるものと考えられる。ところでX_1のX_2会社における寄与率は〈証拠略〉によって認められる**従業員8人の給与総額とX_1の給与との割合その他の事情を勘案すると10分の4**とみるのが相当である。右各数値により、X_1の休業および労働能力低下によるX_2会社の得べかりし利益の総額を算出し、相当額を求めれば金42万5,000円となる。」

[X_2会社がX_1に支払った給与等]「X_2会社はX_1に対し本件事故前から昭和43年2月までは給与及び健康、厚生年金保険の名義で毎月金14万30円宛、その後は毎月金16万30円宛を支払っていることが認められる。X_2会社はこれ

らの支出そのものを自己の損害としているが、右期間中X_1は本件事故による損害のためX_2会社の業務に就いていないのであり、このように会社の業務に就いていないものに対してもX_2会社が右の名義の金員の支払をしなければならない法律上の義務があるという点について、本件においては何等の主張、立証がないのであるから、X_2会社の右主張は、法律的には、本来X_1が本件事故のために逸失した給与及び健康、厚生年金保険分の利益相当額をX_2会社において立替弁済し、それに伴って代位したYらに対する損害賠償請求額を主張しているものと解するのが相当である。而して、X_1の傷害の程度、後遺症の内容、入院期間等諸般の事情を勘案すれば、同X_1が本来Yらに対して有していた右債権額は前示月額金14万30円の金額の3ヶ月分、合計金42万90円の限度で相当と認むべきものであるから、X_2会社のこの主張もこの限度において正当というべきである。」

【28】 福井地武生支判昭47・9・28交民集5巻5号1367頁（肯定、個人会社性肯定）

X_1会社の社長で同会社の統帥者であるX_2がY_1の不法行為によって傷害を受け治療を余儀なくされ、そのため受傷後昭和44年6月頃迄はX_2は十分なX_1会社の業務遂行が行えなかったため、X_1会社がX_2と共にYらに対して損害賠償を請求した事例である。

「X_1会社は資本金250万円、その営業内容は、主な業務は建設関係と水道関係であって、その営業による収入の割合は建設による収入を一とすると水道の方の収入はその2分の1と言ふ割合であり、従業員は水道部門の方は15、6人、建設部門の方は現場監督的人員は2、3人、外に人夫が十数名と言ふ形体で、水道部門の方は訴外Aと言ふ社員が専従担当者として行なって居り、X_2は主として建設部門の方を担当し受註、見積り、設計、現場監督を担任し、又会社社長としてX_1会社の全般に亘って管理統師を行って居たものであることが認められ、更にX_2が本件事故で受傷し、その治療中はX_1会社の収益状態は右治療期間の昭和42年から同43年にかけてその完成工事高は前年同期に竸べて**1,300万円程度の減少**を来して居ることが認められるが、又右42年から43年にかけての荒利益は右その前年度に竸べて多少増加して居り、そのアンバランスに付いては明確な証明は存在しない。而して［証拠略］によるとX_1会社の建設部門の事業成績は毎年一定ではなく上下の波があることが認められ、必ずしもX訴訟代理人の主張する様な上昇成績が得られたかどうかは確認できない。然し前記認定の如くX_1会社の統師者であるX_2が前記の如く長期に亘ってX_1の会社の業務を完全に遂行できなかったのであるから、その事情からして、X_1会社の収入がX_2が健康体でX_1会社の業務を遂行できた場合と竸べればX_1会社は**相当な収入の減少**があったものと解して差支はないが、X_2に対しX_1会社は前記俸給135万円を支払っていない事情もありその実際の損失に付いては之を明確にするこれ以上の資料がないので、当裁判所としてはその実損失を**前記収入減の1,300万円の一割**と認定し、右実損額を130万円と認定する。」

【29】 東京地判昭48・2・15交民集6巻1号270頁（個人会社性肯定、損害否定）

［事案］ 実質的に経営を任されていた元代表取締役が交通事故により負傷し就労できなかったため、会社が交通事故の賠償責任者に損害賠償を請求した事例であり、詳しい事案は以下の通り。

「X_1会社は、化粧品の製造・販売・卸を業と

第1節　取締役の死傷事例における企業損害をめぐる判例の状況

し、従業員12[〜]3人を擁する**資本金50万円**の会社であって、株式の過半数は代表取締役であるAが所有していること。X₃は、かつて同一製品を扱う会社「A」を経営していたが、同社が負債超過のため昭和35年3月31日倒産した際における債権者らの発案に基づき、昭和35年4月1日X₁会社が設立され、筆頭債権者であったB商会のCがその代表取締役に就任したとはいえ、業務一切は挙げてX₃に委任され、X₃が**1人でその運営に当っていたこと**。X₁会社は、毎期僅かではあるが欠損を出しており、X₃の役員報酬は、事故前事業年度の第8期（昭和42年4月1日から昭和43年3月31日まで）が年72万円、第9期（昭和43年4月1日から昭和44年3月31日まで）が年84万円であること。X₁会社では、本件事故当時、男子従業員はX₂のみであり、他はパートタイマー制か、日給制で働らく女子の工員または事務員であり、製造から販売、集金に至るまで、すべてX₃の双肩にかかり、特に販売関係は、X₃1人で行なっており、当時、X₁会社には直取引先が約50軒、通信販売先も同じく50軒位あったが、本件事故のため、X₂が昭和43年10月8日から同年11月3日までと昭和44年1月末から同年6月末までの間は**出社しても外交販売に当ることができなかった**ことにより、X₁会社の成績は振わず、第8期の決算では、期首商品棚卸高664万7,143円、期末商品棚卸高595万7,270円、仕入高2,252万3,251円、仕入および棚卸差額を除く経費（以下、単に「一般経費」という。）457万7,662円であったのに対し、売上が2,776万6,563円で、営業損失はわずか2万4,223円にすぎなかったが、第9期の決算では、期末商品棚卸高479万7,014円、仕入高2,331万1,082円、一般経費547万8,985円であるのに対し、売上は、2,679万1,688円と少なく、結局、315万8,635円の損失を出していること。X₁会社は、前記各期間中もX₃に対して毎月7万円の役員報酬を支払ったほか、X₃が受傷前の注文分を配送するため、臨時に運転手を雇傭し、また自動車も賃借りして3万6,800円を支出したこと。が認められ」る。

［判旨］「右認定事実によれば、X₁会社は、X₃の運営に係るいわゆる**個人会社**であって、**経済的にはX₃と一体の関係にある**ものと認めるのが相当であるから、X₃の受傷によって逸失したX₁会社の利益は、本件事故と相当因果関係のある損害として、Yらにおいて賠償すべきものというべきである。ところが、その逸失利益の金額が幾許であるかは、①前記3万6,800円のほか、これを直接認めることのできる証拠はないから、算定必ずしも容易ではないが、右認定の諸事情および前記認定に係るX₃の傷害の部位・程度治療経過に鑑みると、X₁会社は、前記3万6,800円のほか、②少なくとも、事故当時の現価としても、X₃の不完全な就業にも拘らず**支払った報酬相当分25万円の損害**を蒙っていると認めるのが相当である。なお、③X₁会社は、営業損失の差額相当ないし第8期売上総利益（売上高から売上原価を控除した差額）の半分相当が損害であると主張しているが、X₁会社の逸失利益を、営業損失や売上総利益を基礎として算定することはできない。蓋し、第8期に比べ第9期において、原告会社が大きな営業損失を出したことは前記認定のとおりであるが、X₁会社の第8、第9期の各棚卸高、仕入高、売上高、一般経費を対比してみると、第9期は第8期に比べ、多額の一般経費を費消し、前期以上の数量を販売しているのに低い売上しかあげられず、そのため大幅な営業損失を出すに至ったことが推認されるばかりか、このような低い売上しかあげられなかった事由が何辺にあったかを認めることのできる証拠もないから、X₁会社が、X₃の受傷によって、売上等に影響を与えている

第2章　企業損害 1——取締役の死傷事例——

としても、それがどの程度であるかを認めることはできないからである。」(①②③は著者による)

【30】東京地判昭49・5・21 判時753号39頁
（否定，個人会社性を否定）

[一般論]　X_1会社およびX_2協会が、本件交通事故によるX_3の休業によって損害を蒙ったと主張し、Y_1、Y_2（＝東京都）に対してその賠償を請求した事例。先ず一般論として次のようにいう。

「法人は、交通事故により、その代表者の受傷によって経済的損害を蒙ったとしても、右が法人とは名ばかりで、いわゆる個人法人の実態を有し、実権が同個人に集中し、同人に機関としての代替性がなく、経済的には同人と法人とが一体をなす関係にあるなどの事情がないかぎり、加害者に対し不法行為にもとづく損害賠償請求をすることはできないと考えるのが相当である。」「そこで、X_1会社およびX_2協会がX_3のいわゆる個人法人といえるか否かについて検討する。」

[事実認定]　(1) X_1会社について　「X_1会社は、肩書地に本店を置き、(イ)旅行大衆、修学旅行等を対象とするモテル、レストハウス、観光水族館の建設および交通従業員共同の厚生福祉センターの設置ならびにこれらに関連する一切の事業、(ロ)家屋賃貸業、(ハ)観光事業ならびに観光案内紹介に関する事業、(ニ)交通文化施設およびその他による宣伝広告に関する事業等を行なうことを目的として、昭和23年2月3日に設立され、**資本金は18,000,000円**で、発行済の株式総数は360,000株の株式会社である。」「X_1会社の株主の総数は20名であるが、右株主は、X_3のほかおおむね財団法人鉄道弘済会等の鉄道（国鉄、私鉄を問わない。）関係法人、東急、京浜急行、小田急、相模鉄道等の電鉄株式会社およびその関連の株式会社であり、X_3の所有する**株式数は発行済株式数の約2割に当る**。」「X_1会社においては、毎年5月に招集される定期株主総会のほか、随時臨時株主総会が開かれ、右総会において定款の変更、財産目録、貸借対照表、損益計算書ならびに剰余金処分の承認、取締役、監査役の報酬、取締役、監査役の選任等の決議事項等について審議のうえ、会社の最高の意思決定機関として決議をし、原告会社の組織および事業全般についての基本的な方針を樹立し、新規事業への進出の可否およびその規模等につき意思決定を行なっている。」「X_1会社の取締役は、代表取締役社長A、同専務X_3のほか代表権のない取締役が3名であるが、X_3を除いた4名の取締役はいずれも前示電鉄会社の取締役の経験者もしくは兼職者であるため、随時取締役会に出席してX_1会社の業務執行についての基本方針の決定に参与するほかは、X_1会社に出社せず、その日常業務には従事せず、**専らX_3ひとり**が取締役会での基本方針にしたがって**約120名の会社従業員**を指揮監督して日常業務の執行に当っている。」「X_1会社は当時本店および若干の地方営業所ならびに代理店を通じて、前記目的事業のうち宣言広告事業を主として行ない、これによる広告料収入は年間約440,000,000円（昭和45年当時）に達するが、X_1会社は、X_2協会との定めにしたがい、協賛という名目で右収入の7割相当額をX_2協会に支払うので、残額の3割相当額が収入となる。」「X_1会社の右広告は、国鉄、私鉄、地下鉄等の駅のホーム上の長椅子および建物の壁等の施設上にいわゆる金属製の看板を主とする広告媒体を取り付けて行なうものであるから、X_1会社の業務の具体的内容としては、顧客と広告締結すること……、顧客の注文に応じて看板のデザインを定めて製作し、右鉄道業者からの掲出の許可を得たうえで、前

第1節　取締役の死傷事例における企業損害をめぐる判例の状況

示長椅子等に取り付けること，および広告料を徴収することが主要なものであるが，右広告契約の締結，広告料の徴収については，全契約数の相当部分を代理店を通じて行ない，また，右看板の製作も実際には下請業者に請負わせている。」

(2) X_2協会およびX_1会社との関係について

「X_2協会は，肩書地に主たる事務所を置き，交通または観光に関し調査，研究，発明および考案の助長育成ならびにその他諸般の文化的向上，発達を図ることを目的とし，(イ)交通または観光に関する著書，論文，発明，考案，その他の文化的業績により著しい貢献をした者の顕彰あるいはこれらの顕彰に対する援助協力，(ロ)交通に関する発明および考案の展示会の開催，(ハ)交通または観光に関する文化的作品の展覧会の開催，(ニ)交通または観光に関する出版物の発行および頒布，(ホ)交通または観光に関する文化的施設の設置および運営，(ヘ)旅行大衆を対象とするモテル，レストハウス，観光水族館の建設および交通従業員共同の厚生福祉センターの設置ならびにそれらの関連事業，(ト)陸運交通関係事業に従事する者，その他同事業に関係する者の子弟および同事業に従事しようとする者に対する学資の給貸与とその他育英に関する事業を行なうべく，昭和23年9月30日に設立され，昭和45年現在において**登記簿謄本上資産総額149,202,832円**とされている財団法人である。」「X_2協会の理事は，X_3ほか8名であるが，X_3と外の理事は，財団法人鉄道弘済会等の法人の顧問，東急等の電鉄会社の取締役の地位にあるもので，総会に出席し，X_2協会の決算の承認，役員人事，新規事業の可否，規模等基本的な事項についての決議に参加するほか，X_2協会の日常の事務の執行には直接参与せず，**専務理事であるX_3にこれを委ね**，X_3は総会の決定にしたがって事務の執行に当っている。」「X_2協会は，前記の主たる事務所と大阪ほか12個所の営業所において事業を行なっているが，主たる事務所については，その従業員はX_1会社の従業員をも兼ね，右地方営業所についても，約20名を除いては，右と同様である。」「そして，X_2協会は，前示のとおり，X_1会社の宣伝広告事業による収入額の7割相当額を取得し，そのなかから，国鉄，私鉄，地下鉄等の鉄道企業に対し広告掲出料を支払い，また，前示掲出用看板の管理費等を支出した残額を前示事業の資金に当てている。」

[損害賠償の認否——否定]

[X_1会社について]「X_3は，X_1会社の発行済株式総数の約2割に相当する株式を所有する有力株主であり，また，代表取締役として日常の業務執行をひとり指揮監督し，X_1会社においては極めて重要な地位にあるものと考えられるが，その他の株主とて僅か19名にすぎず，1名当り持株比率も低くなく，いずれも鉄道運輸業者又はその関連業者であって，これとX_3の持株比率とを比較考量すれば，X_3がX_1会社を所有するあるいはこれと同視し得る程度の支配力を有するものということができず，X_1会社においては法律の定めるところにしたがって株主総会，取締役会を開催の上，各意思決定がなされていて，X_3ひとりが右の意思決定を左右し得たとか，X_3が右決定に反して業務執行をなし得たとはいえないし，また，X_3が，株主総会において決定された取締役報酬のほか何らかの名目で，株主総会の議によることなく，自らの決定でX_1会社の剰余利益を取得できたと認定するに足る証拠はないこと，右の各事実のほか，X_1会社の資本金額，株主，取締役の構成，従業員数，年間収入，営業規模・形態等の諸事情に鑑みれば，X_1会社は，法人とは名ばかりの，X_3のいわゆる個人会社で，X_3はX_1会社の代表機関として代替性がなく，経済的に会社と一体をなす関係

にあるとは到底認められない。」

[X₂協会について]「X₃がX₂協会において専務理事の地位にあるけれども，X₂協会の総会において決定された基本事項にしたがってX₂協会の一切の業務の指揮監督を行なっているにすぎず，X₃がX₂協会の基本財産を出捐したとは認められないほか，X₂協会の事業目的，資産総額，従業員数，事業規模，理事の人的構成等の諸事情に照らせば，X₂協会がX₃のいわゆる個人法人とは到底いえず，また，X₃にX₂協会の代表機関としての代替性がないとか，経済的にX₂協会と一体をなす関係にあるとは認められない。」

【31】 水戸地日立支判昭49・12・23交民集7巻6号1929頁（肯定，個人会社性肯定）

［原告側の主張］「X₁会社は代表取締役X₂，取締役X₃で個人企業と異ならない営業形態であり，牛乳販売の75％が外売り配達に依存していたもので，配達，集金，販売拡大はX₂，X₃の活動いかんにかかり，X₂，X₃あってのX₁会社であったところ，X₂，X₃の受傷による入院，通院，後遺障害のため従来の営業活動を維持できず，X₁会社は営業不振となり赤字経営に陥った。これは本件交通事故によるものであり，Yはこの損害を賠償する責任がある。」

［現実の営業損 金269万1,389円 将来の営業損 金120万円］「X₂は前記のように後遺障害のため27％の，X₃は35％の労働能力を喪い，この状況は今後永年継続するものであるところ，牛乳販売業は肉体労働が主であり，長男を従業員として使用して経営に当っているが，前記の赤字欠損を解消して営業利益をあげるには尚数年を要する。そこで昭和48年10月以降の営業欠損を今後5年間続くものと考え，毎年の欠損額を30万円として，ホフマン方式により年5分の中間利息を控除すると

30万円×5年×0.8の算式により金120万円が算出される。」

［判旨］［過去の逸失利益］「X₂，X₃は訴外A，同BをX₁会社業務のため雇傭し，又，Xらの長女を帰家させて手伝わせるなど，X₁会社の営業を維持するために努力したが，X₁会社の柱であり，かつ営業活動の実質的な維持者であったX₂，X₃の従事不能ないしは困難のため，X₁会社の業績は著るしく低落し，その後現在にいたるまでもこの業績低下の回復が困難であることが認められ」る。「そして，……X₁会社はX₂，X₃の受傷前である昭和43年10月1日から44年9月30日の間には，金1,712万1315円の売上げをして，金7万6,718円の利益を得ていたが，受傷後である昭和44年10月1日から45年9月30日の間には金1590万3,249円の売上げにとゞまって，金84万9,149円の欠損を生じ，昭和45年10月1日から46年9月30日の間には，金1,371万9,633円の売上げで金73万8,184円の欠損を生じ，昭和46年10月1日から47年9月30日の間には，金1,254万4,329円の売上げで金77万8,312円の欠損を生じ，昭和47年10月1日から48年9月30日の間には，金1,255万7,832円の売上げで金32万8,744円の欠損を生じていることが認められ，この認定に反する証拠はない。

X₁会社の昭和44年10月1日以後48年9月30日までの間のこれら欠損は，X₂，X₃の受傷前のX₁会社の売上高および利益と比較し，X₁会社にはX₂，X₃の受傷のほかに業績低下の原因のあることは指摘できないことから考えると，これらがX₂，X₃の受傷による業務従事不能或いは困難に原因するものと認められるので，これら欠損は訴外Cの不法行為と相当因果関係にある損害であると認められ，YはX₁会社のこれら欠損合計金269万4,389円……を賠償する義

第1節　取締役の死傷事例における企業損害をめぐる判例の状況

務がある。」

［将来の逸失利益］「次にX₁会社は，将来も右のような営業欠損を生ずるものとして，毎年金30万円の欠損としてこの5年分を営業損害として請求している。そして，［証拠略］によれば，X₂の後遺障害は障害等級10級であり，［証拠略］によれば，X₃のそれは9級であって，いずれも全快の見込はなく，この後遺症状が長期間にわたって継続することが認められるからX₂，X₃はその間相当の労働能力を喪い，これがX₁会社の業績低迷の原因となるであろうことも認めることができる。

しかしながら，法人の営業は人的物的有機体の総合的な活動から成るものであるから，X₁会社がいかにX₂，X₃の個人営業と同様の業態であるといっても，X₂，X₃の後遺障害等級による労働能力喪失率をそのままX₁会社の営業損害と結びつけることはできないし，現に，前認定のとおり，X₁会社の営業欠損は，昭和47年10月以降はそれ以前に比較して急激に減少し，業績が回復しつつあることが認められるので，X₁会社主張のように，昭和48年10月以降5年間にわたって年間金30万円の欠損を生ずるものと認めるべき根拠に乏しい。

そこで，前認定のX₂，X₃の後遺障害の状況と，証拠上認められる最終時期のX₁会社の営業欠損が年間金32万8,744円であること，X₁会社の業績が回復しつつあることなどの事実を総合勘案して，X₁会社は昭和48年10月1日からの3年間に各年間金20万円の欠損を生じ続けるものと推定して，X₁会社の将来の営業損として合計金60万円を被告に賠償せしめることが相当である。この場合，将来損害として厳密には中間利息を控除すべきであろうが，右損害額の推定自体が控え目に認定された概算額であり，又，将来にわたる期間も短期であるから，厳密に中間利息を控除する意味は少ないので，これを控除する必要を認めない。」

【32】　大阪地判昭50・1・28 判タ323号233頁，交民集8巻1号134頁（否定，一般論肯定，本件個人会社性否定）

［事実関係］「A（明治36年生）は，昭和25年ころ大阪市中央卸売市場の仲買人資格を取得し，爾来同市場内に店舗を構え，B商店の商号を使用して水産物および水産加工物の販売業を営んで来たところ，そのうち仲買人の評価および分荷機能を充実し，取引の円滑かつ能率化を図るため仲買人の大型化および法人化が推進される趨勢となり，ここに昭和39年ころ右個人商店による経営を株式会社組織に改組して払込資本金500万円のX₂会社を設立し，その代表取締役に就任し，従前同様の営業に従事することになった。

ところで，右Aは，昭和31年2月ころ将来は自己の後継者とするため，X₁（昭和4年生）を養子に迎え，爾来X₁に前記営業を手伝わせながら仕事を教え，X₁において仕事を覚え，仲買人の資格を取得して一人前に稼働できるようになるにつれ，次第に自己の行って来た業務をX₁に肩代わりさせて行き，X₂会社の設立に際しては，X₁を取締役に就任させた。

さて，X₂会社の設立に際しては，……代表取締役にA，取締役にX₁がそれぞれ就任したほか，なお取締役にC，監査役にDがそれぞれ就任したが，……いわば名目上の役員であって，……X₂会社の営業は，Aの個人営業時代と同様同人およびX₁により運営され，右個人営業時代のそれと異る点がなく，株主総会など開催されることは勿論なかったが，ただ，前記のような事情から会社設立以降もX₁の活動分野が広がり，これに比例してAの活動分野が縮少して行った。そして，本件事故当時X₁は，午前4時ころ出勤

第2章　企業損害1——取締役の死傷事例——

し，市場におけるせりに参加して商品を購入し，X_3ほか1名の従業員を駆使してその販売等に当つていたが，Aは，せりに参加することはなく，午前5時ころ出勤して来て売上日記の記帳および代金の収受を手伝う程度であった。こうして，X_1，X_3の両名が本件事故により前認定のように負傷し，一時稼働できなくなると，X_2会社は，その主要な働き手を失って売上が減少するに至った。」

［企業損害について］「ところでX_2会社は，本件事故による直接の被害者ではない……ことはさきに認定したところから明らかであるから，原則として本件事故の加害者側であるYらに対し損害賠償を求めることはできないと解するのが相当であるが，X_2会社が前認定のようないわゆる個人企業である以上，これと同一体の関係にある企業経営者個人に対し違法な侵害が加えられ，これにより営業上の損害が不可避的に発生するに至った場合，右損害を企業経営者個人の損害とするか，あるいは，X_2会社の損害とするかは全く形式的なことにすぎないといわなければならず，そうとすれば，さきに認定したように本件事故により直接被害を受けたX_1において右に述べたようなX_2会社と同一体の関係にある企業経営者に該当するならば，X_2会社は，X_1の受傷によりX_2会社に不可避的に生ずるに至った損害につき賠償を求めることが許されるものと解して差支えないであろう。そこで，以下この点について検討すると，さきに認定したところによれば，X_1は，前記Aが興し培って来た営業を継ぐため同人に養子として迎えられ，爾来右営業を手伝いながら同人から仕事を教わり，これを覚えるにつれて従来同人が行って来ていた業務を次第に肩代わりして行うようになり，本件事故当時は仲買人資格を取得し，市場においてせりに参加し，これにより仕入れた水産物類を販売するとともに，会計帳簿類の記帳にも当るようになっていたのに対し，Aは，毎日出勤して来るものの，営業に関しては売上日記の記帳および代金の収受を手伝うくらいであって，X_2会社の主要な働手は，X_1であったことは疑の余地がないが，さりとて，X_2会社は，もともと右Aがその前身の営業を興して以来同人において永年にわたり培って来たものであって，なるほど，本件事故当時同人は，X_2会社の主要な働手ではなかったにせよ，なお引退して営業活動に全然参加していないわけではなく，その代表取締役に就任し，毎日出勤して来ていたのであるから，X_2会社の信用は，まだ主として同人に化体しているほか，X_2会社の経済上の実権も依然同人に掌握されていたものと推認するのが相当である。そうとすれば，X_1は，X_2会社の主要な働手であったとしても，まだX_2会社と同一体の関係にある企業経営者ということが困難である。のみならず，X_2会社が前認定のように卸売市場のせりに参加して商品を仕入れ，これを同市場内の店舗において販売するにすぎない営業形態をとるものであることよりすれば，前記Aにおいてその経験および仲買人資格の両者を兼ね備え，かつ，年令もまださして高令でない以上，X_1の負傷休業中X_1に代わってせりに参加するとともに，適当な使用人を雇入れることになり営業を従前どおり維持継続することもあながち至難の業とは考えられないから，代替の使用人雇入のために要する費用のような損害はさておき，X_1の休業によりもたらされたX_2会社の商品売上減に基づく損害のごときは，本件事故に関し不可避的に生ずる損害とも認め難い。

以上のとおりとすれば，X_2会社は，X_1の負傷休業により前認定のように売上が減少し，あるいは，仕入れた商品の売却時機を失し，これにより収益減を招いたとしても，これによる損害の賠償を被告らに対し求めることができない

といわなければならない。」

【33】 札幌地判昭50・3・31 ジュリスト598号6頁（肯定，個人会社性肯定）

　X_1会社は保温保冷等の工事の請負を業とする，事故当時資本金100万円，取締役は代表者であるX_2その他その妻Aおよび古参の従業員3名，監査役1名，常用従業員7名程度，株式はX_2とその妻が65パーセントを保有している。資本金は全額X_2の出資にかかり，取締役会また株主総会が開催されたことはなく，「会社の運営はひとえにX_2の手腕と采配にかかり，ことに工事の受注は低額のものを除きX_2の公私にわたる不断の努力とX_2自身の信用によって初めてもたらされるものであった。してみれば，X_1会社とX_2間に**経済的同一体の関係がある**というべく，かかる場合X_2の交通事故の受傷によりX_1会社に企業上の損失が発生するにおいては，X_1会社は右事故による被害者として企業上生じた損害につき賠償請求権を有する」。

【34】 宇都宮地判昭51・5・12 交民集9巻3号693頁（否定，一般論肯定・相当因果関係否定）

　「X_1（有限）会社は自動車の修理販売を業とする会社であるが，従業員は妻であるA，長男であるBのみの小規模の個人会社であって，X_2〔＝直接被害者〕はその代表者であり，かつ検査主任として稼働していたものであるから，X_2はX_1会社と**経済的一体性があった**ものと認められる。

　ところで，……X_1会社は昭和45年4月30日より昭和47年12月ころまでの間C外4名の人達を臨時の従業員として雇用し，X主張のとおり合計金180万円の賃金を支払っていたことが認められる。」「しかしながら，本件全証拠によるも，右従業員の臨時雇入れがすべてX_2の入・通院と不可欠の関係にあったか否かは必ずしも明らかでない。」「X_2は本件事故による受傷後も全く稼働し得なくなったわけではなく，入院期間を除きその余の期間は自動車の修理業務に従事していたことが認められ，また臨時雇入れの従業員らは車両の陸送，自動車の整備，事故車の引きあげ等のほか販売セールスの業務にも従事し相当の業績を挙げていたことが認められる。」「したがって，X_1会社の支出した右臨時従業員に対する賃金は，本件事故と相当因果関係のある損害として認容することはできない。」

【35】 熊本地判昭51・12・21 交民集9巻6号1763頁（肯定，個人会社性肯定）

　「X_1会社は，肩書住所地において，そば及びうどん等の麺類を主として販売する屋号「そば処A」と称する飲食店とスナック「B」を経営する会社で，X_2が代表取締役として現実に両店舗の経営に当っていたもので，会社という経営形態上他の社員が少くとも1名は必要であったことから現実に営業には関与しないX_2の夫である訴外Aを他の一名の社員として参加させ設立されたものであって，X_2が主宰するいわゆる**個人会社というべきものである**。」「X_2は，飲食店「そば処A」を経営するに当り，熊本県内に於ける有数の製麺である「Aそば」をその目玉商品として，その独特の風味を持ち，売行きも相当なものがあるところから，熊本市内に於て右「Aそば」のイメージを生かした独特のそばの販売店を作り上げることを志し，殆んど日本全国の有名なそばの販売店を自ら歴訪して研究を重ね，手打ちそば及びダシ汁の製法を考案し，飲食店「そば処A」に於てこれを食客に提供して来たものであり，X_1会社を設立後間もなく全国

第2章　企業損害１——取締役の死傷事例——

有名そば処の指定を受け，一意そのイメージの上進及び味の向上に努めて経営に専心して来たものである。」「X₂は，右の経過でX₁会社を設立し，自宅附近に製麺所を設け，自らそば粉と他原料との調合，練り上げを行い，釜上げ，ダシ汁の製造に従事し，その作業が恒常化するに従い，従業員を指揮してその作業に当らせてこれを監督し，調理士として自ら店頭に出て右営業に従事して来た。」「X₁会社は，常時，調理士及び調理士見習その他の従業員10名程度を雇傭して営業していたところ，これらの従業員は一応の食品の製造は可能ではあるが，厳密な意味での調理，味つけ，そばの製造をなし得るものではなく，X住尾の補助者に過ぎなかったため，X₂が本件事故により受傷し，その後も右肩部，上肘部の疼痛，しびれが頑固に残存し，特に右手の痛み，しびれは回復せず，そばの調整，料理の調整に不可欠な右手の握力を殆んど喪失し，そばの調理はおろか庖丁を持ってねぎを切ることもできず，加うるに自ら従業員の監督が出来ないことにより，「独特のそば処」経営の目的が崩壊し，昭和46年5月31日を以ってその営業を廃止した。」

「スナック「B」は，X₂が同店の「ママ」として率先して店内に於て働き，他の従業員を指揮してその経営に従事していたところ，この種業種に於て通常見られる通り，X₂自身が多数の顧客を持ち，飲食客は同人ととりとめのない話題に打興じて酒興にひたることを常としていたものであるが，**X₂の本件事故による受傷により顧客は激減し，追に廃業に追いやられた。**」

「以上のように，X₁会社は，その経営をすべてX₂によってなされていたが，X₂の本件事故による受傷のため，昭和46年8月11日会社を解散した。」「X₁会社は，昭和45年6月1日から昭和46年5月31日までの1年間に少くとも金95万円を下まわらない収益を挙げていたが，

今後，少くとも5ケ年間はその収益を挙げ得たものであったに拘らず，本件事故により経営者であるX₂の受傷により解散するに至ったものであるから，X₁会社の事故後5年間の得べかりし利益をホフマン方式により算定すると，その事故時の現価は金380万円となる。」

【36】　大阪地判昭52・7・29交民集52・7・29交民集10巻4号1055頁（肯定，個人会社性肯定）

［総論］「X₁会社は資本金1,000万円の乾海苔の加工および販売を主たる営業とする株式会社でX₂が代表取締役であり，ほかにX₂の兄Aらが取締役になっているが，同人は糖尿病のため業務執行にあまり携われないので，X₂が常雇の従業員7人，パートタイマー10人位と共に，かつ，これを指揮してほとんど1人で采配しX₁会社を経営していることが認められるので，X₂はX₁会社としては**不可欠の存在**であり，**機関としての代替性がなく，いわゆる個人会社として同人と同会社とは経済上の一体性がある**といえるので，X₂が受傷により就労できなかったためX₁会社が被った逸失利益の損失は本件事故と相当因果関係があるというべきである。」

［損害論各論］「まず，X₁会社はX₂が入院したことにより海苔原料の仕入れの最も重要時期を失したことによりその後少くとも2円割高でこれを買入れざるを得なくなったことによる損害を主張するが，……これを首肯しうる的確な証拠がないので，右損害の主張は採用できない。」

「しかし，……X₂は万代百貨店内に設置しているX₁会社の各店舗で乾海苔の宣伝販売をその従業員と共になし，X₂1人で事故前の昭和46年11月から翌47年1月まで月平均323万9,722円の売上げがあり，**純益はその4％である**と認

められ，かつ，X_2の病状からみて事故の翌日から同年8月上旬ころまでの6か月間右のような態様の業務には就労でき得なかったと認めるのが相当であるから，それによって被ったX_1会社の逸失利益の金額は77万7,533円となる。」（また，被害者の過失を理由に過失相殺をする）

【37】 大阪地判昭53・9・7交民集11巻5号1320頁（否定，一般論肯定，本件個人会社性否定）

[事案]「X会社は，本件交通事故による直接の被害者ではなく，直接の被害者であるX会社代表取締役Aが受傷してその職務に支障をきたした結果X会社の利益を逸失し損害をこうむるに至ったという意味での間接の被害者にすぎないことが明らかである。」「然るに，X会社は，右の間接の被害者であることを前提としつゝ，さらに進んで，**第一次的**に，AとX会社とは経済的には同一体であるとの理由で，**第二次的**に，仮に両者が全く別個の存在であるとしても，Yらは，X会社のAに対する委任契約上の債権を侵害したものであるとの理由で，Yらに対し損害賠償請求権を有する旨主張する。」

[経済的同一体か否かについて]「X会社が，法人とは名ばかりの，俗にいう個人会社であり，その実権が代表取締役A個人に集中して，AにX会社の機関としての代替性がなく，経済的にAとX会社とが一体をなす関係にあるものと認められる場合には，X会社は，Aの負傷により利益を逸失したことによる損害の賠償を請求することができる。」というべきである。

「X会社の営業の中心は，別珍，コールテンの原料を，安い時期に仕入れて，布または製品にし，高い時期に売却することであるが，右の売買にとって重要なことは，相場の動静を観察して売買の決断をすることおよび売却時の値段を決定することである。X会社においては，代表取締役Aが，自ら入手して来た情報やX会社の営業担当者が収集して来た情報を総合考慮して，重要な売買の決断やその売値の決定を行っていた。なお，Aは，業界では名のとおった相場師であって，X会社の他の者が，右の決断や決定を代替することはできなかった。また，Aは，X会社の全株式の60％を所有して，その実権を掌握していた。」「しかしながら，X会社の規模をみると，資本金が3,000万円，本件交通事故のあった営業年度……における売上高が54億円台，同年度における税引後当期利益が約4,564万円であり，また，別珍，コールテンの原料の買付高においては，原告会社は我が国におけるその15ないし20％を占め，別珍，コールテンの原料購入についての我が国における唯一の大手会社にあたり，さらに，右の別珍，コールテンの布や製品の売却先も国内においては一流大手商社（三井物産，丸紅，日商岩井，日綿実業，トーメン等）に，輸出においては北米，カナダ，西独，香港，オーストラリア等に向けられており，また，役員としては，A以外に取締役3人（内，実兄の富田良男が経理の責任者，1人が営業の責任者，1人が在庫の責任者），監査役1人が，従業員としては，所有の工場に**工員230名位，右工場における事務員15名位，本社における事務員25名**が各存在し，別珍，コールテンの常時の在庫量も約1,000万ヤールに達し，他にさらに子会社を擁していたもので，**相当程度の大きさ**であった。のみならず，X会社は，代表取締役Aの，本件交通事故に基く昭和48年4月26日から同年5月1日までの入院期間……中にも，本件交通事故以前に取引先との間で契約内容について下話ができていたものについては，正規の契約を成立させたり，あるいは，右以前にX会社より既に発注していたものについては，発注先より納入を受けたりしており，さ

第2章　企業損害 1 ——取締役の死傷事例——

らに，他の取締役らは，Aの故障に関係なく，事務員等を指揮統轄して，既に決定済の業務や日常業務（常務）を執行し，工場も稼働させていた。ところで，X会社の売上高の推移を長期的（巨視的）に観察してみると，……であって，**微減はしているものの，それほどAの前記故障による影響は感ぜられず**，また，X会社の本件交通事故のあった営業年度における売上高および仕入高の推移を短期的（微視的）に観察してみると，別表のとおりであって，売上高の落ち込みは，夏休みに相当する8,9月，正月休みに相当する1月以外にも，10月と11月に顕著であり，これらの月の売上高は，いずれも，Aの入院していた4,5月，あるいは退院直後の6月の金額より下回っている。仕入高についても同じような現象をみることができるのであって，11月と2月の急落は，Aの入院していた5月の落ち込みより大きく，A入院中の4月，退院直後の6月には，なんらの落ち込みもみられない。」

以上認定の事実によって考えると，「X会社における実権は，相当程度，代表取締役のA個人に集中していたもの，また，相場を観察した上で前記売買の決断や売値の決定を行うという一面においては，AにX会社の機関としての**代替性が存しなかったもの**，と判断して差し支えない。しかしながら，右認定事実によっては，「法人とは名ばかりの，俗にいう**個人会社であった」**ものと目することは**著しく困難**であるのみならず，既定ないし仕掛中の業務や常務の執行面，工場の稼働，操業面においては，A以外の取締役によって，十分にその職務を代替することができたものと判断することができるのであって，右判断に，前記認定中の，Aの故障時期と売上高や仕入高の落ち込みの時期とが全く乖離している事実を付加して総合勘案してみると，結局，本件の場合に，AとX会社とが**経済的に一体をなす関係にあったものと結論付けて**

しまうことには，**躊躇を感ぜさるを得ない**。」
「以上の次第で，X会社の，経済的同一体を根拠とする，損害賠償請求権保有の主張は，理由がない。」

［債権侵害について］「Yが，本件交通事故当時，X会社のAに対する委任契約上の債権（職務執行請求権）の存在を**予見していたことある**いは**予見可能性を有していたことを推認することは著しく困難**である。すなわち，Yには，右の債権を侵害することにつき，故意過失が存しなかったものというほかない。したがって，Yらによる X会社に対する不法行為は成立しない。」「以上の次第で，X会社の，債権侵害を根拠とする，損害賠償請求権保有の主張も，理由がない。」

［損害賠償の範囲の問題という構成］「因に，間接の被害者に相当する X会社に対して損害賠償請求権を付与すべきか否かを，単に，損害賠償の「範囲」の問題として把え，専ら，Aの受傷と X会社の損害との間に，相当因果関係が存するか否かを探求すれば足りるとする見解（単純な相当因果関係説ともいうべきもの。）も存し，X会社が，右の見解を独立に（第三次的に）主張しているかのようにも見えないではないが，仮にそうであるとしても，右見解は，当裁判所の採用しないところである。（請求主体を拡張するためには，単なる相当因果関係の存否を探求するだけでは，不十分であると考える。）」

「よって，X会社の本訴請求は，その余の点に触れるまでもなく，理由がないから失当として棄却」する。

【38】　広島地判昭55・1・24交民集13巻1号112頁（肯定，個人会社性肯定）

X会社が逸失利益として，X会社代表者Aが本件事故により負傷し会社の業務ができなく

なったことにより，会社の売上げが減少しそのため112万7,150円の得べかりし利益を失ったとして，交通事故の賠償責任者Yに対して損害賠償を請求した事例である。

［Aの入院中の逸失利益］「X会社は，代表者社長A以外男性4名，女性3名の従業員によって営業を行っている小企業であり，X会社代表者A個人の働きが，同会社の営業実績のうち，平均約3割を占めていること，そして本件事故前3ケ月間……における同人の1ケ月平均売上額は333万0,133円であることを認めることができ」る。「同人が入院した期間24日間は同人の働きがなかったのであるから，その間の売上減は本件事故と相当因果関係がある。そして右1ケ月平均売上額に基づき稼働できなかった24日の予想売上額を計算すると，266万4,106円が本件事故により直接蒙ったX会社の売上減と推定される。しかし，右売上げに対する利益率は前認定のとおり3割であるから，右売上減によってX会社の失った得べかりし利益は79万9,231円ということになる。しかし前認定のとおり，X会社代表者の入院期間中，X会社としては，同代表者に支給すべき役員報酬48万円の支出を免れたわけであるから，差引X会社の失った得べかりし利益は31万9,231円と認めるのが相当である。」

［Aの退院後の逸失利益］「そのほか，X会社は，代表者Aの退院後も，昭和53年6月中は殆んど仕事ができなかったという理由で，その間の売上減についても請求しているが，しかしその間AはX会社の営業に従事しているわけであるから，何故売上げが減少したのか，その点について具体的な主張立証のない本件においては，右売上減と本件事故との間に相当因果関係が存するとは直ちに認められないので，右請求部分を認容することはできない。」

【39】 岡山地倉敷支判昭55・2・4 交民集13巻1号181頁（否定，個人会社性否定）

「X_3会社は，昭和40年9月14日土木建築請負業等を目的として設立された株式会社であり，本件事故当時の従業員数は約15名で，完成工事高は，昭和46年9月1日から同47年8月31日までは86,100,300円，同年9月1日から同48年8月31日までは76,318,820円，同年9月1日から8月31日までは116,794,900円にのぼり，資本金は当初100万円であったが，本件事故から約7か月後の昭和48年8月29日に一気に800万円に引上げられており，税理士により会計帳簿は整理され，毎決算期に税務署へ確定申告をしており，その経理はX_1，X_2夫婦の個人的家計とは截然と区別されていることが認められる。このように，X会社とX_1，X_2夫婦の間に「経済的一体性」ないし「財布はひとつ」の関係は認められず，YのX_1，X_2に対する加害行為とXらの受傷によるX会社の利益の逸失との間に相当因果関係が存するものということができず，YらはX_3会社に対し不法行為責任ないし運行供用者責任を負うものではない（最高裁判所第二小法廷昭和43年11月15日判決，集22巻12号2614頁参照）。」

【40】 佐賀地判昭55・3・3 交民集13巻2号336頁（否定，個人会社性否定）

［X会社の経営実態］「X_1は昭和39年3月頃個人として「甲電設」の屋号で，住宅，店舗，工場，アパートの屋内電気設備工事の下請工事を主として経営しはじめた。」「昭和44年1月，それまでの個人経営から法人組織にかえることとし，商号を有限会社甲電設としてX_2会社を設立したが，その理由は，税金対策，対外的信用，仕事の充実を目指すこと等にあり，X_1はX_1の

所有財産をX₂会社に現物出資し、資本金100万円のうち、80万円をX₁が、20万円をX₁の妻であるAが出資した。」「X₂会社設立後2年位は、Aの実兄Bが代表取締役を勤め、X₂会社の経理関係の仕事の援助をしてもらったが、昭和46年頃にはX₁が代表取締役に就任し、今日に至っている。」「X₂会社の**従業員は本件事故当事12名位**（うち女子職員が2名で事務関係の仕事に従事し、他10名位の男子職員が作業に従事している。）であった。」「X₂会社は税理士に依頼して会社として事業年度毎にきちんとした決算報告書を作り、かつ、それによれば、本件事故当時のX₂会社の**年間売上高は約9,000万円**にものぼっており、またX₂会社が加入している乙電気工事協同組合の中でも、X₂会社の**規模は中の上位**に位置していた。」「以上のようにみてくると、X₁がX₂会社の中心人物であり、**ワンマン的経営の状態**にあったといえるにしても、さりとて**右両Xの間に経済的同一体があるとまでいえるかどうか疑問**であり、他にこれを肯認せしむるに足りる証拠はない。」

「本件におけるように、交通事故によって企業の代表者が受傷し、その受傷の故に代表者が休業を余儀なくされ、その結果企業の利益が減少した場合、その企業独自の逸失利益を請求することができるかどうか争いのあるところであるが、Xも主張の前提としているとおり、右代表者と企業とが経済的に同一体をなしていると解される場合にのみ肯定されるのが相当である。本件においてこれをみれば、右(2)で述べたように、この点について積極的な心証がとれないのであるから、その不利益をX₂会社が被ったとしても止むをえない。前記認定のとおり、X₁が、税務対策上、対外的信用上等の理由で会社組織にし、一面では利益を得てきたであろう反面、思いがけない代表的人物の交通事故により原告会社が何ほどかの逸失利益の損害を被り、その

請求ができないとしても、会社組織にした負の面が顕在化したにすぎず、この点のみの不当性を力説するのは、法全体の衡平の見地からみた場合必ずしも当を得たものとは言えないと思われる。」「とするならば、その余の点について判断するまでもなく、X₂会社の逸失利益の主張は失当といわざるをえない。」

【41】　名古屋地判昭58・9・30交民集16巻5号1328頁（肯定，個人会社性肯定）

[個人会社の事実認定]「X₁会社が昭和51年5月6日X₂が代表取締役となって設立された会社であ」り、X₁会社は、出版、翻訳その他紙製品の製造、加工、販売及びコンベンション・サーヴィスを主たる業としているもので、その具体的な内容は、医学専門書の翻訳、出版、医学に関する国際及び国内会議の計画の立案、開催手続、運営の受託などであること、これらの業務執行には医学に関する専門知識、医学会における信用等の特別の素養、能力を必要とするが、かかる素養、能力をもった者は代表取締役たるX₂以外には存在しないこと、そのため、業務執行の中枢部分はX₂が1人でこれを切り回し、**従業員4名**は、X₂の指揮を受けその手足となって業務にあたっているのが実情であること、が認められ、右認定に反する証拠はない。」

「右事実によれば、X₁会社は、俗にいう**個人会社**であって、その実権は代表取締役たるX₂に集中し、X₂にはX₁会社の機関としての代替性がなく、**経済的にはX₂とX₁会社とは一体をなす関係にある**ことが認められるから、YにはX₂の受傷によってX₁会社に生じた損害を賠償すべき義務がある。」

[逸失利益]「X₁会社は、設立時から昭和52年4月30日までの第1期の事業年度においては、経営が軌道に乗っていなかったこともあって、

165万1,591円の欠損を生じたが，その後は順調に売上をのばし，昭和52年5月1日から昭和53年4月30日までの第2期の事業年度においては128万6,009円，昭和53年5月1日から昭和54年4月30日までの第3期の事業年度においては141万5,604円の当期利益を計上したこと，ところが，代表取締役たるX₂が本件事故に遭遇した日の属する昭和54年5月1日から昭和55年4月30日までの第4期の事業年度においては，X₂が入通院のためほとんど業務執行にあたることができなくなった結果，840万2,915円の損失を計上するに至ったこと，もっとも，昭和55年5月1日から昭和56年4月30日までの第5期の事業年度においては，X₂がマッサージ治療を受けながらも平常の業務執行に復帰したことにより，567万4,585円の当時利益を計上したこと，が認められ，右認定に反する証拠はない。

右事実とくにX₁会社の各事業年度における損益の推移に鑑みると，昭和54年5月1日から昭和55年4月30日までの第四期の事業年度においては，仮にX₂が本件事故に遭遇せず従来どおりの業務執行に従事することができたものとすれば，少なくとも150万円を下らない当期利益を計上することが可能であったと推認するに難くなく，したがって，右金額と現実に生じた840万2,915円との差額すなわち990万2,915円は，本件事故によってX₁会社に生じた損害とみるのが相当である。」

【42】 岡山地倉敷支判昭58・10・6交民集16巻5号1372頁（否定，個人会社性肯定，損害否定）

［X₁会社の実態］「X₁会社は，昭和50年12月に設立された化学産業装置設備の修理保全，配管工事を業務内容とする有限会社であるが，X₂をその代表取締役とし，同人の妻Aを名目上その取締役とするだけの従業員9名程度の小規模な会社であった。そしてX₁会社はその仕事を全てB会社を通じて請負い，工事の元請との折衝，受注，見積り，現場での仕事の段取り，指揮監督はもとより資金繰り，会計帳簿類の記帳に至るまで対外的対内的重要なことは全てX₂が掌握していた。ところが，X₁会社は，X₂が本件事故のため受傷入院していた間の昭和54年9月20日額面60万円の，同月22日額面25万円の2回の手形不渡を出して倒産した。」

「右認定の事実によれば，X₁会社は法人組織をとっていても，その企業規模，経営の実態においてX₂に全面的に依存しているいわゆる**個人会社**とみることができ，X₂は**代替性のない存在**であるから同人とX₁会社は**経済的に一体をなす関係**にあるというべきである。したがって，X₁会社の損害いわゆる間接損害であっても受傷者個人と企業が右のような関係にある場合に限っては，X₂の受傷によって**不可避的に発生するに至った**と認められるX₁会社の損害があるならば，Yはその損害を賠償する責任を負うべきであると解される。」

［相当因果関係についての判断］「X₁会社の倒産がX₂の受傷にもっぱら起因して生じたものか否か，換言すれば不可避的に発生した相当因果関係のある損害と評価できるか否かにつき判断する。」

「X₁会社の業務内容は前認定のとおりであるところ，X₁会社の工事の受注先である元請け企業は一社のみであったこと，X₁会社と同様の下請企業は他数社があっていずれもX₁会社を含めて工事を受注する為，激しい競争にしのぎを削っている状況にあったこと，したがってX₁会社は，元請企業の営業状態ひいては鉄工業界全体の景気変動の影響を受け易い業務形態であったことしかも当時業界の景気は低迷していて季

第2章　企業損害 1——取締役の死傷事例——

節的にも毎年8月，9月は全体の受注が減る時期でもあったこと，ところで，X_1会社の設立以来の毎期の決算書を見ると第1期（昭和50年12月1日から昭和51年5月31日まで）損失金17万1,463円，第2期（同年6月1日から昭和52年5月31日まで）利益金12万3,946円，第3期（同年6月1日から昭和53年5月31日まで）損失金50万3,535円であって，決算上は第2期以外利益の計上が為されていないこと（なお本件事故直前の昭和53年6月1日から昭和54年5月31日までの第4期分については決算書の提出なく不明である。），固定資産としては各決算書に特別な変動はなく，工具，車輌運搬具程度であってその他特に注目すべきものは有していない状態であったこと，X_1会社の社会保険料（健康保険料その他）の支払が昭和54年1月分及び同年3月分から同年8月分まで合計227万5,076円滞っている状態であったこと，そして不渡直前の経過をみるに，X_2は手形金決済の為の融資を金融業者に依頼して本件事故のころ200万円を借り受ける約束をしている状況にあったこと，しかし，X_2が受傷入院後，右金融業者から融資を断られたのでYに借入を申込み昭和54年9月13日50万円を同人から受領してX_1会社の資金として費消したこと，一方X_2は元請業者へ融資を働きかけるなど他の金策の手段を講じた形跡は全くないことそして前認定のとおり手形不渡を出して倒産したこと」，以上の事実が認められる。

「右認定事実によれば，X_1会社の本件事故当時の経営は，不安定な要素を多分に包含している事情が推認でき必ずしも順調に利益を上げていた企業であるとは言い難い。」「ところで，Xらは，X_1会社はもともとX_2が従業員として勤務していた有限会社Cが昭和50年9月ころ倒産したが，右会社の約1,700万円の負債を債権者に割賦返済する条件で右会社の事業を引き継いで設立されたものであって，本件事故当時の負債は100万円程度に減っており，したがって毎年少くとも300万円を下らない利益をX_1会社があげて，右返済に充ててきたことは明らかであり順調な経営を続けていた企業である旨主張」するが，「俄に信用することはできない。」

「右認定判断したことからすれば，X_2が積極的に資金繰りに動けなかったことが，X_1会社の倒産に全く影響がないとは言えないものの，本件事故から倒産までの間隔が極めて短いことも考え併せると，X_1会社の倒産がもっぱら本件事故即ちX_2の休業に起因しているとまでは認定できるに足りる証拠はなく，X_1会社は，倒産に基づく損害の賠償を被告に対し求めることはできないといわなければならない。

ただX_2の個人会社であるX_1会社が，X_2の受傷入院により経営に支障をきたした面も否定しがたいのでこれはX_2の慰藉料算定につき考慮することとした。」

【43】　東京地判昭58・11・14 交民集16巻6号1603頁（肯定，個人会社性肯定）

[事案]　交通事故の被害者X_1が，建設業を営むX_2会社の代表取締役であり，X_2会社はX_1のいわゆる個人会社であり，X_2会社とX_1とは経済的に一体をなす関係（財布共通の関係）にあるとして，X_2会社の事故前2年間の確定申告における所得金額（X_1の役員報酬を加えた額）の平均額と事故後の確定申告における欠損金額との差額をもって休業損害ないし営業損害と主張して，Yに対して損害賠償を請求した。

[一般論について]　「思うに，企業の代表者が交通事故により受傷し，そのため法人格を有する企業（会社）に何らかの損害が生じたとしても，いわゆる企業損害は加害行為と間接的な関係に立つ損害として，特段の事情のない限り，

第1節　取締役の死傷事例における企業損害をめぐる判例の状況

加害者に賠償を命じうる**相当因果関係**ある損害には当らないと解される。しかし、その場合でも、当該企業が法人とは名ばかりの俗にいう代表者の個人会社であって、代表者の機関としての代替性がなく、代表者と会社とが経済的に同一体をなす関係にある場合には、法人格のない個人企業主が受傷した場合の損害算定との均衡上、例外的に**特段の事情**があるものとして、企業損害の賠償を求めることができると解すべきである。そして、かかる企業損害を請求しうる場合の損害賠償請求権者は、結局、**法人格を取得している企業の独自性を否定することを前提にするわけであるから、個人企業主が受傷した場合と同様、原則として代表者個人と解するのが相当であり、ただ企業（会社）の名をもつて請求してきた場合にも、あえてその請求権を否定するほどのことはなく、右の場合の代表者と企業（会社）との関係は連帯債権類似の関係にある**というべきである。」

　[X₂会社の実態]　X₁がX₂会社の代表取締役であること、A（X₁の妻）とBが取締役であるが、「X₁は、昭和35年ころから大工として修業を積み、昭和45年ころ個人の建設業者として独立したが、その業務内容は、直接注文主から建物建築を請負い、あるいは元請の工務店から建物建築の一括下請をするものであり、更に昭和49年ころからは土地を購入して建物を建築し、いわゆる土地付建売住宅の販売も手がけるようになったこと、右業務に関する請負価格の見積り、契約の締結、建物の設計、資材の購入、下職の手配及び指揮監督、建売住宅のための土地の購入、その他資金繰り等主要な事項はすべてX₁が1人で行なっていた」。

　「X₁は、税金対策及び対外的信用等の理由から、昭和51年12月16日資本金300万円で建築請負業を目的とするX₂会社を設立したが（なお、資本金は昭和54年2月から金1,000円に増額）、業務内容は、土地付建売住宅の販売の比重が増えたほかは従前と変わらなかった。X₂会社の役員として、代表取締役にX₁、取締役にX₁の妻AとX₁の義姉B、監査役にX₁の実姉Cが就任しているが、**X₁以外の者は名目的な役員であり**、取締役会が開かれたことはなく、X₁1人が自らの判断で業務執行に当っていた。X₂会社の株主は、設立当初8名（もっとも、その後9名になっている。）であるが、実際の出資者はX₁のみであり、他の者は全く名義上の株主にすぎないのであって、株主総会が開かれたことはなく、株券も発行されていない。X₂会社の事務所は、X₁の自宅の一角にあり、他に営業所はなく、右事務所の光熱費等はX₁方との間では明確に区分されていないため、概算で割合的に処理されている」。

　「X₂会社においては、土地付建売住宅の販売等に関し、多額の事業資金を必要とするが、X₁個人名義の借入金とX₂会社名義の借入金とが**こん然一体となって**右事業資金に利用されており（その比率はおおむねX₁個人が4割位、X₂会社が6割位）、X₂会社名義の借入金については、X₁が個人保証をしているほか、その個人資産が担保に供されていること、X₂会社がX₁個人の借入金を利用するについては、特に消費貸借契約証書が作成されているわけではなく、また取締役会の承認手続もとられていないこと、X₂会社の業務については、建築現場において常時15名位の下職を手間賃仕事として使用していたほか、昭和53年から昭和55年にかけて従業員1名が雑役等の仕事をしていたことがあるものの、それ以外には、B、Cが経理事務及び電話番等に従事し、Bの母Eが不定期に事務所内の掃除等をしているだけであり、その余はすべてX₁がさい配を振るい事業を行なってきた」。

　[**本件についての結論**]　「右事実によれば、X₂会社は、法人とは名ばかりのX₁の個人会社

というべきであり，X_1の代表者としての代替性はなく，かつX_1とX_2会社とはいわゆる**財布共通の関係にあり経済的に同一体**とみることができる。したがって，本件では，前述したいわゆる企業損害の賠償を求めうる場合に当ると解すべきである。」「ところで，本件のような場合の休業損害ないし営業損害の算定については，X_1の稼働能力をどのように客観的に把握するかという点において困難な問題があるが，当裁判所は，次のように考える。」

「……X_2会社の実態及びX_1の役員報酬額等から推し量ってみると，X_1の事故前の平均の所得額は，X_2会社の第3期，第4期における各経常利益額に，販売費及び一般管理費の内の役員報酬額及び給料手当額を加算した金額をもとに，**X_1の寄与率を80パーセント**として算定するのを相当とし，してみると，その金額は第3期が金1,047万2,000円，第4期が金640万8,000円となり，その平均額は金844万円となる。X_1が事故後も通院しながら十分とはいえないまでも就労していた……，X_1の休業の程度は，事故後の第5期，第6期におけるX_2会社の売上高及び売上総利益の減少割合（事故の前年である第4期と比較し，事故のあった第5期の売上高は約41.98パーセント，売上総利益は約32.12パーセントに，事故の翌年の第6期の売上高は約65.24パーセント，売上総利益は約72.63パーセントになっている。），X_1の通院状況等を斟酌して考えてみると，第5期（ただし，事故後の約9か月間）については3分の2，第6期については3分の1の休業を余儀なくされたものと推認するのが相当であり，金844万円の年収額をもとに右各割合で休業損害ないし営業損害を算定すると，次の計算式のとおり，第5期が金422万円，第6期が金281万3,333円となる。……」

したがって，本件におけるX_1の休業損害ないし営業損害は金703万3,333円と認める。」

［固定費用等について］「Xらは，個人企業の代表者が受傷し一時的に就労不能となった場合には，その間企業を維持存続させておかなければならないから，企業維持のための固定費等も事故と相当因果関係ある損害になると主張し，欠損金額との差額を損害として請求する。しかしながら，企業を維持存続させるために相応の固定費が必要となるであろうことについては理解できないではないが，欠損金額のすべてが固定費の支出に基づくとはいえないのみならず，そもそも，いわゆる企業損害の賠償が認められるのは，企業の独自性が代表者との関係で否定されるような小規模の個人的企業を前提にしてその収益力を評価するものであり，しかも，企業維持のための固定費なるものは，企業規模，企業主の経営手腕，企業経営の健全性等に大きく左右され，とりわけ，それらが良好でない場合ほど大きな影響を受けるものであるから（ちなみに，本件では，前掲証拠によれば，短期借入金の負担がかなりある。），企業維持のための固定費は間接的損害として，特段の事情のない限り，加害者に賠償を命じうる事故と相当因果関係ある損害には当らないといわざるをえない（東京高裁昭和56年10月21日判決。判例時報1072号112頁参照）。」

【44】 東京地判昭59・5・31 交民集17巻3号729頁（否定，個人会社性肯定，損害否定）

［事案］「訴外A〔＝被害者〕は，もと廃油の収集及び加工処理その他産業廃棄物の処理を業として，従業員にAの子訴外B，Aの弟訴外C，訴外D外1名を雇って営業していた」。「Aは，産業廃棄物一般の収集運搬と更にその埋立処分をも事業内容に追加したうえ個人営業を会社組織に変更することを企画し昭和53年10月産業

第1節　取締役の死傷事例における企業損害をめぐる判例の状況

廃棄物の処理及び土木工事等を目的としたX有限会社を設立した。Xの資本金は金500万円，社員は当初Aのほか前記B，C，及び訴外Eで，Aが代表取締役に，他の3名は取締役にそれぞれ就任したが，その後昭和55年1月右C及びEは取締役を辞任した。」

「Aは，廃棄物の収集運搬処理業を営むのに法律上置くことが要求されている産業廃棄物処理施設の技術管理者の資格を取得し，またXは，処理施設として，右Aをして，……を地代年金50万円で賃借させて確保し，同所に廃棄物を埋立てる計画を立てた。そして，Xは埋立事業の準備として，……バックフォー，ブルドーザー各1台を取得し，汚泥運搬用に，10トントラック3台を金2,400万円で買い受ける契約を取り付け，また東京地方からの汚泥運搬に50トントレーラーを使用する計画も有しており，更にAの知人の訴外F早川光久にも協力を求め同人らの手で建設省の許可を得るのに必要な埋立地から公道に至る取付道路を設置した。しかしながら，本件事故当時，Xは未だ右営業に必要な知事の許可及び建設省の許可を得るに至っておらず，また，廃油の収集等の事業はX会社でなく従前どおりAの個人事業として運営していたため，Xの事業としては開始前の準備段階にあった。」

「Xは，Aが本件事故に遭って日も浅いうちに前記汚泥運搬用の10トントラック3台の購入契約を解約し，既に取得済のブルドーザーを返却したうえ，事故後約3か月を経過した昭和55年10月13日には本店のある福島県相馬郡小高町田町で臨時社員総会を開催し……，Aの交通事故による受傷のため事業への再起が困難になったとして解散を決議し，Aが代表清算人に就任した。しかし，AはXの事業を早期に廃止することを決意していたにもかかわらず，右事実を後記のとおり当該事業の進展につき重大な利害関係を有する前記訴外Gらに対し何らの連絡もすることなく放置した。」

[一般論——肯定]「叙上認定の事実関係，特にXの設立の経緯，及びその資本額，社員数，会社の意思決定は事実上訴外Aによりなされ同人が会社を支配しているものと認められること，Xの事業に必要な有資格者はAのみであること等の営業規模，形態に照らし，Xは法人とは名ばかりの**個人会社**で，Aには会社の機関としての代替性はなく，**経済的に両者は一体を成す関係**にあるものということができるものとしても，以下に判断するとおり，Xの請求はいずれも理由がないものである。」

[損害①]「Xは，本件土地の埋立が完了すれば，右土地は3.3平方メートル当たり金10万円の地価が見込まれるところ，土地所有者訴外森本との間に埋立完了に伴いXが右土地の2割の譲渡を受ける約束があったのであり，本件事故により埋立事業の廃止を余儀なくされたため，少なくとも金3,180万円の得べかりし利益を喪失したと主張し」る。

「しかしながら，……Aは，本件事故後早期に埋立事業の継続を断念しているのであるが，同人の事故による受傷の程度，入通院治療の経過，当裁判所に顕著な鞭打症（自賠法施行令2条別表の後遺障害14級相当。）の症状例に照らし右程度の被害によって一般の産業廃棄物処理業者が必ずしも廃業に追い込まれるものとも認められず，他の代替手段を講ずることによりその場をしのぐことが可能である場合が多いと考えられ，本件事故により原告が営業廃止を余儀なくされたとの点について多大の疑問が残るところであるし，㈡右埋立事業が，事故がなければ順調に進展して埋立が完了し，当該土地がXの主張する価額で売却できるかどうかは，他の業者の有無経営手腕，経済状勢の推移等の諸事情により多大の影響を受けるものであるが，通常の

第2章　企業損害1——取締役の死傷事例——

場合予想されるべき営業利益の喪失はこれを推定せざるを得ないとしても可能な限り具体的な事実及び証拠に基づいてこれを立証すべきところ，前記認定のとおり，Xは未だ営業に必要な所轄官庁の許可も得ておらず，汚泥の収集運搬に必要な車両の確保も契約段階に止まり，廃棄物処理の取引先も未定の状態の準備中であって，何らの営業実績も有しないものであることに鑑みると，いまだX主張の損害の事実をたやすく推定することができないといわざるを得ない。」

［損害②］「Xは10トントラック3台による汚泥の処理賃の得べかりし利益金3,088万8,000円を主張するが，右車両は事故当時購入契約を締結した段階で代金合計2,400万円を要するところ未だXに引渡されてもおらず，Xの計画どおり汚泥の収集運搬埋立事業が順調に進むことを推認することができないことは前記のとおりであるから，これを前提としたXの損害の主張は採用できない。」

［損害③］「Xは事業廃止により従業員3名を退職させ退職金代りにX所有のトラック3台（時価合計金150万円相当）を譲渡し，これが損害であると主張する。」

「しかしながら，前記のとおり，本件事故とXの解散との間に因果関係が認められるかは疑わしいし，またXは設立されたものの事業を開始する以前の段階で解散するに至ったもので，右従業員としてもXの従業員として業務に従事しないまま退職したものであるところ，本件全立証によつてもXに従業員に対する退職金支給の定めがあることを認めることはできないことに照らし，本件事故と右トラックの譲渡との間に相当因果関係の存在を認めることはできない。Xの主張は採用できない。」

［損害④］「Xは本件事業のため取得したバックフォー一台を長期間埋立予定地に保管のための措置をとらず放置したため，その結果スクラップとしての価値しかなくなり，これを金17万円で売却処分した」。「しかしながら，右証拠によれば，同時期に取得したブルドーザー1台はこれを早期に返却処分して右のような事態を免れており，Aはバックフォーを長期間露天に放置すればその価値を減じ場合によっては使用に耐えなくなることを十分承知しつつ，何らその保管処分についての手段を講ずることなく放置していたものであることが認められ，右事実に徴すれば，前記事実をもって，バックフォーの損傷が直ちに本件事故と因果関係に立つ損害と認めることはできず，Xの主張は採用できない。」

【45】　福岡地判昭61・4・28交民集19巻2号578頁（肯定，個人会社性肯定）

「(1)　A〔＝被害者〕は個人で繊維製品の販売業をしていたが，昭和54年6月16日繊維製品の販売，貴金属，宝石類の卸，小売等を営業目的とするX会社を設立したこと，X会社の役員は代表取締役のA，取締役のB永野国治及び取締役のCから構成されているが，BはAの実弟であり同人の指示を得て営業に従事し，Cは運転手としての職務に従事し……，X会社は本件事故に因るAの受傷後Bが営業を継続していた」。「右事実によると，X会社はAのいわゆる個人会社であり，AにX会社の機関としての代替性がなく，AとX会社とが経済的に一体をなすものと判断できるから，X会社はAの負傷のため利益を逸失したことに因る損害の賠償をYらに請求することができる関係にある。

(2)　XはAの負傷による右逸失利益の算出根拠として，X会社には昭和58年1月から同年7月までの間4,497万1,000円の宝石等の売上げがあったと主張し……ているが，……販売店としてX会社以外のものや販売年月日の不明のも

のが含まれている等の難点が多く全体として右逸失利益の算出根拠とするには不充分であり、……Aの所得税の申告実績に照らしてにわかに右逸失利益の算出根拠とするには不充分であるといえる。

(3) 結局、右逸失利益の算出根拠であるX会社におけるA（昭和11年11月13日生）の収益としては、多く見るとしても、賃金センサス昭和58年第1巻第1表男子労働者大卒45歳から49歳までの平均年収741万5,300円（月額平均61万7,941円）を超えることはないと認めるのが相当である。

そしてAの本件事故による前示負傷の部位、程度、治療経過等に照らすと同人は長く見ても昭和58年8月7日の本件事故の日から昭和59年2月7日までの6カ月間就労できなかったものと認めるのが相当である。従って、右逸失利益の損害額は370万7,646円を超えることはないと認められる。」

【46】 東京地判昭61・7・22交民集19巻4号1014頁、判タ611号83頁（特殊事例、損害を否定）

[Xの請求内容] X_1（右翼団体）の休業損害として3,000万円が請求される。請求理由は、次のようである。

「X_1連盟は、理事長であるX_2が主宰する独立の法人格を有しない政治団体であり、X_2の個人団体的色彩を強く帯びている。そして、X_2は、政治資金団体A協会の代表者として自らが中心となって会社などの各種団体から政治資金を収集するとともに、個人の立場でも各種団体から寄付金を収集し、これをX_1連盟に寄付しており、X_1連盟の収入源である寄付金はX_2の直接の収集活動に依拠しているため、X_1連盟にとってX_2は余人をもって代えることのできない不可欠の存在であって、X_2とX_1連盟とは法形式上は別個の存在ではあるが、実質上は一体関係にある。したがって、X_2に対する本件加害行為と同人の受傷によるX_1連盟の寄付収入の減少との間には相当因果関係が存在するというべきである。」

[判旨] 裁判所は次のように述べてこの請求を退ける。

「しかしながら、そもそも、X_1連盟が総会屋対策として受ける寄付が果して法的に承認されうる正当な収入といえるかどうか疑問があるうえ、経験則上、政治団体に対する寄付というのは、これをするかしないかあるいはどの程度の金額をするかどうかが寄付者の自由意思に委ねられ、また、時の政治経済情勢や寄付団体の財政状態等によって変わりうるものであるから、過去の一時期に受けた寄付金の金額を基礎にして翌年以降の寄付金額を高度の蓋然性をもって推認することは不可能な性質のものであるのみならず、X_2の前記受傷の内容、程度によれば、X_2が退院後自ら寄付を受けるべき会社を訪問することができなかったとは認められず、また、X_2兼X_1連盟代表者が供述するようなX_1連盟の組織、陣容に照らすと、X_1連盟がX_2の代理人又は使者を介して寄付金を集めることに格別の支障があったとも断じ難いといわざるをえない。」「したがって、X_1連盟の昭和58年分の寄付収入のみを根拠として昭和59年分及び昭和60年分の正当な得べかりし寄付収入を算定するとともに、寄付収入減少の要因をもっぱらX_2の受傷による入通院にあるとするX_1連盟の主張は、合理的根拠を欠くといわざるをえない。したがって、右主張に沿うX_2兼X_1連盟代表者の供述は到底採用することができず、他に、X_1連盟の右主張事実を認めるに足りる証拠はない。」

第2章　企業損害 1 ──取締役の死傷事例──

【47】　東京地判昭62・4・17 交民集20巻2号519頁（否定，損害を否定）

「X₁会社は，本件事故により代替労働費用231万円の支出を余儀なくされ，右相当の損害を被った旨主張する。」「しかしながら，X₁会社は右請求の責任原因を明らかにしない上，仮にこの点を措いても，右損害がX₁会社に発生したものかどうか明らかでなく，また，そもそも右支出の事実自体を認めるに足りる証拠がないから，右主張は到底採用し難いものといわざるを得ない。すなわち，X₁会社は，法的形態は独立の法人格主体であるが，その実態はX₂が事務員2名を使用して営んでいるもの……でX₂の個人会社の色彩が強くうかがわれる上，事業運営，営業収支の実態も全く明らかにされないのであるから，右支出が果たしてX₁会社とX₂個人のいずれの負担にかかるものか判然とせず，かかる事情の下では，右支出をX₁会社の損害と認めることはできないものといわざるを得ない。また，そもそも右231万円の支出自体についても，……右支出を裏付けるに足りる領収書，帳簿等の客観的資料はないのであるから，右支出の事実自体到底認め難いものというべきである。」

【48】　東京地判平4・9・11 交民集25巻5号1123頁（一部肯定，一部否定）

ロックバンド「スライダーズ」のコンサートを企画制作するX₁会社（バンドのメンバー4名が取締役で，マネージャー以外の従業員なし）の取締役でバンドのメンバーであるX₂が交通事故で負傷し，予定していたコンサートが中止された事例で，X₁会社が，公園中止によるキャンセル違約金，公園中止の広告量，製作済みのポスターの印刷代などの損害賠償，および，公園中止による得べかりし利益の損害賠償を請求した事例。以下のようにX₁会社の損害賠償請求を認容する。

［1　X₂への支払（182万1,887円）］「X₂が本件事故による受傷により休業した期間，X₁会社がX₂に対し基本給として182万1,887円を支給したことが認められ，右は，X₂の受傷程度，治療期間（自宅療養期間を含む。）に照らし，本件事故によるX₁会社のやむを得ない出費として，相当因果関係にある損害といえる。」

［2　公演中止に伴う損害賠償金，広告費用等（100万0,000円）］「Xらは，契約済みの公演を中止したことに伴い，①プロモーターへの違約金の支払金1,096万1,366円，②学園祭キャンセル違約金支払金10万4,500円，③スタッフへの違約金支払金222万4,418円，④公演中止の雑誌広告料196万円，⑤制作済みのポスター，⑥チケット印刷代等75万5,000円，⑦その他の中止通知に伴う費用70万2,000円の出費を余儀なくされ，右は，X₂の受傷によるX₁会社の損害である旨主張する。」

「X₁会社とX₂とは経済的同一体の関係にあるとはいえないものの，本件バンドの一員であるX₂が，本件交通事故により急遽出演ができなくなったことに伴い，既に決っていた公演のうちいくつかを中止したのはやむを得ない措置といえる。他方，Xらが公演を中止した理由は，従来からバンドとしてメンバーチェンジをしてきたことがないこと，X₂の代役のドラム演奏者と組んではバンドの人気が下がること，ファンが代役を望まないと判断したことによることが認められ（A，X₂），バンドとしての個性，人気を重視したものであって，代役を加えての公演開催も必ずしも不可能ではなかったとみることができる。そして，一般的には公演にむけて2週間余りのリハーサル期間が必要であること（A）や代役募集期間に鑑みると，**本件事故から1か月程度の期間内の公演を中止したことに伴**

第1節　取締役の死傷事例における企業損害をめぐる判例の状況

う出費を、本件事故と相当因果関係にある損害とみるべきである。そこで、右に該当する、昭和62年10月8日、10日、12日及び15日に予定されていた各公演……の、中止に伴う費用についてみるに、会場費等の経費として192万7,810円……及び中止広告料として20万円……が出費されているが、経費の一部……についてはその金額の合理性を示す客観的資料に欠けるから、結局、公平の観点から、合計100万円の限度で本件事故と相当因果関係にあるX_1会社の損害とする。」

［3　公演中止による得べかりし利益（認められない）］「X_1会社は、昭和58年3月9日設立された株式会社であり、Aが代表取締役、X_2ほか4名が取締役を構成していること、業務は、ロックバンドである本件バンドのコンサート興業の企画、制作を主としており、社員はおらず、右取締役4名がバンドのメンバーであり、Aはマネージャーを担当していること、X_1会社の収益は、本件バンドによるコンサート興業とそれに伴うキャラクター商品の販売によるものであること、X_2ら本件バンドのメンバーは固定給を支給されるほか、公演ごとに手当（ファイトマネー）が得られることが認められる。」「右によれば、X_2はX_1会社の取締役であるけれども、その収入、支出の面では一構成員にすぎず、X_1会社と経済的同一体の関係にあるとは認められない。従って、損害を認めることはできない。」

なお、X_2に2割の過失が認められているが、「X_1会社の損害分についてはこれを減ずるのは相当でない」として、過失相殺を否定している。

【49】　大阪地判平5・5・31交民集26巻3号699頁（肯定、個人会社性肯定）

「X_1は、昭和60年7月に資本金300万円を出資して、建築の設計・監理及び土地の売買との仲介を業とするX_2会社を設立し、土地を購入してその地上に建物を建築し、他に売却する事業などを行ってきたこと、本件事故当時、X_2会社の仕事に従事していたのは、X_1のほか事務の仕事をするA子だけであったこと、本件事故のため、X_1が受傷して、入・通院し、右AもX_2車に同乗していて受傷して入院したので、X_2会社の営業は事実上出来ない状態になった。」「X_2会社は、本件事故により以下の損害を被ったと認めるのが相当である。」

(1)　賠償が肯定された損害

［市村マンション新築工事関係　100万円］
「X_2会社は、昭和63年4月20日、市村から市村マンションの設計・監理の委託を受け、その報酬は工事総額の3パーセントで、446万7,000円となるはずであったところ、設計関係の仕事がほぼ終わった段階で、X_1が本件事故に遇い休業したので、市村の同意を得て、その後の監理業務をB建築士に依頼し、その報酬としてB建築士に、昭和63年11月15日に70万円、平成元年6月26日に90万円を支払ったことが認められ、この合計160万円からX_1がしたならば要したであろう経費を控除して、そのうち100万円は、本件事故がなければ支払う必要がなかったものとしてX_2会社の損害と認める。」

［C邸新築工事関係　20万円］「X_2会社は、昭和63年6月、CからC邸新築工事の設計・監理の委託を受け、その報酬として180万円を受ける約束をしていたところ、基本プランを作り、設計図面を数枚作成した段階で、X_1が本件事故に遇い休業したので、B建築士にその後の仕事を引き継がせ、同年12月24日、B建築士に建築確認申請の費用として35万円を支払ったことが認められ、この35万円からX_1がしたならば要したであろう経費を控除して、そのうち20万円は、本件事故がなければ支払う必要がなかっ

間接被害者の判例総合解説

たものとしてX₂会社の損害と認める。」(合計120万円)

(2) 賠償が否定された損害
[Dマンション新築工事関係]「X₂会社は、昭和62年11月、DからDマンション新築工事の設計・監理の委託を受け、その報酬として300万円を竣工・引渡時に受けることを約束し、そのうち100万円を建築確認の業務を終えたときに受け取り、X₁の監理のもとに建築工事を進めてきたが、その途中でX₁が本件事故に遇い休業したので、X₂会社が関与しないまま、竣工検査、引渡しが行われたことが認められる。この事実によれば、この工事は竣工検査、引渡しが終わっているのであるから、それに対するX₂会社の関与の有無に関わらず、X₂会社のDに対する残200万円の報酬請求権が発生しなかったとは断じ難く、X₂会社がDに対して報酬の残り200万円を請求していないのは、重要な工程に立ち会わなかったのに監理の報酬を請求することはできないというX₁の気持ちから出た（X₁本人の供述）ものに過ぎないと考えられるから、右200万円の収入がなかったことをX₂会社の損害と認めることはできない。」

[甲別荘新築工事関係]「契約前の打合せがあった程度のことが認められるのみで、X₂会社主張のような確定した設計・監理の委託契約があったとは認めることができず、他に右主張を認めるに足る証拠もないから、その主張の70万円を損害と認めることはできない。」

[乙駅前店舗ビル新築工事関係]「この件に関しても、X₁本人の供述によっては、契約前の打合せがあった程度のことが認められるのみで、X₂会社主張のような確定した設計・監理の委託契約があったとは認めることができず、他に右主張を認めるに足る証拠もないから、その主張の140万円を損害と認めることはできない。」

[丙市本町五の135番4の土地関係]「X₂会社がこの件に関してその主張のような計画を有していたことは認められるが、本件事故の当時はまだ土地所有者から仲介人を通して話しがあった程度で、そのような計画が確実に実行されたであろうとのX₁本人の供述は、例えば、土地買受代金の融資の可能性、建物建築代金の価格、土地建物の売却価格等どれをとっても、不確実な要素の極めて大きい話しであって、にわかに信用し難い。したがって、その主張のような損害は、とうてい認めることができない。」

[丁市神楽町24番地の土地関係]「X₂会社は、昭和62年10月23日に右土地を購入したこと、この土地上にX₁の設計・監理、……C建設……の施工で建物を建築し、これを他に売却する予定で、土地の現実の管理はC建設にさせていたこと、本件事故の前ころには、……D興産……との間で右土地建物売却の話しが出ていたこと、事故後の昭和63年10月19日付けでD興産からX₂会社宛ての買付証明書（甲第26号証）が土地を現実に管理しているC建設に出されたが、C建設では、X₁が本件事故で休業しているため、地主の承諾を得られないとして、これを断つたこと、X₂会社は、右土地買受けの資金として株式会社西友ファイナンスから11億円の融資を受け、毎月600万円を超える利息を支払っていたことが認められる。

しかしながら、右買付証明書には、買付価格が15億2,867万円、手付金が1億5,000万円、買付期間が1か月とあるだけで、その他の条件は売主と別途協議と記載されていて、建物をいつごろまでに建てるのか、売買代金はいつ支払われることになるのか等の記載はない。そうして、仮にX₂会社が主張するように、予定していた販売計画の遂行が頓挫したのがX₁が本件事故に遇ったためである（そのこと自体、多分に疑問があるが。）としても、そのことによって、ど

第1節　取締役の死傷事例における企業損害をめぐる判例の状況

れだけの期間の利息の支払が余分に必要となったかを判断する資料はない。まして，事故直後から平成元年6月までの273日分もの金利が本件事故により余分に生じたものだとするX₁本人の供述などは，とうてい信用することができない。」

も，……これをたやすく肯定することができないというべきである。そして，本件全証拠によっても，右注文ないし引合いのあった工事等のうち，X₁の就労不能との間に相当因果関係を肯定すべき受注不能分の代金額ないし割合を認定することもできない。」

【50】　千葉地判平6・2・22交民集27巻1号212頁（否定，個人会社性肯定，損害を否定）

X₂会社が基本金100万円の会社であり，X₁がX₂会社の代表取締役である。「X₁の入院期間中から退院直後である平成2年7月10日にかけてAほか4業者からX₂会社に建物解体工事等の注文ないし引合いがあったこと，X₂会社は，X₁が本件事故により傷害を受け，入・通院中であるとの理由で右工事等の受注を辞退したこと，右注文ないし引合いのあった工事等の代金は合計金3792万250円であることが認められる。」「確かに，……X₂会社は，X₁の個人会社であり，本件事故当時，その実権がX₁に集中していたことはこれを認めることができる。しかし，……X₂会社には，本件事故当時アルバイトを含め8，9名の従業員がいたことが認められるし，X₁が，一部就労していたとまではいえないにせよ，通院中はもちろん入院中も，X₂会社の従業員に仕事の指示をしていたことは先に認定したとおりであり，X₁が就労できなかったからといって，果たして，X₁において前記業者から注文ないし引合いのあった工事等を受注することが全くできなかったとまでいえるかは疑問であり，また，X₂会社として他に何らかの対処をすることが可能であったのではないかとも考えられる。一方，X₁が就労できたとすれば，X₂会社が右注文ないし引合いの全部について，しかも右注文ないし引合いのとおりの金額で前記業者と合意に達して受注することができたといえるかについて

【51】　東京地判平6・11・15判タ884号206頁，判時1540号65頁（否定，個人会社性否定）

「X₁がX₂会社の代表取締役として同社らの経営に従事していた事実は認められるが，右を超えて，X₁とX₂会社らが経済的に同一体であることを認めるに足りる証拠はないから，X₁のほかに，X₂会社らを損害賠償請求の主体と認めることはできないものと言うべきであり（最判昭和43年11月15日・民集22巻12号2614頁），そのうえ，本件事故とX₂会社らの減収益との因果関係を認めるに足りる証拠もない。」

以上のように述べるだけであり，詳しい議論・事実認定は判決文には現れていない。

【52】　東京地判平7・12・20交民集28巻6号1795頁（報酬分の支払肯定，営業損否定）

［役員報酬支払い分について］「A等は，平成2年3月から本件事故が発生した同年7月までの間は，業務に従事し，その対価として報酬を受け取っていたが，本件事故後は死亡するまでの間，一度も業務に従事することなく死亡したので，右の475万円から，平成2年3月から同年7月までの間の役員報酬の合計300万円を控除した差額である175万円は，Aが就労せず，Aの労務という利益を享受していないにもかかわらず，X₁会社がAに対して支払った報酬であると認められる。したがって，右175万円は，本件事故によってX₁会社が負った損害と認めら

第2章　企業損害1──取締役の死傷事例──

れる。」

【X会社の営業損の有無】

[原告側の主張]　X_1会社は、「Aが存命中の平成元年6月9日から平成2年2月28日までの間に、14万4,812円の利益を上げており、これを1年に換算すると平成2年度には19万9,458円の利益を上げられたと推測される。ところが、X_1会社は、Aが本件事故で死亡したため、平成2年3月1日から平成3年2月28日までの間（平成2年度）に87万6,108円の損失を負ったので、その差額107万5,566円の損害を被った。同様に、平成3年度には928万0,914円、平成4年度には948万0,372円、平成5年度には514万5,336円の損害を被った。X_1会社におけるAの業務には代替性がなく、AとX_1会社が経済的に一体をなす関係にあったので、Yらは、本件事故によって負ったX会社の右合計3,237万8,278円の損害を賠償すべきである」、と主張している。

[事実認定]　「X_1会社は、土木建築工事の請負、計画、設計、監督等を目的とする株式会社であり、Aが個人名で営業していた工務店を、平成元年6月に法人化したものである。X_1会社では、他の設計事務所から回ってくる仕事と個人の顧客からの仕事の双方を扱っていた。他の設計事務所から回ってくる仕事については設計図が完成しているため、見積もりから完成までの仕事を行ない、個人の顧客からの仕事については、設計も含めた業務を行っていた。X_1会社は、仕事を受注すると、大工やとび職等の職人を個別に雇い入れ、工事を完成させていた。これらX_1会社の業務状況は、設計業務が減少した以外は、Aの死亡前と死亡後では変化はない。」「X_1会社の純売上高は、平成元年6月に法人化した後の平成元年6月9日から平成2年2月末までの9か月間……が1億2,823万4,305円、平成2年度が1億1,920万6,198円……、平成3年度が1億4,418万9,026円、平成4年度が9,002万3,597円、平成5年度が8,904万8,620円である。なお、平成元年度は、年度途中で原告会社が設立され、X_1会社の営業期間が9か月間であることを考えると、これを12か月間に換算すると平成元年度のX会社の純売上は約1億8,000万円と推測される。また、X_1会社の所得額は、平成元年度は33万8,704円の黒字だったが、Aが本件事故で入院し、死亡した平成2年度は69万9,411円の赤字となり、その後も平成3年度は1,424万4,561円、平成4年度は958万4,445円、平成5年度は488万1,703円の赤字となっている。」「X_1会社では、Aが代表取締役となり、業務全般を遂行していたが、X_2も監査役に就任し、X_1会社の事務、会計等の業務に従事し、役員報酬を取得していた。さらにX_3も、二級建築士の資格を有し、X_1会社の従業員として、Aと共にX_1会社の業務に従事しており、X_2及びX_3の両名とも、実質的にX_1会社の業務に従事していた。」

[判旨]　請求棄却　「これらの事実によると、Aが本件事故で受傷し、入院して、稼働できなかった平成2年度、死亡直後の平成3年度は、Aの存命中に比して、X_1会社の純売上が低下し、所得も黒字から赤字に転じているのであって、X_1会社の業務や売上にAの労務が大きく影響を与えていたことは否定できない。」「しかしながら、X_3も、二級建築士の資格を有し、Aと共にX_1会社の業務に従事していたのであり、また、X_2も経理等のX_1会社の業務に従事していたのであって、そのため、Aが死亡した後も、赤字になっているとは言え、X_1会社は年間1億円以上の純売上を上げていたのであり、その純売上は、Aが存命中の平成元年度の推定純売上額の6割を超えている。しかもAが、本件事故により5か月間業務に就けずに死亡した平成2年度は、純売上は1億1,920万6,198円に減少して

第1節 取締役の死傷事例における企業損害をめぐる判例の状況

いるが，翌平成3年度には，1億4,418万9,026円と前年度よりも純売上が増加しており，A存命中の純売上と対比した純売上の低下率は減少している。さらに，平成元年度の推定純売上額の約1億8,000万円からの純売上の減少額は，平成2年度が約6,000万円，平成3年度が約3,600万円であり，Aが個人で川田工務店を営業していた昭和63年度の売上額である1億8,529万2,437円には遠く及ばない。もし，Aの業務に代替性がなく，X₁会社が訴外等の労働力のみで総売上を上げていた個人営業会社であるならば，A死亡後は，X₁会社は，売上自体をほとんど上げられず，Aが死亡した後の売上額の低下は，Aの個人営業時代の売上額に近い額になると推測される。ところが，X₁会社は，右のような多額の純売上を上げているのであり，このことは，とりも直さず，Aが1人で稼働し，X₁会社が，Aの労働力のみで売上を上げていた個人営業的会社ではなく，X₂及びX₃らの労働力を含めた共同体によって売上を上げており，会社組織としての実態を備えていたことの証左といえる。」「また，平成2年度以降にX₁会社が赤字に転じた内訳を見てみると，製造原価と一般管理費等の合計額が，……それぞれ増加していることが認められ，X₁会社が平成2年度以降に赤字に転じた原因は，純売上の減少もさることながら，このような経費の変動が与えた影響の方が大きいと考えられる。このような経費の増加は，景気変動による影響が否定できず，Aが本件事故によつて死亡していなければ，X₁会社は平成2年度以降も赤字に転じていなかったとは認められないので，Aが本件事故によって死亡したことと，X₁会社が平成2年度以降赤字になっていることとの間に，**相当因果関係があるとは認められない。**」

「以上の次第で，X₁会社におけるAの業務に代替性がなく，AとX₁会社が経済的に一体をなす関係にあったとは認められず，Aが本件事故によって死亡した結果，X₁会社に営業上の損害が生じたとは認められないので，X₁会社の主張は認められない。」

「なお，X₁会社は，Aの労務の対価として年額720万円の役員報酬を支払っていたのであるから，仮に，AとX₁会社が経済的に一体をなす関係にあり，Aが本件事故によって死亡したことで，X₁会社に営業上の損害が生じたと認められるとしても，X₁会社の損害額は，Aの労務の対価である年額720万円を基礎としたAの逸失利益の額を超えるものではないと認められる。そして，代表者個人の損害は，事故によって直接生じた損害であるのに対し，会社の損害は間接的なものに過ぎないから，直接損害である**訴外等個人の逸失利益を請求し，これが容認される本件においては，X₁会社が重ねて営業上の損害を請求，認容できないと解するのが相当である。**

したがって，いずれにしても，X₁会社の営業損の請求は認めることができない。」

【53】 横浜地判平8・2・26交民集29巻1号272頁（否定，個人会社性肯定，個人との和解成立を理由に棄却）

被害者本人との調停が成立した場合に，企業損害についても調停により解決済みとされるのか否かが問題となった事例である。

［判旨］「本件は，交通事故によって負傷した企業の代表者が，加害者に対し企業に生じた損害の賠償を求める事案であるが，いわゆる企業損害は加害行為と間接的な関係に立つ損害であるから，右代表者と原告との間に経済的に同一体の関係が成立する等特段の事情が存しない限り，相当因果関係ある損害とは認められない。」「そこで，右のような特段の事情が存するか否かにつき検討するに，……AはXの代表取締役で

あり，Aの妻がXの取締役であり，他に従業員はおらず，Aの自宅がXの事務所となっており，妻が電話番をし，Aが下請けを使って営業してきたことが認められ，右のXの実態に鑑みると，Xは法人とは名ばかりのAの個人会社であって，AとXとが経済的に同一体をなす関係にあるとみることができる。そうすると，本件の場合には前記の特段の事情が存し，Xは企業損害の賠償を請求することができる。」

「ところが，YとAの間において，本件事故にもとづくAの治療費，慰謝料の外，休業損害を含む損害の賠償について調停が成立した。」「いわゆる企業損害が認められるのは，前記で認定したように，Xの代表者であるAとXとが経済的に同一体の関係にあり，Aの営利活動面における損害が形式上法人であるXの損害となる関係にあるためであるから，右損害賠償請求は，代表者個人であるA又は法人であるXのいずれからでも行使することが可能である。仮にAが請求し，塡補を受けた場合には，原則としてXの損害についても塡補を受けたものとして，Xが重ねて右損害の賠償を請求することができないというべきである。」「Aは企業主個人として神奈川県簡易裁判所に調停を申し立てたこと，そしてYとの間において，Aの治療費，慰謝料の外，休業損害についてもYが支払う旨の調停が成立したこと……が認められ，右事実によれば，Aは企業主として治療費，慰謝料の外，Xのいわゆる企業損害についてもYから右調停において塡補を受ける合意が成立したものと認められる。」「Xは，この点に関し，A個人の損害については右調停により解決済みであるが，Xの企業損害については未解決であると主張する。しかし，右調停は，前に認定したとおり個人の損害はもちろん，Xのいわゆる企業損害についてもこれを賠償することを内容とするものであるから，Xの右主張は理由がなく，他にXの右

主張を認めるに足りる証拠はない。」「以上の事実によると，Aは本訴で請求するXの損害については，既に請求権を行使してYから支払いを受けたものであるから，Xの請求は，損害の点につき判断するまでもなく理由がない。」

【54】東京地判平8・3・19交民集29巻2号409頁（否定，個人会社性否定）

［Xらの活動状況］「(1) X_1 会社は，X_2 が昭和33年頃から手がけ，「有限会社甲手袋」などを経て行ってきた作業服，防寒具，作業用品，安全用品等の企画，製造，販売に関する事業のため，昭和59年に資本金4,000万円（授権資本金1億6,000万円）の株式会社として設立された会社である。株主は，X_2 及びその家族並びに X_2 が全持分を有する有限会社によって占められており，同族会社である。従業員は，正社員4名，パートタイム従業員8名であり，X_2 の妻も取締役として経理を担当している。新宿副都心脇に2店舗を構え，大手建設会社などにも販路を有している。X_2 は，社会保険労務士の資格を有しており，労災に関する知識を利用して，商談や商品の開発に努めている。また，X_1 会社の従業員を監督し，その結果，X_1 会社は，平成4年9月1日から始まる年度は，1年間に3億5,027万3,986円の売上げをし，役員報酬1,323万2,060円，給与手当3,172万0,319円等を控除して，1,526万2,716円の営業利益を上げた。」「(2) X_2 は，X_1 会社から90万円の給料を得，X_1 会社の経理上は，このうち60万円を給与手当から，また，30万円を役員報酬から支出している。ボーナスについても経理上は役員報酬から支出している。」以下省略

「右認定事実によれば，X_1 会社は，X_2 の同族会社ではあるが，従業員も相当数おり，給与及び役員報酬のうちに X_2 の分の占める割合は約4

第1節　取締役の死傷事例における企業損害をめぐる判例の状況

分の1であり，また，売上も，X₂の休業期間中に1割程度しか落ちていないのである。そうすると，X₁会社は，X₂の指揮の下に活動しているとしても，同人がいなければX₁会社の経営が成り立たないというものではないし，また，経済的にX₂とX₁会社が**一体を成す関係にある**ということもできないというべきである。」

[損害賠償請求——否定]「前認定判断のとおり，X₁会社はX₂の指揮の下に活動しているとしても，同人がいなければX₁会社の経営が成り立たないというものではないし，また，経済的にX₂とX₁会社が一体を成す関係にあるともいうことができない。したがって，本件事故とX₁会社が被った間接損害には**相当因果関係を欠く**。」「また，本件全証拠によるも，Yにおいて，X₁会社の減収を予想して本件事故を引き起こしたものと認めることができない」。

【55】　大分地判平8・12・25交民集29巻6号1861頁（否定，個人会社性否定）

「X₁会社は，代表者であるX₂平井とX₁会社とが経済的に一体の関係にあるところ，X₂の負傷のため予定されていた工事の受注が受けられなかったX₁会社の逸失利益についても，本件事故との間に相当因果関係があると主張し，これに対し，Yは，経済的一体の関係にあることを含めこれを争うので，以下検討する。」

「㈠X₂は，昭和40年ころから，配管工事，製罐工事等の営業を開始し，昭和60年4月，右工事等を目的とするX₁会社を設立したこと，右会社は，資本金100万円（平成8年から300万円に増資）で，出資者は，X₂及びその妻で，2人が取締役となり，事故当時従業員が7，8名で，繁忙期には臨時で3ないし10名の従業員を雇い入れていたこと，当時，15年前後のベテランの従業員も2名いたが，発注主との打合せ，立会い等の業務はもっぱら代表者であるX₂が行っていたこと，」「㈡X₁会社は，昭和電工のプラントの配管工事のメンテナンスをしている清本鐵工株式会社の大分事業所の常駐協力企業六社の一つで，用水及び排水関係を扱うGプラントを担当していたこと，その他，住友化学等の企業の配管工事もしていたこと，」「㈢当時，昭和電工では，7月に計画的に工場の操業を停止して工事をする計画停止工事が予定され，5月の連休明けからその準備が行われることになっていたこと，」「X₁会社においては，右計画停止工事期間中，コノックス送り配管更新，WW配管更新等の工事及び追加工事，少額メンテナンス工事（合計発注額925万円）の発注が予定されていたが，本件事故によるX₂の入院のため，清本鐵工は，X₂を欠き，X₁会社において他にリーダー的存在がいないから十分な安全性が確保されないとして発注を取り止めたこと，右工事においては，発注額の40ないし45パーセントの粗利が見込まれていたこと，しかし，X₁会社においてこの期間，通常のメンテナンス業務はしていたこと，」「㈣なお，本件事故前の年度においては売上が約6,871万円，営業利益が約108万円ほどあったのが，事故年度においては売上が約3,121万円と半減し，営業利益も約24万円にとどまり，税引前当期損益については約23万円の損失を計上するに至ったこと，が認められ」る。

「右認定……の事実によれば，X₁会社は，X₂を中心とする同族会社であることは明らかであるが，従業員の数，ベテラン従業員の存在，X₂が休業中に通常のメンテナンス業務を行っていた（2㈢のとおり）等の実態に照らせば，**代表者であるX₂とX₁会社とが経済的に一体の関係にあるとまで認めることには疑問があり**，右関係を認めるに足りる確たる証拠はない。

したがって，X₁会社の請求は，その余の点について判断するまでもなく，理由がないという

間接被害者の判例総合解説　**65**

第2章　企業損害 1——取締役の死傷事例——

べきである。(仮に，右経済的に一体の関係があるとしても，ベテラン従業員がおりながら，X_2に次ぐリーダー的存在を育成してこなかったX_1会社に問題がないとはいえず，このような不利益はX_1会社が受忍すべきであるとも考えられ，また，……X_2に休業損害を認め，他方で，経済的に一体の関係にあるとしながら，X_1会社に逸失利益の損害賠償を認めることは，少なくとも部分的には損害を二重に評価することにもなり，いずれにしろ，本件事故との相当因果関係は否定すべきである。)。」

【56】　大阪地判平8・12・26交民集29巻6号1882頁（個人会社性否定，代位部分は肯定）

X会社は，代表取締役A（＝被害者）の死亡により，以下の損害を被ったと主張するので，これについて判断する。

［休業中の支払給料——肯定］「Aが，本件事故当時，X会社の代表取締役として稼働し，月額平均85万円の収入を取得していたことは前記のとおりであるところ，……X会社は，Aが休業していた期間の給与を同人に支払っていたことが認められ，これによれば，X会社が被った右損害は，事務管理の法理によりYに対し請求することができ（黙示で主張しているものと認める。)，その額は次のとおりとなる。

85万円×12÷365×97＝271万0,684円」

［Aの葬儀費］「X会社は，Aの葬式として社葬を行い，その費用として648万5,314円を支出したことが認められるところ，本件事故と相当因果関係のある損害は，諸般の事情を考慮し，150万円を相当と認める（これも……〔休業損害と〕同様の理由でYに対し請求することができる。）。」

［A死亡によるX_1会社の逸失利益］「X会社は，同社が実質上，Aの個人会社であることを理由に，A死亡によるX会社の逸失利益を本件事故による損害として主張するが，X会社が被告に対し，右損害（いわゆる間接損害）の賠償を求めることができるというためには，X会社がいわゆる個人会社で，AにX会社の機関としての代替性がなく，AとX会社とが経済的に一体をなしているといえるような事情が認められることが必要であると解されるところ（最高裁昭和……43年11月15日第二小法廷判決参照)，……X会社は，昭和24年4月11日，機械工具の製作販売等を目的として設立された株式会社であり（いわゆる同族会社)，Aの父を中心に経営されてきたが，本件事故当時は，同社の代表取締役であったAが得意先を回る等して営業活動に従事し，同社の約6,7割の売り上げをあげていたこと，Aの死亡により，同社は事実上倒産に至ったこと等の事情が認められるものの，他方，本件事故発生前の平成3年3月21日から平成4年3月20日の事業年度における同社の資本金額は3,350万円であり，総売上高が約2億2,768万円であったこと，本件事故当時，同社には約8名の従業員が稼働していたこと，法人としての納税申告等も税理士が関与していたこと等の事情も認められ，これらの事情を斟酌すれば，X会社がAのいわゆる個人会社であり，AにX会社の機関としての代替性がないとまでは言い難いから，AとX会社とが**経済的に一体をなしているとは認められない**。

よって，その余の点について判断するまでもなく，X会社の右損害の請求を認めることはできない。」

［寄与度減額・過失相殺］「前記の寄与度減額及び過失相殺は，X会社に認められた損害についても行われるべきであるから，右合計421万0,684円から，前記寄与度減額により2割を控除し，さらに前記過失相殺により3割を控除すると，次のとおりとなる。

第1節　取締役の死傷事例における企業損害をめぐる判例の状況

421万0,684円×0.8×0.7＝235万7,983円」

【57】　大阪地判平9・1・24交民集30巻1号108頁（否定，個人会社性否定）

「X₁会社は，昭和59年に設立された株式会社で，X₂〔＝被害者〕が代表取締役に就任し，本件事故当時には，副社長のA，取締役東京事務所長のB，取締役技術部長のC，Dら4名の従業員がいたこと，X₁会社は東京にも事務所を設け，Bが1人で勤めていたこと，X₁会社は，平成3年4月1日から平成4年3月31日までの事業年度において，資本金2,000万円，雑収入18万5,020円，当期欠損金50万4,347円であったこと，X₁会社は医療廃棄物の減菌機（以下「減菌機」という。）の開発を平成元年の終わりごろから開始し，X₂は，B，Cらと共に，E会社との減菌機開発事業化の打ち合わせ，F会社との減菌機引合打ち合わせ，Eとの減菌機の改良に関する協議，減菌機の設計制作について，X₁会社が，G会社を通じて，H会社の協力を求める協議に出席していたこと等の事実を認めることができる。

X₁会社がその固有の損害の賠償を求めるには，X₁会社が法人とは単に名ばかりのいわゆる個人会社に過ぎないものであって，その実権がX₂に集中し，X₁会社とX₂とが経済的に一体の関係になければならないと解されるところ，右の事実によれば，X₂はX₁会社の代表取締役として，減菌機の開発にも自らEとの交渉に携わり，重要な地位にあったことは認められるけれども，X₂に実権が集中し，X₁会社が法人とは単に名ばかりの個人会社に過ぎなかったとまでは認められず，また，X₂は服部ヒーティングから給料を支給されていたものであって，X₁会社とX₂とは経済的に一体の関係にあったものとはいえない。X₁会社の主張は理由がない。」

【58】　大阪地判平9・3・27交民集30巻2号516頁（否定，個人会社性否定）

被害者X₂が代表取締役をしているX₁会社が，契約解除による損害賠償を請求したが，次のように退けられている。

「X₁会社は，本件事故当時，A会社との間でコンピューターのプログラム設計製造請負契約（以下「本件契約」という。）を締結していたが，本件事故によりX₂が傷害を受けたため，期日までにその履行が困難となり，同会社より本件契約を解除され，本件契約により定められていた月額70万円の報酬金を，平成7年7月20日から平成8年1月20日までの分に該当する合計423万5,000円について取得することができなかったとして，右は本件事故による損害であると主張する。

しかし，……X₁会社は，X₂が平成2年に設立したコンピューター・システムの分析，設計及びその開発等を業とする会社で，X₂が代表取締役であること，X₁会社には10名の従業員がおり，いずれもシステムエンジニアであり，X₂も含めて従業員がコンピューター・ソフトの設計等に従事していること，X₁会社の平成8年の売上げは8,000万ないし9,000万円程度であること，本件契約の履行が困難となったのは，X₁会社が設計するソフトは，ユーザーごとの個性に対応したものであるため，担当者がユーザーの業務内容を知らなければ対応できないものであり，本件契約ではX₂がこれを担当していたためであることが認められる。右のようなX₁会社の規模及びX₂の業務内容に照らすと，X₁会社とX₂との間に経済的な同一性を認めることはできず，また，本件契約の履行が困難となったのも，X₂がたまたま本件契約業務を担当していたというにすぎず，X₁会社の代表者としての役割が発揮できなくなったことによるものではない

から，仮に，本件契約の解除によってX₁会社が得べかりし利益を得られなくなったとしても，これを本件事故による損害としてYに請求することはできないというべきである。」

【59】 札幌地判平9・12・22交民集30巻6号1810頁（否定，個人会社性否定）

［給与支払分──肯定］「X₁は衣料品の会社で，本件事故当時，5，6人の役員のほかに27，8人の従業員がいた。X₂は，X₁の専務取締役であり（本件事故後に常務取締役になった），スポーツ店の店長であったが，役員としての経営的な仕事に携わるのは1か月に1日あるかないかといった程度であり，ほとんど従業員と同じ業務に就いていた。X₂は，本件事故当時，給与として月額50万円を支給されており，症状固定時までに，A病院に入院した49日間と，A病院，B病院，C病院及びD病院に通院した9日は全日，E病院に通院した172日は半日，それぞれ就業することができなかったが，X₁から，給与として平成5年3月は月額50万円，同年4月から12月までは月額51万5,000円，平成6年になってからは月額53万4,500円の全額の支払を受けた……。

このようなX₁の規模，X₂の業務内容，その支給金額などの事情を総合すると，X₂がX₁から支払われていた金員は，すべて労務の対価として支給を受けていたものと認めることができるから，本件事故当時の年額600万円（月額50万円）を基礎収入としてX₂の休業損害を算出すると，144日分で236万7,123円となる。この損害について，X₂の心因的，気質的要因が治療の長期化に寄与した割合として2割を減じ，さらに，本件事故におけるX₂の過失割合である2割を減ずると，その後の金額は151万4,958円となる。

X₁は，X₂が本件事故前と同様な生活を維持できるように，X₂から労務の提供を受けることなく給与を支給したものと理解されるから，この支出は，X₂に休業損害が認められる限度で，本件事故と相当因果関係があると認めることができる。」

［X₂の労働能力の制限あるいは喪失による損害──否定］「会社と従業員との関係は，会社が従業員から労務の提供を受ける代わりに賃金を支払うという雇用関係に尽きるから，従業員が交通事故により労務の提供ができなくなったことにより，会社がその従業員の労務により得られるべき企業収益を得られなかったとしても，その従業員が企業主体と同視されるような特別の関係又は経済的一体性がある場合を除き，それを交通事故と相当因果関係のある損害と認めることはできない。」「X₂の労働能力の制限あるいは喪失により，X₁にどのような減収が生じるのかは明らかでないし，(一)の認定事実によれば，X₂がX₁と同視されるような特別の関係又は経済的一体性があるとは認められない。したがって，X₁に，X₂の労働能力の制限あるいは喪失による損害を認めることはできない。」

【60】 東京地判平10・1・28交民集31巻1号111頁（原則肯定，損失塡補されており請求棄却）

「会社が，加害者に対し，代表者の負傷等により利益を喪失したとして損害賠償を請求できるのは，被告らが主張するように……，会社がいわゆる個人会社で，代表者に会社の機関としての代替性がなく，代表者と会社が経済的に一体をなす関係にあるときに限られると解すべきである（最高裁判所昭和43年11月15日第二小法廷判決，民集22巻12号2614頁参照）。」

「X₁会社は，印刷機械の輸出を目的とする会

第1節　取締役の死傷事例における企業損害をめぐる判例の状況

社であるところ、その業務内容は、主に、Aが新品の印刷機械を日本国内で売ったことにより不要となる、売り込み先が使用していた中古印刷機械に関する情報を、X_1会社が、Aから伝えてもらった上で、中古印刷機械を仕入れて海外に売るというものであった。」「そのため、Aからの情報が大事であるところ、B〔＝被害者〕は、Aの貿易部に以前勤めていたこともあり小森印刷機械製作所から情報を得ることができた上に、C重工、ドイツのD社とも付き合いがあった。」「また、Bは、Aに勤めていた際にAが海外進出の基礎をつくったり、語学も堪能だったりしたため、外国のディーラーと人脈があり、外国の情報にも通じていた。」

「X会社には、他の取締役もいたが仕事をせず、報酬等も受け取っておらず、**従業員もX_2 1名**だけであり、その仕事も電話の応対、銀行への使いといったものであった。」「すなわち、X_1会社の印刷機械の輸出に係る業務は、ほとんど、代表取締役であったBの人脈、経験等によっていた。」「そのため、Bの死亡後、同人の長男であるX_3が、X_1会社の代表取締役に就任したが、事業を継続できず、整理せざるを得なかった。」

「本件交通事故（平成5年9月28日）でBが死亡した第10期は、経常損失が4,800万2,200円が生じ（当期利益は1,875万9,539円である……が、それは特別利益である保険収入8,197万7,139円によるものであるから、当期利益をもってBの死亡の影響がなかったとはいえない。……）、第11期以降は、売上高もほとんどなく、商品仕入高が全くないことからすると、X_1会社は、Bの死亡後、事業を継続できず、整理せざるを得なかったと認められる。このことは、第11期以降、流動資産及び流動負債が年々減少している……ため、流動資産により流動負債の返済をしたと推認できることからも裏付けられる。」

「以上のことからすると、本件交通事故でBが死亡したことによりX_1会社の業務は成り立たなくなったものといえ、Bは、X_1会社の**機関としての代替性がなかった**と認められる。」

「また、X_1会社はBの自宅の二階を事務所とし……、Bは、X_1会社の債務を担保するため、自己の不動産に根抵当権を設定し……、Bの所得は、X_1会社からの報酬及び、自宅をX_1会社に貸したことによる賃料だけである……上に、X_1会社の業務を専ら行っていたのが代表取締役であったBであること……、給与手当のほとんどがAの役員報酬手当であったこと……から、Bの意思により同人の報酬及び賃料を自由に決められたと推認できること、第7期からBが死亡する第10期の中間決算までのX_1会社の出資者はBだけであった……から、**X_1会社の所得は実質的にBに帰属していた**といえることからすると、**X_1会社はBの個人会社**といえ、また、X_1会社とBは**経済的に一体をなしている**といえる。」「したがって、X_1会社は、Yらに対し、Bが死亡したため利益を逸失したことによる損害の賠償を請求することができる。」

「ところで、既に述べたように……、X_1会社はAの個人会社といえ、また、X_1会社とAは経済的に一体をなしており、X_1会社の所得ないし逸失利益は、実質的には、Bに帰すべきものである。」「そのため、X_1会社の逸失利益の算定方法は、Bの損害の算定方法と同様にすべきであり、Bの、生活費控除率（30パーセント。……）、逸失利益の算定期間（9年。……）、過失相殺（70パーセント。……）を用いるべきであり、Bの損害を填補するための自賠責保険のうち控除し切れなかった既払金……も考慮するのが相当である。」したがって、X_1会社の逸失利益は〇円となる。

第2章　企業損害1──取締役の死傷事例──

【61】 名古屋地判平10・2・27 交民集31巻1号279頁（否定，相当因果関係にある損害否定）

[事実] 専務取締役X_1が交通事故で負傷した事例。X_2会社は，X_1の専務取締役の業務が3分2程度しか処理できなかったことによる損害3か月分として110万円，担当社員を原告豊島のもとに派遣した交通費・人件費として8万8,239円，弁護士費用として11万円を請求する。これに対して，Yは「X_2会社の損害については，その根拠が不明であり，また，本件事故とは相当因果関係がない」と反論する。

[判旨] 裁判所は詳しい説明をせず次のように判示して，X_2会社の請求を棄却する。

❶業務の停滞を理由とする110万円の請求
「X_2会社主張の右損害については，X_1の本件事故とはそもそも相当因果関係のある損害ということはできないものと解するので，その主張自体失当なものといわざるをえないばかりか，X_1本人の供述によれば，X_1は，その入院中もほぼ通常どおり仕事の指示を出すなどしていた事実が認められ，この事実に照らすと，本件全証拠によってもX_2会社の業務が停滞していた事実を認めるに足りる証拠はない。したがって，その余の点について判断するまでもなく，X_2会社の右主張の損害はこれを認めることができず，その理由がない。」

❷交通費・人件費 「X_2会社主張の右損害については，X_1の本件事故とはそもそも相当因果関係のある損害ということはできないものと解するので，その主張自体失当なものといわざるをえない。」

【62】 大阪地判平10・4・7 交民集31巻2号553頁（肯定，個人会社性肯定）

[判旨] X_2会社は，水門鉄扉の据付施工を行う会社であり，その業務形態は，得意先より工事を下請し，外部業者（孫請業者）に発注したり，人夫を雇って仕事を完成するというものである。X_2会社のX_1はその代表取締役であり，営業活動，工事の割り振り・段取り，現場監督，役所への報告等の業務を行っていた。役員報酬を受けている取締役はX_1のみであった。X_2会社は，従業員2名とパート1名を雇い入れており，従業員2名はX_1とともに現場に赴き，現場作業を担当し，パート1名は事務の仕事を行っていた。本件事故日……からX_1が現場に復帰した……月までに受注できた仕事は，本件事故以前に既に内示を受けていた請負工事1件の外は，他の下請先にX_2会社の従業員を作業員として派遣する常傭仕事（しかも1つ1つの常傭仕事はごく短期のスポット的なものにすぎない。）が虫食い的にあっただけであり，何も仕事のない期間が長かった。これに対し，本件事故前においても，常傭仕事はあったものの，1つ1つの常傭仕事は比較的長い期間のものを引き受けることができ，しかも，常傭仕事の期間以外の期間は請負仕事でほとんど埋まっている状態であった。「右認定事実によれば，X_2会社は，いわゆる個人会社であり，その業務は代表者たるX_1の個人的な能力に負うところが大きいと認められ，X_1には機関としての代替性がなく，X_1とX_2会社との間には経済的一体性があると認められる。そして，第24期から第26期までの営業利益の平均が1期あたり296万5,108円であることにかんがみると，第27期においては，X_1が本件事故に遭わなければ，景気変動等本件事故以外の要因による影響を勘案しても，少なくとも230万円を下らない営業利益を上げることがで

第1節　取締役の死傷事例における企業損害をめぐる判例の状況

きたものと推認される。したがって、X₂会社は、右230万円と第27期における現実の営業利益78万5,120円との差額である151万4,880円の損害を被ったものと認められる。」

なお、X₁の過失を根拠にした過失相殺をX₂の損害賠償についても認めているが、特に説明はない。

【63】　名古屋地判平10・4・22交民集31巻2号593頁（否定、個人会社否定）

[主位的請求]　X₃会社は、次のように主張して本件事故による損害として合計291万9,963円を請求する。

X₃会社は、「A」の名称で、X₁が事業主として経営していた八百屋が法人化して設立された会社であり、一貫してX₁が代表取締役を務めているのであるから、X₁とX₃会社とは経済的に一体であるということができる。X₃会社は、甲店及び乙店の2店を経営しているところ、丙店については、X₁X₂夫婦のほかには、1日3時間半しか勤務しないパートタイマーが1人勤務するのみである。そして、X₁は、X₃会社全体の資金繰りや人事など経営の枢要部分のほか、商品の仕入れ、仕分け、小売値の設定、販売を担当し、X₂は、仕分け販売を担当していたのであり、X₃会社にとってはいずれも余人をもって代えることができない不可欠の存在であった。そのため、本件事故によるX₁X₂夫婦の受傷のため、X₃会社は、110日間丙店を閉店して休業せざるを得なくなった。そして、長期間にわたる休業の結果、同月11日の営業再開後も客離れは回復せず、少なくとも同年9月末日まで売上減少が継続した。右休業および売上減少の期間に対応する平成7年の同一期間の売上実績に対応する売上減少金額は少なくとも1,846万円であり、X₃会社の粗利益率は少なくとも28パーセントであるから、X₃会社の休業損害は少なくとも516万円である。右516万円から、原告夫婦が受け取った前記既払金合計224万37円を控除すると291万9,963円となる。

[予備的請求]　X₃会社は、上記の損害が認められない場合には、以下のとおり、合計380万3,996円が本件事故による損害であると主張する。

丙店の閉店期間中の固定経費は95万9,857円である。また、X₃会社が、右期間中X₂に対して支払った給料の額は50万2,950円であるが、これはYのためにした事務管理にあたるからYが負担すべきである。さらに、同期間中の減価償却費は、50万7,856円である。

以上によれば、右期間中の営業経費は合計197万663円である。

また、X₃会社は、右期間中にX₁に対して役員報酬として合計183万3,333円を支払っているが、右はすべてX₁の労務提供の対価であり、Yのためにした事務管理にあたるからYが負担すべきである。

[判旨]　[事実認定]　X₃会社は、X₁の叔父にあたる訴外Aが昭和43年ころから「A」の名前で営業していた青果小売店を昭和55年に引き継いだX₁が、昭和60年4月に設立した有限会社である。X₃会社の設立にあたっては、資本金100万円のうち、70万円をX₁が出資し、残る30万円については、Aの古くからの従業員である訴外Bが出資した。設立に際し、X₁とBの2名がX₃会社の取締役となり、X₁は代表取締役となった。X₃会社は、平成3年に資本金を300万円に増資したが、増資にあたり、X₁は150万円を、Bは50万円をそれぞれ負担した。X₃会社の役員については設立以来変更はない。

X₃会社は、青果物の販売業、加工食品、健康食品、栄養食品、自然食品の販売業等を目的としており、設立当初は甲店のみを経営していた

が，平成3年11月ころに乙店を開店した。甲店では野菜のみを販売しているのに対し，乙店では野菜のほか果物を販売しているが，本件事故当時の売上は，甲店3に対し，乙店2の割合であった。甲店はDの外に正従業員1名，パートタイマー4名が勤務しているのに対し，丙店にはX₁X₂夫婦の外にパートタイマー1名が勤務している。

X₃会社の商品の仕入れについては，X₁とBの2名が担当しているが，甲店については仕入れの外小売値の設定等ほとんどすべての業務をBが管理しており，丙店が閉店して休業していた間も，同店については本件事故前と変わることなく営業を続けることが可能であった。

X₃会社の売上利益は，第8期は3,658万5,306円，第9期は3,649万6,715円，第10期は3,927万312円であり，丙店の休業期間を含む第11期は3,716万1,072円，同第12期は3,765万8,183円である。

[結論] 以上に認定した事実に照らすと，結局，「X₃会社が法人とは名ばかりのいわゆる個人会社であり，X₁（あるいはX₁X₂夫婦）とX₃会社とが経済的に一体であって，X₃会社にとってX₁（あるいはX₁X₂夫婦）が余人をもって代えることができない不可欠な存在であるとまで推認することはできず，ほかにこれを推認するに足りる証拠もない。」「したがって，X₃会社の本訴請求は，その余の点について判断するまでもなくいずれも理由がない。」

【64】 大阪地判平11・3・4交民集32巻2号461頁（否定，個人会社性否定）

［X₂会社の主張］ X₂会社は，次のように主張をした。

X₂会社は大阪府中央卸売市場における果実仲卸業務を営んでおり，X₁は，X₂会社の代表取締役で中心的な人物であった。X₂会社は，本件交通事故により，X₁が稼働できなくなったため，運転資金に多大の支障を来たし，1,500万円の借り入れをせざるを得なくなった。右借り入れのうち少なくとも1,000万円の出捐は本件事故と相当因果関係にある損害である。よって，X₂会社は，加害者の相続人Yらに対し，相続分2分の1に応じた損害賠償を求めることとし，500万円およびこれに対する本件事故日の翌日から各支払済みまで民法所定の年5分の割合による遅延損害金の支払を求める。

これに対して，Yらは，「X₂会社の請求する損害はいわゆる営業損害であり，予見可能性のないものであり，被告らに支払義務は発生しない」と争う。

[判旨] 次のように判示して，X₂会社の請求を棄却する。

「X₂会社は，大阪府中央卸売市場における果実仲卸業務を営んでいたこと，X₁はX₂会社の代表取締役であったことが認められるが……，他方，X₂会社には，X₁の外，取締役としてその妻A，従業員としてB及びCがいたこと，Aの報酬は月額30万円，Bの給料は月額34万円，Cの給料は月額26万円であったと認められることに照らすと……，X₂会社が法人とは名ばかりの存在であるとは直ちに認めがたく，他にこれを認めるに足りる証拠はない。」

【65】 東京地判平12・3・2交民集33巻2号466頁（否定，個人会社性否定）

交通事故により死亡した被害者Aの父親Xが，「Xは，借地上建物を所有し，その事業の用に供しており，事業とともにこれをAに承継させる予定であったところ，Aの死亡によりこれが果たせなくなり，近い将来この建物を解体して借

第1節 取締役の死傷事例における企業損害をめぐる判例の状況

地を返還しなければならなくなった。その解体費用として459万2,700円を要する」と主張して，その賠償を請求した。これに対して，Y側は，「Xの主張する逸失利益は，いわゆる**企業損害**である。Xの営んでいた甲組とAの営んでいた乙建設との間に経済的一体性は全く認められない。また，Xの所得（売上から経費を控除したもの）は，A死亡前後でほとんど変化がないし，むしろ，Aの妻子のために甲組の仕事の一部を譲ったのであって，収入が減ったとしても右の事情によるものである」，と主張してこれを争う。裁判所は，次のように判示してXの主張を退けている。

「X主張の逸失利益は，Aが死亡したことによってXに生ずる逸失利益を求めるものである。この種の損害については，Xと直接の被害者との間に**経済的一体性**がある場合にのみ，Xが固有の逸失損害を請求することができると解するのが相当である。

本件においては，〔1〕Aが乙建設を営むようになってからは，**甲組と乙建設とはそれぞれ個別に注文を取るようになっていた**こと，〔2〕甲組に注文された仕事については，できる限り甲組に属する2人の職人に行ってもらっていたが，必要に応じ，Aにも手伝ってもらっていたこと，〔3〕Xが取ってきた仕事については全て甲組の収益になるし，Aが取ってきた仕事については全て乙建設の収益になる関係にあったことに照らすと……，XとAとが経済的に**一体をなす関係**にあると認めるには足らず，Xに本件事故と**相当因果関係**のある逸失利益が生じたものということはできない。」

【66】 東京地判平13・1・29交民集34巻1号109頁（否定，個人会社性否定）

ダンススタジオ等を経営する会社が，交通事故により役員が休業したことによる損害賠償を請求した事例。

[事実認定]「本件ダンススタジオでダンスを習っている生徒は3歳から80歳までと幅広く，その目的もインストラクターになることから健康のためまで様々である。X_1会社では，ダンスを習う際に目的意識を持たせ，ダンススタジオの宣伝をも兼ねて，習ったダンスの発表の場として，公演会を行っている。本件事故直後の平成9年12月21日にも豊島公会堂で公演会が予定されていたもので，当時の生徒は約100人ほどのうち，約40人ほどがこれに出演する予定であった。

公演会が終了すると，本件ダンススタジオの生徒数の過半数は辞めてしまい，残るのは3割から4割程度であり，そのため，公演会終了後の会社の収入は一般的に低下する。

〔3〕本件事故によりX_2が入院したため，X_1会社は，平成9年12月21日の公演会を延期した上，臨時講師を雇用して公演会のためのレッスンと通常のレッスンを担当させ，平成10年2月22日にこまばエミナースで公演会を開催した。この延期により，日程の都合で公演会に出演できなくなった生徒は2人であった。」

[判旨] [1 収益減少分——否定]「X_1会社は，X_2が本件事故に遭わなければ，平成9年12月から平成10年10月まで毎月平均16万6,761円の合計183万4,371円の収益を上げることができたのに，現実には，170万4,315円の損失が出ており，この差額である354万8,686円を，本件事故によりX_1会社が被った損害であると主張する。」

「X_1会社の損益状況は，平成10年上半期において，売上げが，平成9年下半期の約70パーセントまで低下しており，そのため，営業損益及び経常損益のいずれにおいても，損失が増大している。しかし，X会社において，公演会後の

第2章　企業損害1——取締役の死傷事例——

生徒数は，公演会前より半減するから，同年2月22日に公演会を開催した上半期は，相当程度の売上げ低下は免れず，その低下分が平成9年下半期の約70パーセント程度であれば，損失の増大は公演会が終了した後の生徒の減少によるものと考えるのが自然である（本件事故によって公演会は延期になったが，それが原因で辞めたのは2人しかいない。）。もっとも，X_2は，同年5月にはほぼ完全に復帰しているものと推認できるが（X_2に休業損害が認められるのは同年4月分までである。），それでも，X_1社の同年下半期の営業損失及び経常損益は，いずれも85万円以上の損失となっている。しかし，元来，平成9年下半期も，営業損失及び経常損益は，いずれも35万円以上の損失となっており，これは，15万円前後であった同年上半期の営業損失及び経常損益よりも損失が増加しているのであって，このことからすれば，X_2が本件事故に遭わなかったとしても，平成10年下半期の損失が，多少増加する可能性はあったというべきである。そして，同年上半期に一度生徒が半減していること，平成10年下半期の損失の増加分は，前年下半期の損失と比較して約50万円程度であることをも併せて考えると，同年下半期の損失が，本件事故前である平成9年下半期より増大しているからといって，この損失の増大は本件事故と相当因果関係があるとまではいえない。」「したがって，X_1会社の収益減少は本件事故と相当因果関係がない。」

［2　公演会延期による増額費用——否定］
「認定事実によれば，X_1会社は，X_2が存在しないと公演会を開催できないとまで考えていたわけではなく，既に認定したとおり，本件事故発生当時，豊島公会堂での公演会はすでに10日後に迫っていたから，レッスンはかなり進んでいたと考えるのが自然であること，公演会は，生徒の発表の場であることをも併せて考えると，果たして豊島公会堂での公演会を延期せざるを得なかったといえるか否か疑問がある。……」「したがって，公演会の延期によって，X_1会社が主張するような費用を余計に負担することになったと認めるには足りないし，仮に，余計に負担した分が存在したとしても，本件事故と相当因果関係を認めるに足りない。」

［3　臨時講師費用——否定］「既に判断したとおり，X_2には，169万9,474円の休業損害が認められるところ，X_1会社がその代替労働力として臨時講師を雇用して支払ったと主張する金額は125万3,575円であるから，本来，X_2から労働力の提供を受けた場合に支払う分を上回るものではない。」「したがって，臨時講師費用は，本件事故と相当因果関係がない。」

【67】　東京高判平13・1・31交民集34巻6号1744頁（否定，個人会社性否定）

水道工事を業とする個人会社の代表取締役が交通事故により受傷した事例。

「X会社の本件請求は，代表者である乙山が本件事故により受傷したためその業務に支障をきたし，X会社が営業利益を喪失したことを理由として，会社に生じた損害（得べかりし利益）の賠償を求めるものである。

ところで，会社の代表者が交通事故により受傷し，その業務を行うことができなかったために会社が営業上の利益を損なわれたとしても，直ちにその会社の営業利益の喪失と当該交通事故との間に相当因果関係があるとはいえず，原則として加害者に対し右営業利益の喪失について損害の賠償を求めることはできないと解すべきであるが，損害の公平な分担という不法行為制度の趣旨にかんがみると，会社が法人とは名ばかりの俗にいう個人会社であり，その実権が代表者個人に集中し，代表者に会社の機関とし

第1節 取締役の死傷事例における企業損害をめぐる判例の状況

ての代替性がなく、経済的に代表者と会社とが一体をなす関係にあるときは、右代表者に直接加えられた加害行為と同人の受傷による会社の利益の喪失との間に相当因果関係が存するものとして、会社は、右交通事故の加害者に対し、これによって代表者が受傷したために生じた会社の利益の喪失について損害の賠償を求めることができると解するのが相当である。」

「X会社は、乙山のいわゆる個人会社であり、その実権が同人個人に集中し、同人に会社の機関としての代替性がなく、経済的に同人とX会社とは一体をなす関係にあると認められるから、X会社は、同人が本件事故により受傷したために生じた会社の利益の喪失について損害の賠償を求めることができるものと認められる。」「しかしながら、X会社の代表者である乙山は、……個人として提起した前訴において、Yらに対し本件事故前の年収480万円（X会社からの役員報酬）を計算の基礎として休業損害及び後遺症による逸失利益（得べかりし利益）を含む本件事故による損害の賠償を求め、Yらから既払分を除き1,600万円の損害賠償金の支払を受けることを内容とする本件和解をし、既にその弁済を受けたことが認められ、また、《証拠略》によれば、乙山が右得べかりし利益算定の基礎とした年収480万円は、X会社の当時（本件事故前の事業年度）の営業利益の状況に照らして役員報酬として相当額以上のものであり、決算書類上のみの形式的ないし名目的な金額ではないと認められる。

ところで、交通事故の間接被害者である会社がその営業利益の喪失について損害賠償を求めることができるのは、前示のとおり、経済的に代表者と会社とが一体をなす関係にあるときに限られると解すべきであることにかんがみると、本件のように代表者において相当額の得べかりし利益の請求をすることに何らの妨げなく、か

つ、既にその満額の請求がされて、これを前提に和解が成立した場合には、その後会社において更に営業利益の喪失があるとして損害賠償請求をすることはできないものというべきである。なぜなら、代表者の役員報酬が決算書類上形式的ないし名目的な金額に抑えられている場合はともかく、会社の営業利益に照らして相当額以上の役員報酬が支払われており、かかる収入金額を基礎として代表者個人の得べかりし利益が算定され、これを前提に損害賠償の和解が成立している場合には、右代表者の受傷のために会社に生じた営業利益の喪失についても和解の内容に反映されていると評価すべきものであり、X会社のような代表者と経済的に一体をなす関係にあるものと認められる個人会社について、右方法で算定された代表者個人の得べかりし利益のほかに会社の営業利益の喪失を別途算定するというのは、社会に生じた損害の公平な分担という見地に照らし、相当因果関係の範ちゅうを超えるものであって、相当でないと考えられるからである（なお、交通事故により会社代表者を負傷させた者に対する会社の損害賠償請求を認めた最高裁昭和43年11月15日第二小法廷判決・民集22巻12号2614頁は、代表者が交通事故による受傷後も会社から従前どおり月額3万5,000円の給与の支払を受けており、その故に代表者には受傷による得べかりし利益の喪失はないという前提の下に会社から損害賠償請求がされていた事案において、会社が年間12万円の得べかりし利益を喪失したものとして、同額の損害賠償請求を認容した原判決を是認したものであり、代表者と会社とが経済的に一体をなす等の関係があるとの要件が満たされれば、代表者が相当額以上の報酬金額を計算の基礎とする得べかりし利益について損害賠償を受け、又はこれを請求している場合にも、別途会社として代表者の受傷による営業利益の喪失が存する

第2章　企業損害 1──取締役の死傷事例──

ものとして損害賠償の請求をすることまで肯定したものとは直ちに解することができない。）。」

「加えて，《証拠略》によれば，X会社は本件事故前の2期（第20期及び第21期）において決算書類上の営業利益がマイナスとなっていること，本件事故前の3期（第19期，第20期及び第21期）の売上総利益が1,402万円余，935万円余，537万円余と順次下落していること，我が国の経済は本件事故前に既にいわゆるバブル経済の崩壊により景気が後退，低迷し，茨城県下においても建設業界全体の受注額が減少していることなどが認められ，これらの事実のほか，X会社のような零細個人企業は一般に景気変動の影響を受けやすいと考えられることなどを併せ考えると，本件事故による乙山の受傷によってX会社に本件和解により賠償された乙山の得べかりし利益を超える営業利益の喪失が発生し，かつ，これについて本件事故との間に相当因果関係が存するものと認めることは困難といわなければならない。」

【68】 大阪地判平13・7・17交民集34巻4号922頁（肯定，個人会社性肯定？）

先ず，被害者である代表取締役の休業損害について，「X_1は，本件事故により少なくとも入院期間中は休業を余儀なくされたものというべきであるが，休業したにもかかわらず，当該期間中，X_2会社から従前と変わらない報酬の支給を受けていた」の「であるから，X_1に休業損害は発生していないものと認める。」として，X_1自身の休業損害の賠償請求を退けている。会社の損害賠償請求については以下のように判断している。

[1　業務不全による損失──150万円肯定]

「X_2会社は，鮪の仲卸業を営む会社で，代表取締役を務めるX_1以下，正社員3名とパート従業員3名で構成されていること，X_2会社の具体的業務内容としては，大阪中央卸売市場において鮪を競り落とし，これを解体して地方の卸売市場や，取引先の寿司屋，料亭等に配送するというものであるが，X_2会社が取り扱うのは専ら市場の中でも最高級ランクに位置する鮪に限られるところ，鮪の品質を見極めるためには相当の経験を必要とするため，どの鮪をいくらで競り落とし，これをどの取引先にいくらで卸すかについては，**長年の経験を積んできたX_1の判断によらざるを得ず，他の社員が代わって行うことは極めて困難であったこと**，X_1は，入院期間中，競りに参加することができなかったことから，X_2会社の社員が代わりに競りに出掛け，何度か鮪を競り落としたことがあったが，狙いどおりの品質の鮪を競り落とすことは必ずしもできなかったこと，また，その間，取引先への鮪の分配・配送については，現物を確認できないままX_1が指示せざるを得ないことがあったこと，X_1は，退院後も足に痛みがあったことから，当初は1月に10日程度しか競りに出ることができず，完全に従前どおり毎日競りに出られるようになったのは平成11年3月ころからであったこと，平成7年4月から平成10年3月までのX_2会社の売上高及び仕入高の推移は，概ね別紙「売上・仕入推移表」記載のとおりであったこと，**この間，X_2会社は，X_1に対し，役員報酬もしくは給与として年額900万円程度を支給していた**ことの各事実が認められる。

以上の事実によれば，X_1が本件事故により受傷し，競りに参加することや，取引先への商品の配送指示を的確に行うことができなくなったことにより，X_1が十全の業務をなし得た場合に比し，X_2会社に営業上の損失が発生したことは推認することができるものの，別紙「売上・仕入推移表」記載の月毎の売上・仕入の推移を見ても，本件事故の前後あるいはX_1の入退院の前

後によって，これらの事情を原因とする明確な売上及び仕入の変動があったことまでは必ずしも認めがたいから，Xの主張する計算方法は採用することができない。

そこで，X₁が休業を強いられたことによりX₂会社に生じた損害としては，X₁が稼働不能な期間についてもX₂会社が従前どおりX₁に支給した報酬ないし給与部分の限度でこれを認めるのが相当というべきである。そして，X₁の前記受傷内容及び前記入通院状況に鑑みれば，X₁が本件事故により症状固定日までの間に休業せざるを得なかった期間は，通算して2か月程度と認めるのが相当であるから，同X₁の前記年収額に基づいて2か月分の休業損害を計算すると，150万円となる。」

[2 大口新規取引喪失による損害——否定]
「X₂会社が回転寿司チェーン店を営むA代表取締役Bとの間で，鮪の卸し取引を計画していたこと，同社に卸す鮪の品質としては中級クラスのものとし，1月の取引金額は当初2,000万円程度とし，手形のサイトを50日とすること等については，X₁，Bともある程度了解していたこと，本件事故当日，X₁は，Bとの契約交渉に赴く途中であったが，入院したため面談することができなくなり，その後，Bは，県外の業者から鮪を仕入れるようになったことが認められる。

しかしながら，以上のとおり認定した事実に弁論の全趣旨を併せ勘案しても，BがX₂会社との間で上記取引契約を締結しなかった理由は必ずしも判然とせず，Xが主張するように，X₁が入院治療を余儀なくされたことが上記取引が成立しなかった理由であること，換言すれば，本件事故でX₁が受傷しなければX₂会社がBとの取引を成立させることが確実にできたということまでは，未だ認めることができない。

したがって，X₂会社とBとの間で取引が成立しなかったことと本件事故との間には，相当因果関係を認めることができないというほかないから，この点に関し得べかりし利益を喪失したとのXらの主張は理由がなく，採用することができない。」

2 取締役の死傷事例 2——取締役自身が損害賠償を請求した事例

以上まで紹介してきたのは，会社が損害賠償を請求した事例であるが（死亡の事例はない。理論的には，相続肯定説による限り，相続人による賠償請求が可能），代表取締役自身が損害賠償を請求した事例もあり，関連した問題でもあり，次にそれを紹介しよう。

【69】 長野地松本支判昭40・11・11判時427号11頁，判タ185号149頁【判例評釈】
三島宗彦・判例評論88号8頁（否定，個人会社性肯定，損害否定）

会社の損害を，個人会社の代表者Xが賠償請求した事例で，請求が棄却されている。

「X主張の財産的損害のうち，二営業用什器，三製品半製品材料，四機械類，五営業停止による得べかりし利益の損失はX自認のとおり訴外有限会社Aの損害である。而して，……同会社は**Xおよびその妻が取締役をし，出資者とX，妻，Bの3人に過ぎず，資本金も100,000円に過ぎ**ない，いわば同族会社であり，他に外部から自己資金調達の方法とてなく同会社が右のような損害を蒙れば，Xが恐らく主要な出資者としてこの填補をせねば同会社が企業として存続し得なくなることも容易に認め得るところである。しかしながら右のような填補をせざるを得ないのは，あくまでも事実上のことであって法律上必然にそのような責任を負わされるということ

でなく、同会社の蒙った損害が直ちにそれと同額の損害をXにもたらす、或いはXの出資の持分の割合に応じた損害をXにもたらすというわけではない。また同会社が社会経済上個人企業と変りなく、同会社の損害はX個人の損害と変りないとの論もあり得ようけれども、そのためには、①同会社の法人格の否定、即ち同会社は名目だけのことで実体のないものであること、または、②同会社の被害とXの損害との間に因果関係の存在することの立証を要するが、……同会社は法人としての実体を備え、経理上或いは税務上X個人の人格とは別になっていると認める外なく、かつ同会社の右のような損失の結果出資者の1人であるXにどのような損害が生じたかの因果関係の立証がない本件では、これらの損害をXの損害として認容することはできない。」(①②は著者による)[27]

【70】 東京地判昭45・10・12 交民集3巻5号1515頁、判タ257号252頁（否定、ただし慰謝料で考慮）

掲載されている判決文が制限されており、X_1の請求部分の判断が掲げられていない。X_2会社の請求も退けられているようであるが掲載されていない。X_1について損害を認定せず慰謝料で考慮したものであり、参考までに紹介しておく。

「X_1は、本件事故により片足を失い、義足と杖とでこれを補っているが、このため従前取引のため屢々全国各地に出張していたが事故後はそれができなくなったほか、執務上多大の不便をかこっていること、X_1自身、昭和44年6月から従前の月当り給与30万円を15万円に減額したことが認められるが、一方、X_1は、X_2会社における実質上唯一の経営者であり、他の役員は報酬や給与の支給も受けない単なる名義上のものにすぎず、これらの役員に対する多少の遠慮はあるにしても、やはり自身の給与を自ら決定し得る地位にあることが認められる。」「右認定のとおり、X_1はX_2会社において企業経営者としての特殊の地位にあり、その職務の性質上、労務と賃金の関係が必ずしも一般労働者と同列には把握しえない関係にあるから、……後遺症相当の労働能力喪失率79パーセントをそのままX_1の将来の逸失利益算定の基礎とすることは明らかに失当であるし、自らの決定で減額した給与分も、X_1の前記のような右地位を考慮すると、これをそのまま本件事故に基づく相当な損害とするのもまた失当といわざるを得ない。」

「また、《証拠略》によれば、X_1は本件事故後自動車を購入し、X_2会社においてその車庫を建設し、その運転手を雇用し、運転手の給料の一部はX_1において負担していることが認められるが、これらの効用は単にX_1の前記後遺障害を補うのに尽きるものではなくより積極的にX_2会社の営業に寄与する部分もあるものと窺われる（X_1本人も、運転手には会社の仕事もやらせている旨供述している。）から、これらの費用の全額を本件事故に基づく損害とみることはできないのみならず、このうちどの部分が本件事故と相当因果関係を有するかを確定するに足りる資料もない。」

「前認定のとおり、X_1が右後遺障害によりX_2会社代表者としての執務に現に支障を来たしており、またそれを補うため相当の出費を余儀なくされていること自体はこれを肯認しうるのであるが、X_1の前記地位に鑑みれば、X_1が仕事に復帰した当初の支障、それに基づく労働能力

---

[27] 三島宗彦「判批」判例評論88号11頁は、別人格である以上判旨のいうとおりであり、原告側は共同訴訟をすべきであるという。

第1節　取締役の死傷事例における企業損害をめぐる判例の状況

の減退ないしそれを補うための出費が，そのまま将来にわたり継続するものとも思われず，そのためには本人の多大の労苦と周囲の者の協力援助を必要とするであろうが，次第に自己の身体状況に馴れ，それに応じた職務分担を定めることなどにより，漸時その程度は減ずるであろうことも推測するに難くない。」

「以上の事情ならびに後に認定するとおりX_2会社の業務が事故後も順調に伸びていることに鑑み，X_1の後遺症に基づく労働能力喪失ないしそれを補うための出費による将来にわたる損害は，これを数量的に確定するに資料が不十分であって，積極損害として肯認することはできないものといわざるを得ない。」「ただ右のとおり，それによる損害の発生自体は肯認しうるのであり，将来においてそれを克服するための本人の労苦も多大であろうから，後記慰藉料の算定に当り右事由を十分に斟酌しなければならない。」（慰謝料として500万円を認容する）

【71】　千葉地木更津支判昭46・2・10交民集4巻1号234頁（否定，個人会社性肯定，損害の証明を否定）

［X_1個人の逸失利益の賠償請求——否定］
「X_1原告吉田は本件事故による負傷のため得べかりし利益を喪失したとしてその賠償を求めているが，X_1はX_2会社の代表取締役であるから，本件事故による負傷治療のため入院して全く仕事ができなくても，又作業能力が低下しても，代表取締役の地位を失わない限り，X_2会社との契約に基づく役員報酬乃至給料は当然受け得べき筈である。而して〔証拠略〕によれば，大工としての作業は主に長男A，二男Bや雇傭職人に任せX_1はその指揮監督やX_2会社の経営に当っていることが認められるから，左足に負傷したとて格別現在の仕事に支障を来たすものとは思われず，従って代表取締役を解任される虞はなく，逸失利益の喪失など到底あり得ないものと思料される。よって逸失利益の請求は失当である。」

［X_2会社のX_1に支払った給与——否定］
「X_2会社はX_1が前記入院により実際仕事ができなかったにも拘らず，昭和44年6，7月分の給与として合計金12万円をX_1に支払ったことが認められるけれども，これは前述の如くX_2会社とX_1との契約上の義務の履行としてなされたものと認むべきであり，偶々X_1が病気で入院したとしても支払わねばならなかった当然の支出であってY等にこれが賠償を求め得べき損害とはいえない。」

［企業損害——否定］「X_2会社は同族会社で（このことは当事者間に争いがない），X_1の個人的な会社であると主張して，恰も自らの法人格を否認するかの如き口吻を洩らしているが，近時学説が提唱し，判例の採用するところとなった所謂「法人格否認の法理」は，個人が法人の虚像に隠れて対外的責任を回避しようとするような場合，これと取引した相手方がその人格を否認して直接その実体をなす個人に迫り，当該法人と並べてその責任をも追求しようとする場合に認められる法理であって，自ら法人を設立して企業活動を営みながら，その内部的行為の結果を他人に転嫁することを許容する法理ではない。」「尤もX_2会社は，法人の外被を纏った個人企業に外ならないと認められるから，その営業の盛衰は代表者個人の信用，活動能力等に依存するところ大なるべく，本件事故によるX_1の活動能力の低下によってX_2会社の収益が減少すべきことは或る程度推認されるところであり，従ってY等にその低減分の賠償を請求するならば或いは理由ありともいえよう（最高裁判所昭和……43年11月15日同裁判所第二小法廷判決，最高裁判所判例集第22巻12号2614頁参照）。

然し，それにはX₁の負傷前におけるX₂会社の収益と負傷後のそれとの差額につき厳密な主張立証を必要とするところ，それのなされていない本件にあっては，その点につき判断することはできない。」

第2節　代表取締役の死傷事例における企業損害についての判例の分析

1　判例の結論の分析

先ず，判例の結論を分析・整理しておこう。なお，事例としては判例【56】以外は全てが傷害の事例であり，死亡の事例はない（負傷し就労しえない間の休業損害が問題とされているからであろう）。損害賠償請求が肯定されているのはすべて経済的一体性が肯定される会社＝個人といえる事例であり，冒頭に述べたように間接被害者という観点からではなく，主体の特殊性から損害賠償請求権の帰属について便宜的に緩和してよい場合である。したがって，そのような例外を別にして考えれば，判例は企業損害については，企業・会社に対する不法行為の成立を問題として，これを認めないものと評することができる。次に述べる従業員についても同様である。

(1)　企業固有の損害賠償請求を肯定する判決

実質的に個人企業の取締役が死傷した事例で，個人会社性また損害の発生を肯定して，企業の損害賠償請求を認容した判決として，以下のような判決がある。

判例【16】（業態は個人経営当時と何ら異ならず，工員12名，事務員1名，運転手1名を社長なるX₁が統轄指揮し，自ら受注，材料仕入れ，技術指導，納品運搬，集金まで行っていた事例），判例【17-2】（判例《17》の原審判決，薬店を有限会社形態のX₂にしたが，社員はX₁とその妻Aの両名だけで，X₁が唯一の取締役であると同時に法律上当然X₂を代表する取締役であった事例），判例【22】（個人事業者が取引上の信用と税金対策のために会社を設立し，役員は知人の名義を借りて形式を整えたにすぎず，出資した人も共同して営業する人も1人もいない事例），判例【24】（個人事業を有限会社組織に改め代表取締役に就任し，従業員10名位で，材料の仕入れ，得意先との折衝，注文取り，設計，現場での仕事の段取り，指揮，監督等，その殆んどを掌握していた事例），判例【25】（その代表者個人の出捐によって設立された会社で，役員も同人のほかはその両親が名義を貸しているにすぎず，会社業務も同人1人で担当している事例），判例【27】（資本金300万円，従業員8人の土木建築請負を目的とする会社で，株式の約6割を兄弟，親戚が所有し，残りを友人，知人が所有するいわゆる同族会社であり，X₁はX₂会社の代表取締役として会社の業務全体を総括指揮するとともに，営業（工事の受注等），施工については特に重要な役割を果していた事例），判例【31】（X₁会社は代表取締役X₂，取締役X₃

第 2 節　代表取締役の死傷事例における企業損害についての判例の分析

で個人企業と異らない営業形態であり、牛乳販売の配達、集金、販売拡大は X_2、X_3 の活動いかんにかかり、X_2、X_3 あっての X_1 会社であった事例)、判例【33】(事故当時資本金100万円、取締役は代表者である X_2 その他その妻Aおよび古参の従業員3名、監査役1名、常用従業員7名程度、株式は X_2 とその妻が65パーセントを保有している。資本金は全額 X_2 の出資にかかり、取締役会また株主総会が開催されたことはなく、「会社の運営はひとえに X_2 の手腕と采配にかかり、ことに工事の受注は低額のものを除き X_2 の公私にわたる不断の努力と X_2 自身の信用によって初めてもたらされる」ものであった事例)、判例【35】(X_1 会社は、その経営をすべて X_2 によってなされていたが、本件事故により経営者である X_2 の受傷により解散するに至った事例)、判例【36】(X_1 会社は資本金1,000万円の乾海苔の加工および販売を主たる営業とする株式会社で X_2 が代表取締役であり、ほかに X_2 の兄Aらが取締役になっているが糖尿病のため業務執行にあまり携われないので、X_2 が常雇の従業員7人、パートタイマー10人位と共に、かつ、これを指揮してほとんど1人で采配し X_1 会社を経営している事例)、判例【38】(X会社は、代表者社長A以外男性4名、女性3名の従業員によって営業を行っている小企業であり、X会社代表者A個人の働きが、同会社の営業実績のうち、平均約3割を占めている事例)、判例【41】(業務執行には医学に関する専門知識、医学会における信用等の特別の素養、能力を必要とするが、かかる素養、能力をもった者は代表取締役たる X_2 以外には存在せず、そのため、業務執行の中枢部分は X_2 が1人でこれを切り回し、従業員4名は、X_2 の指揮を受けその手足となって業務にあたっているにすぎない事例)、判例【44】(特にXの設立の経緯、およびその資本額、社員数、会社の意思決定は事実上Aによりなされ同人が会社を支配しているものと認められること、Xの事業に必要な有資格者はAのみであること等の営業規模、形態に照らし、Xは法人とは名ばかりの個人会社であった事例)、判例【45】(繊維製品の販売、貴金属、宝石類の卸、小売等を営業目的とするX原告会社を設立したこと、X会社の役員は代表取締役のA、取締役Bおよび取締役Cから構成されているが、BはAの実弟であり同人の指示を得て営業に従事し、Cは運転手としての職務に従事していた事例)、判例【49】(資本金300万円を出資して、建築の設計・監理および土地の売買とその仲介を業とする X_2 会社を設立し、土地を購入してその地上に建物を建築し、他に売却する事業などを行い、本件事故当時、X_2 会社の仕事に従事していたのは、X_1 のほか事務の仕事をするA子だけであった事例)、判例【62】(X_1 は X_2 会社の代表取締役であり、営業活動、工事の割り振り・段取り、現場監督、役所への報告等の業務を行い、役員報酬を受けている取締役は X_1 のみであった。X_2 会社は従業員2名とパート1名を雇い入れており、従業員2名は X_1 とともに現場に赴き、現場作業を担当し、パート1名は事務の仕事を行っていた事例)。

(2) 個人会社性を肯定するが別個の理由で損害賠償請求を否定する判決

❶ 損害ないし相当因果関係を否定する判決　経済的一体性を認めながら、損害が認められないとされた判決として、以下のような判決がある。個人会社性の認定の部分だけ、

第2章　企業損害 1——取締役の死傷事例——

参考に紹介しておく。

判例【18】（X_1会社を設立してX_2がその代表取締となり，同社の資本金を実質的にX_2が全額を出資しており，職務内容も，X_2がポロシャツの製造，製品一般の販売，原糸購入，対外接渉，経理事務全般を担当し，配当金は2回ともX_2が全額を受領している事例），判例【20】（X_2会社は，社長はX_1の父であるAであり，X_1は取締役，従業員3人の小規模会社であり，X_1が実質的には中心人物で，X_2会社はいわゆる個人企業であった事例）は，X_1は整備士の資格を有し，中古車の価格を鑑定したり中古車の整備，修理をする仕事を担当していたことが認められるが，必ずしも代替性のない職種であるとは認められないこと，その他X_1に対する俸給を支払わなくなりそれだけの経費が減少したにも拘らずなお，減収となったことを認めるに足りる証拠はないとして，損害を否定する），判例【21】（損失の大きな原因は得意先の倒産という本件交通事故とは関係のない事情によるとして，損害賠償を否定），判例【29】（X_1原告会社は，化粧品の製造・販売・卸を業とし，<u>従業員12［〜］3人</u>を擁する資本金50万円の会社であって，株式の過半数は代表取締役であるAが所有している事例で，個人会社と認めるが，損害を否定），判例【32】（事故当時X_1は，X_2会社の主要な働き手ではなかったにせよ，なお引退して営業活動に全然参加していないわけではなく，その代表取締役に就任し，毎日出勤して来ていたのであるから，X_2会社の信用は，まだ主として同人に化体しているほか，X_2会社の経済上の実権も依然同人に掌握されていたものと推認し，X_2会社と同一体の関係にあると認めるが，適当な使用人を雇入れることにより営業を従前どおり維持継続することもあながち至難の業とは考えられないから，代替の使用人雇入れのために要する費用のような損害はさておき，X_1の休業によりもたらされたX_2会社の商品売上減に基づく損害のごときは，本件事故に関し不可避的に生ずる損害とも認め難いとされている），判例【34】（X_2は本件事故による受傷後も全く稼働し得なくなったわけではなく，入院期間中を除きその余の期間は自動車の修理業務に従事していたことが認められ，また臨時雇入れの従業員らは車両の陸送，自動車の整備，事故車の引きあげ等のほか販売セールスの業務にも従事し相当の業績を挙げていたとして，X_1会社の支出した右臨時従業員に対する賃金は，本件事故と相当因果関係のある損害として認容することはできないとされている），判例【42】（X_1会社はX_2をその代表者取締役とし，同人の妻Aを名目上その取締役とするだけの従業員9名程度の小規模な会社であり，X_1会社はその仕事を全てB会社を通じて請負い，工事の元請との折衝，受注，見積り，現場での仕事の段取り，指揮監督はもとより資金繰り，会計帳簿類の記帳に至るまで対外的対内的重要なことは全てX_2が掌握していた事例で，X_1会社の倒産がもっぱら本件事故即ちX_2の休業に起因しているとまでは認定できるに足りる証拠はなく，X_2の慰謝料算定につき考慮するとされた事例），判例【44】（損害の確実性を否定し因果関係を否定する），判例【46】（右翼団体の事例で損害を否定する），判例【47】（代替労働費用を請求するが損害自体が認められないとして否定されている），判例【50】（X_2会社は，X_1の個人会社であり，本件事故当時，その実権がX_1に集中していたが，本件事故当時アルバイトを含め8，9名の従業

第 2 節　代表取締役の死傷事例における企業損害についての判例の分析

員がいたことが認められるし、X_1 は通院中はもちろん入院中も、X_2 会社の従業員に仕事の指示をしていたことから、X_1 が就労できなかったからといって、果たして、X_1 において前記業者から注文ないし引合いのあった工事等を受注することが全くできなかったとまでいえるかは疑問とされた)。判例【61】判例相当因果関係を否定する。

なお、個人会社か否かはペンディングにしておいて、損害を否定した判決として、判例【46】の政治団体についての特殊事例がある。類似のものに、個人会社と伺われるとまではいいながら、損害で否定したものとして判例【47】がある。

❷　個人との和解により会社の損害賠償責任も解決済みとする判決（経済的一体性説肯定）　判例【53】は、損害賠償請求権の成立を肯定しながら、「AはXの代表取締役であり、Aの妻がXの取締役であり、他に従業員はおらず、Aの自宅がXの事務所となっており、妻が電話番をし、Aが下請けを使って営業してきたことが認められ、右のXの実態に鑑みると、Xは法人とは名ばかりのAの個人会社であって、AとXとが経済的に同一体をなす関係にあるとみることができる」とするが、しかし、Aとの和解で解決済みとして、X会社の請求を棄却する。

❸　損害が塡補済みとする判決（経済的一体性説肯定）　判例【60】は、一般論また事例において企業の損害賠償請求権の成立を認めながら、しかし、損害は塡補済みとして請求を退けている。

(3) **個人会社性を否定する判決**

個人会社性＝個人・経営者の経済的一体性という要件が欠けるものとして、会社による損害賠償請求を退けた判決が少なくない。次のような判決がある。肯定判決との限界付けはかなり微妙であり、会社の資本、従業員数、事業全体における経営者の労力の占める地位などが総合的に考慮されているのであろうが、理論的にいえば、個人事業者でも事業資産が巨大で多くの従業員を雇用することも可能であり（このことからは、資本と実権を全て握っていることが重要であって、物的施設・従業員規模は大きな要素ではない）、経営者＝会社という経済的一体性は何が決め手になっているのか、必ずしも明らかではない。

判例【30】(「X_3 は、X_1 会社の発行済株式総数の約 2 割に相当する株式を所有する有力株主であり、また、代表取締役として日常の業務執行をひとり指揮監督し、X_1 会社においては極めて重要な地位にあるものと考えられるが、その他の株主とて僅か 19 名にすぎず、1 名当り持株比率も低くなく、いずれも鉄道運輸業者又はその関連業者であって、これと X_3 の持株比率とを比較考量すれば、X_3 が X_1 会社を所有するあるいはこれと同視し得る程度の支配力を有するものということができず、X_1 会社においては法律の定めるところにしたがって株主総会、取締役会を開催の上、各意思決定がなされていて、X_3 ひとりが右の意思決定を左右し得たとか、同 X_3 が右決定に反して業務執行をなし得たとはいえないし、また、X_3 が、株主総会において決定された取締役報酬のほか何らかの名目で、株主総会の議によることなく、自らの決定で X_1 会社の剰余利益を取得できたと認定するに足りる証拠はない」として、「X_1 会社は、法人とは名ばか

第 2 章 企業損害 1 ——取締役の死傷事例——

りの、X₃のいわゆる個人会社で、X₃はX₁会社の代表機関として代替性がなく、経済的に会社と一体をなす関係にあるとは到底認められない」）、判例【32】（経済的一体性を否定し代替使用人雇用の費用は別として売上減を損害として賠償請求できないものとする）、判例【37】（「X会社における実権は、相当程度、代表取締役のA個人に集中していたもの、また、相場を観察した上で前記売買の決断や売値の決定を行うという一面においては、AにX会社の機関としての代替性が存しなかったもの、と判断して差し支えない」とするものの、相当の規模の会社であり「法人とは名ばかりの、俗にいう個人会社であった」ものと目することは著しく困難であるのみならず、既定ないし仕掛中の業務や常務の執行面、工場の稼働、操業面においては、A以外の取締役によって、十分にその職務を代替することができたとして、経済的同一体を根拠とする、損害賠償請求を退けている。債権侵害また損害賠償の範囲という構成も否定。判例【39】（従業員約15名、資本金800万円）、判例【40】（X₁がX会社の中心人物であり、ワンマン的経営の状態にあったといえるにしても、さりとて右両Xの間に経済的同一体があるとまでいえるかどうか疑問であり、「X₁が、税務対策上、対外的信用上等の理由で会社組織にし、一面では利益を得てきたであろう反面、思いがけない代表的人物の交通事故により原告会社が何ほどかの逸失利益の損害を被り、その請求ができないとしても、会社組織にした負の面が顕在化したにすぎず、この点のみの不当性を力説するのは、法全体の衡平の見地からみた場合必ずしも当を得たものとは言えない」とする）、判例【52】（「もし、Aの業務に代替性がなく、X₁会社が訴外等の労働力のみで総売上を上げていた個人営業会社であるならば、A死亡後は、X₁会社は、売上自体をほとんど上げられず、Aが死亡した後の売上額の低下は、Aの個人営業時代の売上額に近い額になると推測される。ところが、X₁会社は、右のような多額の純売上を上げているのであり、このことは、とりも直さず、Aが一人で稼働し、X₁会社が、Aの労働力のみで売上を上げていた個人営業的会社ではなく、X₂及びX₃らの労働力を含めた共同体によって売上を上げており、会社組織としての実態を備えていたことの証左といえる。」として、損害賠償請求を否定）、判例【54】（「右認定事実によれば、X₁会社は、X₂の同族会社ではあるが、従業員も相当数おり、給与及び役員報酬のうちにX₂の分の占める割合は約4分の1であり、また、売上も、X₂の休業期間中に1割程度しか落ちていないのである。そうすると、X₁会社は、X₂の指揮の下に活動しているとしても、同人がいなければX₁会社の経営が成り立たないというものではないし、また、経済的にX₂とX₁会社が一体を成す関係にあるということもできない」とする）、判例【55】（資本金100万円（その後300万円に増資）で、出資者は、X₂及びその妻で、2人が取締役となり、事故当時従業員が7、8名で、繁忙期には臨時で3ないし10名の従業員を雇い入れていたが、X₁会社は、X₂を中心とする同族会社であるが、従業員の数、ベテラン従業員の存在、X₂が休業中に通常のメンテナンス業務を行っていた等の実態に照して、X₂とX₁会社とが経済的に一体の関係にあるとまで認めることには疑問があるとする）、判例【56】（Aの父を中心に経営されてきたが、本件事故当時は、同社の代表取締役であったAが得

意先を回る等して営業活動に従事し、同社の約6，7割の売り上げをあげていたこと、Aの死亡により、同社は事実上倒産に至ったこと等の事情が認められるものの、他方、本件事故発生前の資本金額は3,350万円であり、総売上高が約2億2,768万円であったこと、本件事故当時、同社には約8名の従業員が稼働していたこと、法人としての納税申告等も税理士が関与していたこと等の事情も認められることから、X会社がAのいわゆる個人会社であり、AにX会社の機関としての代替性がないとまでは言い難いから、Aと原告会社とが経済的に一体をなしているとは認められないとする)、判例【57】(「X₂はX₁会社の代表取締役として、減菌機の開発にも自らEとの交渉に携わり、重要な地位にあったことは認められるけれども、X₂に実権が集中し、X₁会社が法人とは単に名ばかりの個人会社に過ぎなかったとまでは認められ」ないとする)、判例【58】(X₁会社は、X₂が代表取締役であること、X₁会社には10名の従業員がおり、平成8年の売上げは8,000万ないし9,000万円程度であることから、X₁会社とX₂との間に経済的な同一性を認めることはできない)、判例【63】(X₃会社は、甲店では野菜のみを販売し、乙店では野菜のほか果物を販売し、甲店は正従業員1名、パートタイマー4名が勤務し、乙店にはX₁X₂夫婦の外にパートタイマー1名が勤務している事例)、判例【64】(X₁はX₂会社の代表取締役であったことが認められるが……、他方、X₂会社には、X₁の外、取締役としてその妻A、従業員としてB及びCがいた)、判例【65】(経済的一体性を否定するが、従業員などは明らかではない)。そのほか、否定判決として、判例【26】【51】【59】【71】がある。

(4) 経済的一体性説以外に基づいて会社の損害賠償請求を否定する判決

❶ 債権侵害による不法行為の成立を問題にし否定　判例【15】は、債権侵害による会社への不法行為の成立を問題とし、予見可能性を否定し債権侵害による不法行為の成立を否定している。

❷ 個人の損害として問題にすべきものとする判決　判例【23】は「X₁個人の働きであり、収益に直接影響する関係にあり、外注に回して代金を支払ったとしても、その分の減収がX₁個人に帰したものと同視すべく、X₁個人の休業損害として評価すれば足りると解するのを相当とする」という。

2　判例の法理の整理・分析

(1) 間接被害者についての一般論──原則否定

判例《17》に従い、原則否定の一般論を認めるものが殆どの判決である。例えば、判例【24】は、「不法行為により身体の傷害を受けた個人以外の法主体が間接的に損害をこうむった場合、それが直接被害者のこうむった損害を肩替りしたもの、つまり、直接被害者自身の損害と重り合うもの(例えば会社が事故により休業中の従業員に給与を支払う)でない限り特段の事由がなければ保護に値する損害の範囲から除外されるべき」と、また、判例【30】は、「法人は、交通事故により、その代表者の受傷によって経済的損害を蒙ったとしても、右が法人とは名ばかりで、いわゆる個人法人の実態を有し、実権が同個人に集中し、同人に機関としての代替性がなく、

経済的には同人と法人とが一体をなす関係にあるなどの事情がないかぎり、加害者に対し不法行為にもとづく損害賠償請求をすることはできない」と述べている。

判例《17》の一般論を採用しない判決として、相当因果関係説に従ったと思われる判決も散見される（判例【38】【85】【89】）。

(2) 例外についての一般論

例外的に会社が事故の損害として賠償請求ができる事例としては、個人会社の場合のみを例外として認める一般論を提示する判決と、個人会社の事例と故意による事例（債権侵害の要件を充たす場合）の2つを挙げて一般論を示す判決とがある。判例については、「最高裁の『経済的一体性』の理論は実務に相当程度浸透しており、その指針となっている。ただ、東京地裁を中心とする大都市の都市部のある裁判所ではやや趣を異にしており、大都市の裁判所のほうが企業損害に関してはきびしい判断をなしているようである」と評されている[28]。

(3) 企業損害についての問題処理の法的構成

判例を見ると、問題をいかなる法的分析ないし法的視点から処理するかで、次のように分けることができる。

❶ 債権侵害　明確に債権侵害を問題にする判決はないが、判例【15】は、「X_1会社の利益侵害についてYに故意過失の認むべきものがない」と、債権侵害の公式を適用して問題を解決している。判例【37】は、経済的一体性を否定し、債権侵害について考察するが、予見していたとは到底認められないとして否定する。なお、後述判例【135】は、労務請求権の侵害と法的構成をしているが、損害の内容は従業員が休職中に支給した給与にすぎない。

❷ 相当因果関係で処理　416条の相当因果関係によって説明をする少数の判決もある。判例【16】は、「いわゆる相当因果関係ある以上……は、なお賠償の対象となる」、判例【17-2】（判例《17》の原審判決）は、「ある人に対し直接加えられた加害行為の結果、その人以外の第三者に損害が生じた場合でも、加害行為とこの損害との間に相当因果関係が存するかぎり、不法行為者は第三者について生じた損害を賠償しなければならない」という一般論を述べる。また、判例【18】は、「（権利（生命・身体）の侵害を受けた者（直接損害者）とは別個の者（間接損害者）に生じた損害であっても、その間に「これによって生じた」といい得る関係、すなわち相当因果関係が存する場合には、間接損害者にも賠償請求を肯定するのが相当である」他方で、「X_1会社の損害は経済的実態においてはX_2の損害と同視することができる」とも述べる。そのほかに、判例【20】【24】【25】【31】【38】【50】【52】も相当因果関係を問題にしている。

これに対し、判例【37】は、これを明確に否定し、請求権者の拡大には特別の要件が必要なものとする。

---

28) 久世・企業損害74頁。

第2節　代表取締役の死傷事例における企業損害についての判例の分析

❸　直接の被害者という構成　　異例な判決として，判例【26】は，「いわゆる個人会社のような，代表取締役に代替性がなく，かつ代表者と会社とが経済的にも一体をなしている場合には，その法人は実質的には代表者と同じく<u>直接の被害者として</u>，蒙った損害を加害者に請求し得るが，そのような関係がない場合には，加害車に故意があったような特別の事情があるときを除いては，蒙った損害の賠償を求めることはできない」と説明する。直接の被害者とは表現しているが，営業侵害などと明確に構成したものではない。

❹　経済的同一体による説明　　経済的同一性があれば損害賠償の請求を認めるというのが判例の大勢である（経済的同一性を相当因果関係の要件とする判決も多々あり，❷の判例と重畳する）。判例《17》は，「X₂会社は法人とは名ばかりの，俗にいう個人会社であり，その実権は従前同様X₁個人に集中して，同人にはX₂会社の機関としての代替性がなく，経済的に同人とX₂会社とは一体をなす関係にあるものと認められるのであって，かかる原審認定の事実関係のもとにおいては，原審が，YのX₁に対する加害行為と同人の受傷によるX₂会社の利益の逸失との間に相当因果関係の存することを認め，形式上間接の被害者たるX₂会社の本訴請求を認容しうべきものとした判断は，正当である。」とした。その後例えば，判例【32】は「いわゆる個人企業である以上，これと同一体の関係にある企業経営者個人に対し違法な侵害が加えられ，これにより営業上の損害が不可避的に発生するに至った場合，右損害を企業経営者個人の損害とするか，あるいは，原告会社の損害とするかは全く形式的なことにすぎないといわなければならず，そうとすれば，さきに認定したように本件事故により直接被害を受けたX₁において右に述べたようなX₂会社と同一体の関係にある企業経営者に該当するならば，X₂会社は，X₁の受傷によりX₂会社に不可避的に生ずるに至った損害につき賠償を求めることが許されるものと解して差支えない」という。

(4)　予見可能性の要否

416条を不法行為にも適用する限り，被害者が取締役でありかつ個人会社であるという特別事情について，加害者に予見可能性が存在しなければならないことになる（特別の要件を設定してそれを更に制限するかが問題にはなるが，最低限の要件である）。

❶　予見可能性不要　　判例【16】は，「X₂会社の主張する損害がX₁ないしX₂会社代表者今の傷害と相当因果関係あるか否かを探究すべきものである。そして，この点が肯定せられる以上は，その損害がYないし被告車の運転者に予見しえたか否かについては，顧慮する必要はない。けだし，いわゆる特別事情に基づく損害について予見の可能性を要求しうるのは，契約に基づく取引関係に立つ当事者に対してであって，不法行為の当事者間にこれを要求するのは失当であり，相当因果関係ある損害である以上賠償請求権を生じるものと考えるべき」

❷　予見可能性は必要だが緩和する　　判例【18】は「予見可能性の判定について，債務不履行の場合には主観的事情が重視されるに対し不法行為の場合には客観的な事情が重

間接被害者の判例総合解説　**87**

視されるべきである，と解するのが相当である」と，予見可能性という点について緩和をしている。

(5) 肯定判決の損害の認定

判例【33】は，経済的一体性を肯定し企業に生じた損害の賠償請求権を認めるが，損害賠償の内容は不明である。

(a) 逸失利益

❶ 過去の逸失利益のみ　判例【16】は，2カ月分の売上減少額の約70パーセントを失われた利益として賠償請求を認容する（90万円）。判例【27】は，「X_1のX_2会社における寄与率〈証拠略〉によって認められる従業員8人の給与総額とX_1の給与との割合その他の事情を勘案すると10分の4とみるのが相当」として，X_1の休業および労働能力低下によるX_2会社の得べかりし利益の総額を算出している。判例【58】は，相当な収入の減少があったと認められるが明確ではないので，収入減の1割を損害と認定する。なお，判例【29】は，売上げへの影響を認めながらどの程度か不明であるとして損害賠償請求を否定している。判例【62】は，1期あたりの平均営業利益を算出しそれとの差額の賠償を認めている。

判例【38】は，X会社代表者A個人の働きが，同会社の営業実績のうち，平均約3割を占めているため売上減につき，売上げに対する利益率を3割として逸失利益を算定した。判例【43】は，被害者である代表者の寄与率を80パーセントとしてこれを基準に損害を算定している。判例【45】も逸失利益の賠償を認めるが，原告主張の資料を基準にはできないとして，被害者である代表者の賃金センサスを基準に逸失利益を算定する。判例【49】も，マンションの契約名地区ができなくなったことによる逸失利益の賠償を認める。判例【62】は，X_1が事故に遭わなければ，少なくとも230万円を下らない営業利益を上げることができたものと推認され，230万円と現実の営業利益78万5,120円との差額である151万4,880円の損害を被ったものと認めた。その他，逸失利益の損害賠償を認めた判決として，【36】，【41】がある。

❷ 過去および将来の逸失利益　判例【31】は，X_1会社の代表取締役X_2およびX_3の受傷により業績が著しく困難になっている事例で，①事故後の欠損の損害賠償を認める他，②最終時期の欠損が約32万円であり，X_2およびX_3の労働能力喪失をそのままX_1会社の営業損害と結び付けることはできないとして，3年間に限り年20万円の欠損を生じるものと推定している。判例【35】は，経営者の負傷により法人である飲食店が解散した事例で，5年間は収益をあげられたとして，5年分の逸失利益の損害賠償を容認する。

❸ 逸失利益否定　判例【42】は，経済的一体性を肯定するが経営者の負傷による倒産がもっぱら事故に起因しているものとは認定できないとして，個人の慰謝料算定につき考慮するに止めている。

(b) 積極的損害

❶ 応援のための交通費・出向手当　判例【24】は，取締役が負傷し，取締役が会話できる状態になるまで東京からX会社へ社員が毎週1回の割合で応援に出向き，得意先と

第2節　代表取締役の死傷事例における企業損害についての判例の分析

の折衝等取締役の代替をなしてきた交通費，出向手当を損害として賠償請求を認めている。また，判例【29】は，臨時に運転手を雇用し，自動車も賃借した費用を損害と認めている。

❷　固定経費　　判例【25】は，休業期間を含む1年間の固定経費等は，業務を行うことなくして負担のみを余儀なくされたものであるから，本件事故と相当因果関係にある損害と認めている。

❸　代替人員の雇用費用　　判例【26】は，鉄骨建築の作業手順，職人手配に経験のある者を得ていれば，本件のような損害を蒙らなかった蓋然性が高いことに鑑みれば，X_1が本件事故により蒙った損害のうち，相当因果関係にあるのは，上記のような経験者を雇用するに要した費用の範囲に限られるとする。判例【34】は，経済的一体性を肯定し臨時従業員に対する賃金を相当因果関係にある損害として賠償請求を認容する。その他，判例【26】は，傍論として，代替労働力の雇用費用の損害賠償のみを認める余地があることを肯定する。判例【32】も，そもそも経済的一体性を否定し，適当な使用人を雇い入れることができ代替の使用人雇用の費用はさておき，売り上げ減による損害賠償は請求できないとする。

❹　工事を代替業者にさせた費用　　判例【49】はマンションの設計・監理の委託を受け，設計関係の仕事がほぼ終わった段階で，X_1が本件事故に遭い休業したので，その後の監理業務をA建築士に依頼し，A建築士に支払った報酬からX_2会社がしたならば要したであろう経費を控除して，そのうち100万円をX_2会社の損害と認めた。

❺　公演中止に伴う費用　　判例【48】は，ロックバンドの運営会社の取締役兼メンバーの負傷による公演中止の事例で，公演中止に伴う諸費用の賠償が肯定されている。

第1節　従業員の死傷による企業損害についての判例の状況

第3章　企業損害 2——従業員の死傷事例——

第1節　従業員の死傷による企業損害についての判例の状況

　判例は，従業員の負傷または死亡による企業損害についても，先の経営者についての経済的一体性説を適用して，会社の損害賠償請求を認めていない。経営者について判示された経済的一体性説を間接被害者のいかなる類型にまで適用するかは，判例には企業損害以外の事例にまで適用するものも見られるが，基本的には，従業員についての企業損害にまで適用するにとどまっている。当然のことながら，経営者について初めて問題になる，実質的に法人格を否認するに等しい法理である経済的一体性説を，従業員に適用して会社の損害賠償請求を肯定できるはずはなく，経済的一体性説を適用する判決は1つの例外を除いて，会社の損害賠償請求を認めていない。例外的に会社の損害賠償請求を認容した判決は，この1つをのぞいて経済的一体性説によらないものである。

　以下には判決を分析していこう。

【72】　大阪地判昭45・2・14交民集3巻1号220頁（否定，一体関係否定）

「X₁会社は，その従業員であるX₂が負傷，欠勤し，従業員補充不能のため旋盤1台の運転を休止せざるを得ず損失を蒙ったと主張する。そして〔証拠略〕によれば，X₁会社は従業員42名旋盤11台を有し水道の蛇口を製造する会社であり，X₂は昭和39年頃からX₁会社に勤務し，**事故当時旋盤工兼第二工場の責任者**であったこと，旋盤工は通常3年以上の熟練を要し，X₂が担当し操作していた旋盤1台が同人の欠勤中他の従業員の補充がつかずその運転を停止していたことを認めることができる。ところで，交通事故の被害者自身に生じた精神的，物質的損害とは別に，その被害者の勤務する会社に就労不能に伴う損害が生ずるとするためには，被害者とその勤務する会社とが社会的経済的活動体として一体をなすものと認められる場合に限られるものと解すべく，換言すれば，いわゆる個人企業（会社）であって，その経済成績がひとえに個人（被害者）の手腕活動に依存すると共に，その企業の利益が即ち個人（被害者）の利益と目されるような関連性，一体性の認められる場合に限られるものと解するを相当とする（最高裁昭和43年11月15日判決……参照）。本件に

おいてこれをみるに，前記認定の事実関係をもってしてはいまだ$X_1$$X_2$両名間に右の如き一体性あるものとは認められず，他にこれを認めるに足る証拠は何もない。そうならば，X_2の受傷によってX_1会社に損害が生じたということはできず，損害額の内容について検討するまでもなく，X_1会社の請求は失当である。」

【73】 福岡地判昭46・3・5判タ269号298頁，交民集4巻2号452頁（否定，経済的同一性否定）

「X_2会社は，X_1を稼働させて昭和44年6月から同年9月までに金2,300,464円の利益をあげ得たにもかかわらず，X_1の本件事故による入院および前記後遺障害のため金1,609,264円の利益しかあげられなかったので，その差額金691,200円の利益を喪失した旨主張する。一般に企業の従業員のうちかけがえのないものが受傷した場合，それによる企業の営業損害を一概に否定することは必ずしもできないかもしれないが，それにしても本件において……，X_2会社が**従業員24名**を擁し，市内に4店の営業所を設けて電気製品の販売を目的とするものであって，X_1はそのうちの一店の店長を勤めるセールスマンであることから考えれば，X_2会社の主張する逸失利益なるものが受傷した被害者本人たるX_1の逸失利益と同視できるわけでもないので，$X_1$$X_2$間に経済的に同一体とする関係があるということはできず，またYらにもX_1の受傷によるX_2会社の右のような事情を**予見する可能性**があったと見ることのできるような**証拠**もない。結局X_2会社は本件事故による間接被害者であるといわざるを得ないのであるが，だからといって直ちにその損害をX_2の主張する範囲にまで及ぼすことは相当でないと考える。従って，X_2会社の賠償請求を否定すべきものといわざるを得ない

が，仮りにこれが認められるとしても，X_1の入院やその後の症状から考えて従前どおりの勤務ができなくなり，X_2会社の営業に支障を及ぼしたことは容易に推測できるとはいえ，それによる実際の営業に影響した数額については，X_2主張のそれをそのまま採用することは困難であるといわざるを得ない。すなわち，《証拠略》によれば，X_2代表者はX_1の売上減少として，昭和44年6月には割合額500万円に対して売上高金3,205,000円，達成率60パーセントで目標達成率85パーセントとの差は25パーセント，金125万円，同年7月には割当額金643万円に対して売上額金3,205,000円で達成率50パーセント，目標達成率との差35パーセント，金額金225万円，同年8月には割当額金200万円に対して売上額金1,572,000円，達成率79パーセント，目標達成率との差6パーセント，金額にして金12万円，同年9月には割当額金350万円，売上高金226万円，達成率65パーセント，目標達成率との差20パーセント，金額にして金70万円，売上不足額の合計金432万円のうち荒利を16パーセントとすると，その荒利金691,200円というのである。そして，右金額を算出するに至ったのは，《証拠略》を綜合すると，X_2会社は従業員24名を擁して，春吉店，清水店，栗木店を有して電気器具の販売を目的としていたが，昭和44年4月原店を開設して4名の従業員を置き，その店長にはX_2会社の優秀なセールスマンであったX_1を配し，同年4，5月には約3,500,000円の売上があったこと，そこでその後の販売予想としては原団地を控える附近の需要予測，競争相手等その他の要因を綜合し，季節変動指数で割り出したうえ，この売上目標（割当）額の達成率を同年4，5月の実績から85パーセントとし，これと目標額に対する売上高の比率との差およびその金額を算出し，そのうち16パーセントを荒利と見て，これがX_2会社

第1節　従業員の死傷による企業損害についての判例の状況

の損害であると算定したこと，X₁は退院後原店に出勤したものの原団地の外交販売には階段の昇降を伴うので，その仕事には携わらなかったこと，同年8月の目標額の設定にはX₁の申出によりX₁の右のような事情を加味して定められたことを窺うことができるので，右事実から考えると，本件事故後と対比する基礎になったX₂会社原店の同年4，5月の実績の数額上の詳細を知ることはできないし，また原店4名の従業員の業務分担の変更によって運営できる部分とX₁の非代替的技術の占める割合等も明らかでない。そのうえ，目標額の設定，従って達成率を85パーセントと目論んだこと，原店の実績は従業員4名によるものであるが，それをX₁ひとりの実績の如く見ること等その合理性正確性について若干の疑問が残るのみならず，これをX₁の受傷のみに基因するものと断ずるには通常変動を伴う他の諸要因を考えると，躊躇せざるを得ない。このことは同年8月の目標額について考えてみても，X₁の事情を考慮してこれを定め，たしかに前月までに比べると低い数値に止めているが，それでもなお85パーセントの目標率に達していないことからも明らかである。」

【74】　東京地判昭46・8・14 判タ270号376頁，交民集4巻4号1187頁（否定，二重の意味で相当因果関係を否定）

「訴外Aは，10年余に亘り，ゴム原料の販売を業とする訴外B商店に勤務し，**営業部第一部主任の地位**にあった者である。ところでB商店の代表者である訴外Cはゴム原料を半加工するいわゆるバッチ工場を備えた新会社の設立を計画し，昭和43年8月4日自らも発起人の一員となる意図で，7名を設立委員として，設立委員会という名目下会合をもって，協議の結果，X会社の設立が始まるに至ったのであるがその主として開業準備行為を，発起人を補佐・代理して遂行する者として，選出されたのが，Aであった。Aはこの命令を受けると，同種業者の工場を見学するなどして調査をかさねた後，工場となすべき建物と敷地の購入に当面の努力を傾注したのであるが，数カ所の土地につき交渉をもって後，最後には埼玉県下の幸手町および春日部市の2カ所の工場用敷地が候補地としてしぼられてきた。前者は土地にからむ紛争があり，後者は所有者が必ずしも売却に積極的でないという難点があったが，Cは，Aより報告を受けるや，後者の買収に重点を置くよう指示し，これを受けAは，右土地所有者D会社側と売却方につき数次の交渉を重ね，昭和43年9月頃にはDの代表者に売却の決意を固めさせたものの，なお右工場において操業の実権を握り，それ故に敷地の売却についても決定的な権限をもつ訴外Dの会社営業に対する期待あるいは執着から，売却方同意を同年10月頃迄にはうるに至らず，それ故に代金・物件明渡時期等の売買の具体的条件談合までには遅々として至らず，Aおよび同人の本件事故による入院期間中電話等による連絡で不充分な場合はこれに替って交渉に当った前記Cの数回の交渉でようやく同年12月20日売買契約が成立するに至った。このため，X会社は昭和43年9月24日には設立登記を了したものの，操業は予定時期より遅れ昭和44年4月下旬に右土地で開始し，**Aは管理部長として勤務**している。」

「右認定事実によると，Xの工場敷地入手が右認定のような時期となり，操業開始が予定より遅れたのは，売主側が売却を決意するに時を要したためであり，売買契約交渉が代金等の具体的条件の談合にも入っていない時期の昭和43年10月上旬発生の本件事故によるAの入院が売買成立遅延の原因となっているとはとうてい考えられない。従って，本件事故とX主張の操業開

第3章　企業損害 2——従業員の死傷事例——

始遅延にもとづく損害とが相当因果関係にあるとは言い難い。」「それだけでなく、本来自然人に非らざるものに法人格が認められるのは、関与する自然人の算術的合計以上の利益取得能力をかような主体が有しうることを根底に認めうるからにほかならないからであり、従ってかかる法人は、これに関与する自然人が、賃金・報酬等の対価に応じ、法人に提供する対価相当分の給付を受けつつ、法人それ自体の有する利益取得能力をもって、より大なる利益をうることになると解せられるのであるから、法人に関与する自然人が事故等により法人に対する給付をなしえなくなったとしても、それによる法人が蒙る損害は、法人としての人格が変貌をきたさないので、右自然人の給付の対価相当分以上をでることはないはずであり、ただ自然人が即法人であるようないわゆる個人会社の場合は、自然人の事故遭遇により、法人の利益取得能力も毀損されることになるので、例外的に給付の対価分以上の損害を蒙ることがありうるとみるべきであるので、前認定のようなXの従業員にすぎないAの事故による入院をもって、なんら特段の事情の窺われない本件で、X主張のごとき損害と**相当因果関係**をもつ原因とすることは許されない。」「いずれにしても、本件事故とX主張の操業開始遅延にもとづく損害とを、相当因果関係にあるものとはなし難く、その他本件全証拠を検討しても、Xの右損害が本件事故による相当の範囲の損害となる旨の事実を認めるに足りず、従ってその余の事実につき検討する迄もなく、YらはXに対し、右損害賠償義務を負わないことになる。よって、右賠償義務あることを前提とする弁護士費用相当分の請求権も存しないことになり、結局Xの本訴各請求はいずれも理由なく失当である。」

【75】　東京地判昭46・10・30判タ272号353頁（否定，相当因果関係を否定）

「X_1会社は、X_2の受傷のため、X_2の労務の提供を受けることができなくなり、代替員の早急な補充が望めぬまま、処理量が減少し、しかも他の担当者の労働量が増大する結果を招いたため、1名の退職者まで出し、X_1会社としては得意先を失い、金額にして金103万円の減収となった旨主張」する。

しかし、「X_2の職務は若干の技能を要するものの、新制高校卒業の、なんら公的な資格を有しないX_2により遂行されていたものであり、しかもX_2はX_1会社において管理者的地位にまったく就いていない」ので、「X_1会社において人員配置によろしきをうれば、X_2の受傷のため、X_1会社が主張のような損害を蒙ることはなかったものと判断できるので、……X_1会社の損害が本件事故と**相当因果関係**をもつものとは断じ難く、他にX_1会社の主張を証するに足る証拠もないので、X_1会社の損害を本件事故に起因するものとする主張は認容することはできない。」「しかも、X_2は右認定のとおりX_1会社の代表者ではないところ、一般に自然人に非らざる法人という形態が法規上認められるのは、それを構成する人員の総集積値とは異る、これをこえる価値を生む実態を有することを基盤にしてのことで、従って、法人は自然人たる労働者より対価たる賃金相当分の労務の提供を受けつつ、その内在する能力をあわせて、より高い価値を生み出すのであるから、労働者の不就労による損害は、法人としては本来対価たる賃金相当分にとどまるのである。ただ、右のような実態を有しないのに税対策等で法人化したものについては、代表者の不就労が、対価分以上の損害を生む余地は考えられるが、本件においては右のとおり**代表者でもない**X_2**の受傷にすぎず、しかも**X_1

会社として，休業中のX₂に対し，なんら賃金を支給した事実を主張立証していない以上，X₁会社の損害を認めうる余地はないものといわなければなければならない。」

【76】 東京地判昭47・1・24 判時665号68頁，判タ275号237頁　【判例評釈】宮原守男・交通事故判例百選＜第2版＞94頁，宮原守男・判タ279号95頁，好美清光・判タ282号22頁（派生的損害肯定，固有の損害否定，債権侵害の法理で否定）

［X₁への給与支払──肯定］「X₁は本件事故後昭和44年1月9日に至るまで5ケ月間勤務先であるX₂社に出勤せず就労しなかったこと，X₂社は就業規則に基いてX₁の不就労に拘らず右期間の基準内賃金月額3万8,600円……すなわち合計19万3,000円をX₁に支払ったことが認められる。そして，前記第二に述べたX₁の傷害の程度，推移及び治療の経過からみて，X₁は右期間本件事故による受傷のため就労不能の状態にあったとみられる。」「この場合，本件事故の直接被害者であるX₁が受傷により右期間就労不能となったのであるから，右期間の賃金に相当する損害をX₁が蒙ったところ，右賃金が雇傭主であるX₂社から支払われることによりX₁の損害は填補されると同時にこれに相当する**加害者に対する賠償請求権が肩代りしたX₂社に移転**するもの，したがって，X₂社には直接被害者自身の損害と重なり合う範囲において，賠償請求権が認められると解するのが相当である。」「よって，X₂社は被告らに対し右賃金相当額の損害賠償を請求する権利がある。」

［売上減による利益喪失について］「X₂社は，その従業員であるX₁の本件事故による受傷の結果，X₁が事故にあわずに就労した場合に得られたはずのX₂社の利益の喪失をX₂社の損害としてYらにその賠償を請求するのであるが，この請求はこれを認めることができない。その理由は次のとおりである。

本件事故による直接の被害は，X₁の身体に蒙った傷害である。

民法709条は，故意，過失に因る他人の権利（あるいは法的保護に値いする利益といってもよい。）を侵害した場合に加害者に損害賠償の責任があると定めており，本来その権利主体は侵害された権利の保持者（直接被害者）に限られるべきものである。自賠法3条に定める賠償は，受傷者本人等直接被害者本人（ここでは近親者については論じない。）の保護を目的とすることが明らかであり，民法709条の場合に比し賠償権利主体を拡げるべきいわれはない。」「右のように解することは，民法の沿革，字義に合致するのであるが，このように，間接被害者の請求権を原則として否定し，例外的に前記一のような肩代りの場合などに限って肯定する場合実質的に不当な結果を招くとは考えられない。すなわち，現在のように複雑化した社会機構の下では，一個人の死傷はそれに関連のある人や企業，国家その他の存在に影響を与えることがすくなくないのであるが，このような事故による損失波及の連鎖の一部を**相当因果関係**の尺度で把え，不法行為法上の保護を与えるのは法的安定性の見地からみて妥当を欠くところである。そして，企業の場合に限っていえば，その構成員に生ずべき事故を考慮したうえ，それにかかわりなく，その維持を図ることが要請されるし，また可能でもあるというべきである。法的には**使用者の従業員に対する就労請求権**は，その給付内容の特性に鑑み，種々の場合，使用者側に属する事情の有無にかかわらず，そのまま実現することが期待できない性質の権利であって，その不履行に対しても，将来に向って雇傭関係を継続するか否かは格別として，それ自体では，不就労

第3章 企業損害 2 ——従業員の死傷事例——

期間に対応する賃金の支払を免れるに過ぎないのを原則とする。労働者の傷病による不就労は通常企業にすくなからぬ利益の喪失をもたらすのであるが、その損失を労働者に賠償させることはもともと法の予期しないところである。むしろ、現実には、企業によっては、傷病の原因如何に拘らず、労働者の就労不能の間の賃金を支払うものと定めている場合もすくなくない。第三者の過失による従業員の死傷の場合にこれと全く異った立場から考えることはできない。要するに、企業は、その従業員の不時の不就労を予想し、その制約を甘受しながらその労働力の給付を受けているというべきである。」

「あるいは、従業員の傷害につき、債権（受傷者に対する雇傭契約に基く労務給付請求権）の侵害とみる立場もあろう。もとより、当該企業に損害を与える目的でその従業員を死傷させた場合は、当該企業に対する関係で不法行為（債権侵害）が成立することはいうまでもない。けれども、第三者が過失により従業員を死傷させた場合には、債権侵害の法理により使用者を保護することはできない。すなわち、保護法益である債権の面からいえば、前段に記したとおりの制約のある権利である一方、侵害の態様の面からいえば、債権の相対性に鑑み不法行為である債権侵害が成立する要件である侵害行為が特に強い違法性を有する場合に該当しないからである。

よって、X_2社の右請求は、事実関係につき解明するまでもなく理由がない。」

【77】 名古屋地判昭47・3・22判時667号57頁、判タ279号331頁（否定、相当因果関係を否定）

亡Aは高校を卒業して直ぐ給食器機の製作販売等を目的とするX会社に入社し約6カ月後に本件事故に遭い、当時19歳であった。X会社は、「職員喪失による損害」として、「X会社は、本件事故による訴外亡Aの死亡により、その職員1名を失ったが、現今の求人難に鑑みて、右事故の発生した10月という時期においては適切な人材が得られないということから、右の欠員については、事故の翌年4月に新卒者を新規に採用するまでは補充ができなかった」と主張して、101万6,343円を請求するが、裁判所は次のようにこの請求を退ける。

「X会社にその主張のごとき不都合が生じ経済的にはいくばくかの不利益を蒙ったことが認められるが、会社の運営を著しく害される場合はしばらく別として、この程度の被害は現代社会事情の下における企業者として受忍すべきものと云うべく、結局本件事故と右損害は相当因果関係にないものと断じなければならない。」

【78】 鹿児島地判昭47・6・21交民集5巻3号840頁（否定、単なる被用者であるとして相当因果関係を否定）

「X_1は、その使用人であったX_2が本件事故に因る傷害、後遺症によって、少くとも5年間は本件事故前のようにX_1の営業である看板類の製作の外勤受注業務に従事できなくなったことによる受注額1箇月平均148,290円の減少によって、中間利息を控除して3,106,372円の得べかりし純益を得られなくなったと主張し、X_2が昭和42年9月初頃からX_1に雇われ、主として看板類製作の受注の外交業務に従事し、同年10月から12月までの3箇月間に平均月額146,066円の注文を獲得していたこと、X_1が当時X_2の内縁の妻であったX_3の父であることは前記認定のとおりであり、……昭和45年7月22日、X_2はX_3と婚姻し、妻の氏を称することになったことが認められるが、〔証拠略〕によると、X_2がX_1

第1節　従業員の死傷による企業損害についての判例の状況

の営業に従事していた間も，営業に関してはX₂はX₁との雇傭契約によって，前記認定のとおりの賃金の支払いを受ける**単なる被傭者**に過ぎない関係にあったもので，X₁と共同営業主的立場には全くなかったことが認められるのであり，このような被傭者の交通事故に因る稼働障害に基づく使用者の収益の減少と当該交通事故との間には，**相当因果関係はない**ものと解するのが相当であるから，たとい本件事故に因るX₂の受傷によってX₁の営業上の収益が減少したことがあったとしても，X₁の右の営業上の収益の減少を理由とする損害賠償請求は失当であるといわなければならない。」

【79】　水戸地判昭47・12・25判タ298号408頁（否定，相当因果関係はなく，また，通常の損害でもない）

「X₁は，従業員であるその余のX等が本件事故によって蒙った傷害のため既に請負った左官工事の追行が不能となって右契約を解除され金20万円の損害を蒙った旨主張する。ところで，X₁の主張する右の如き損害は，講学上いわゆる間接被害，または企業損害と称されるものであるが，かかる損害は本件の如き従業員の交通事故と**相当因果関係**に立つものとは，到底認めることができないのである。すなわち，元来企業のため人を使用する者と従業員との関係は，使用者に関する限り，従業員から提供された労務を受領し，従業員に対しこれに相応する賃金，報酬等を支払うことに尽きるから，従業員が交通事故によって労務の提供ができなくなったとしても，これによって使用者の蒙る損害は右の**賃金**，**報酬等**に限らるべきものであり（X₁が本件事故によって傷害を蒙った従業員に対し欠勤中の賃金の支払いをなさなかった事実は，前示のとおりであるから，同原告はこの点について

の損害もない。），従って，使用者が右労務を企業活動に利用して利益を追及できなかったとしても，かくの如きは間接的な事柄に属することは明らかであるから，その従業員が企業主体と同視されるような特別の関係ある場合を除き，これをもって使用者が右事故のために蒙った**通常の損害**と目することはできないのである。それならば，X₂原告英次，X₃星井，X₄大石の本件受傷によってX₁に営業上の損害を生じたものということはできないから，この点に関するX₁の主張は，損害の内容について判断するまでもなく失当というほかはない。」

【80】　東京地八王子支判昭53・7・31（富山の薬売り事件），交民集12巻2号347頁
（肯定，判例《86》【81】の第1審判決）

「本件は，要するに，交通事故により被害者（従業員）が稼働できなくなったため，その雇主（個人企業）が加害者に対し，これにより被った企業損害（逸失利益）の賠償を請求する事実であるが，かかる場合，雇主が加害者に対し右損害の賠償を請求し得るためには，被害者に右企業の**従業員としての代替性がなく**，**被害者と雇主（企業）とが経済的に一体をなす関係にある**ことを要するものと解するのが相当である（最判民集22巻12号2615頁参照）。」そこで，これを本件についてみるに，……次の事実を認めることができる。

「Xは，甲薬品商会の商号で，従業員数名を使用し，東京都及び淡路島一円において，医薬品の配置販売を業とするもの（いわゆる富山の薬売り）であるが，昭和25年創業以来，従業員のAを淡路島地区における配置員として右販売に従事させていたところ，Aがこの業務に従事中，本件事故にあい，稼働できなくなってしまったため，以後少くとも昭和51年2月始めまで，A

第3章　企業損害 2——従業員の死傷事例——

の担当業務を中断するの余儀なきに至ったこと。Xの営む右医薬品の配置販売とは、X又はXの雇傭する配置員が、原則として年2回、即ち冬と夏の2回にわたり、薬箱を携帯して、自己の担当区域内の各顧客を戸別訪問し、X主張のような置薬の調査、使用ずみの薬代の集金及び置薬の補充並びに新薬の配置等をするものであるが、右業務は、まず顧客との面識を前提とし、次いで長期間且つ継続的な顧客との信頼関係を基礎とするものであるので、配置員は常に顧客の家族構成及びその健康状態を諒知したうえ、単に顧客の健康相談のみならず、場合によっては結婚、就職等の家庭相談にも乗ってやることが必要であって、根気と誠実と親切とが特に要求されるものである外、広範囲を戸別販売する関係上、営業の能率を上げるため、配置員は顧客の住所及び職業は勿論、その支払ないし家計の責任者の都合等も考えて、訪問の順序、道順及び日時等を適切に決定しなければならないので、長年ある区域の販売を担当し、顧客と強い信頼関係に結ばれ、且つ右のような合理的業務の遂行に熟達した配置員に事故ある場合は、第三者は勿論、雇主といえども、**著しく代替困難**であること。ところで、前示Aは、本件事故にあうまで、24年間継続して淡路島地区における配置員を担当し、その親切、誠実な人柄及び根気強さから顧客の強い信頼を受け、且つ前示のような業務の遂行にも熟達していたので、同地区においては、**余人を以て代え難い**、正にXの片腕ともいうべき存在であったこと。右Aは、本件事故以前、毎年、X主張のような冬廻り期間及び夏廻り期間の2回にわたり、淡路島地区における約1,200戸の顧客に対し前示配置販売をしていたが、本件事故にあうことなく例年どおり右業務に従事したとすれば、昭和49年度冬廻りはなお28日間、同年度の夏廻りは約60日間、昭和50年度は冬廻り及び夏廻りを通じて約

112日、合計約200日間右業務を遂行することができたものであるところ、Aの本件事故当時における1日の平均売上額は金1万7,655円であったから、Xは本件事故により、少なくとも合計金353万1,000円の得べかりし売上額を失ったが、その後昭和51年2月5日から同年7月12日までの間、Xの従業員BがAの担当区域内の各顧客を巡回して、本件事故以前Aが配置した薬品の使用ずみ分の代金の一部金125万5,155円を集金したので、結局、Xの喪失した得べかりし売上額は金227万5,845円となったこと。また本件事故当時におけるXの本件配置販売業による売薬の平均利益率は売上額の約16・4パーセントであったこと。従って、Xは本件事故により少なくとも金37万3,238円の得べかりし利益を失ったこと。」が認められる。

「以上認定の事実によれば、本件事故の被害者Aは、医薬品の配置、販売業者であるXの従業員として、Xの営む事業の性格及び規模、その業務遂行の形態、その他諸般の事情に照らし、**代替性がなく、経済的にAとXとは一体をなす関係にある**ものというべく、かかる事実関係のもとにおいては、本件事故（即ち、YのAに対する加害行為）とAの受傷によるXの利益の逸失（即ち、前示金37万3,238円の損害）との間には相当因果関係があるものと認めるのが相当である。」

【81】東京高判昭54・4・17判時929号77頁、交民集12巻2号344頁（富山の薬売り事件。否定。判例【80】の控訴審判決、判例《86》の控訴審判決。Yより控訴。否定、通常生ずべき損害とはいえない）

Yから控訴がされ、裁判所は第1審判決を取り消し、Xの請求を棄却する。

「X〔＝被控訴人〕は昭和25年から所轄官庁

第1節　従業員の死傷による企業損害についての判例の状況

の許可をえ，その監督の下に，高山薬品商会の商号で個人企業として，淡路島一円において3名，東京において1名の従業員を使用して医薬品の配置販売業を営み，自らも淡路島の一地区を担当して配置販売をしていた。右販売業は，X及び配置販売員……が，原則として，毎年1月から3月までと7月から9月までの2回にわたり長期滞在宿泊の上，各人に定められた各担当地域につき，その地域内の顧客先を，自動二輪車に医薬品を積んで戸別訪問し，置薬の調査，点検，使用済の薬代の集金，置薬の補充，新薬配置などを行う。右業務は，取扱うものが医薬品であって顧客との間に長期的継続的な信頼関係を基礎とするため，単に右配置業務を行うに止まらず，これを円滑に行うには，配置販売員が根気よく顧客の健康についてはもとより婚姻，就職その他生活全般について誠意をもって相談にあたることが求められ，各担当地域も広範である上必ず一家の財布を預る者との面接が必要なため顧客の住所，職業，家族構成，代金支払可能な時期，在宅時間，道順の遠近など諸種の事項を考慮の上能率的な最良の方法を考慮決定する必要があり，長年の販売経験で各人特有の販売技術ができていた。そして，Aは，創業以来の配置販売員で，淡路島のうち洲本市の一部，一ノ宮町，沼島などの担当地区内約1,200戸の顧客との間には，その親切で誠実な人柄，根気強さから絶大な信頼関係があり，配置販売業務に高度に熟練していた。」「AはXの従業員であるが，格別Xから包括的代理権を与えられているわけではなく，その集金した代金は，すべて，A個人の金銭と区別して管理し，Xの営業上の収入に計上し，AはXから給与……の支払を受けていた。」

「事業の経営者は，通常，事業に従事する者が不時の災害を受けても営業に支障を生じないようあらかじめ担当者の配置換，あるいは後任者の養成など種々対応策を講じておくべきであり，その事業または従業員の職種が特殊の高度な専門的知識や長年の経験を要する場合において，経営者がその従業員により継続的な営業を維持しようとするときは，なおさら右の要請は強いといえるのであり，事業はその従業員が**余人をもって代え難い者**であればある程その者の事故に伴ない停滞し，あるいは困難となる危険が大きいが，その危険の除去は，その危険があるのにそのような継続事業をしようとする経営者の責任であるというべきである。したがって，本件において，「企業の従業員としての代替性がないこと」をもって**相当因果関係存在**の一つの判断基準とするのは相当ではない。また，経営者がこの点につき万全の方策を講ずるかぎり，従業員が事故により事業に従事できなくなっても，右方策に従い直ちに他の者を補充し事業に支障を生じさせないことができるから，経営者がその対応策を講ずることを怠り，従業員が交通事故で従事できなくなり事業上の損害を生じたとしても，そのような損害は交通事故の加害者において**一般に通常予見可能**であったということのできる損害とは認め難いといわなければならない。したがってXの主張する営業上の損害は，一般の社会通念からみれば，他に特段の事情の認められない限り，本件Aの受傷事故から**通常生ずべき損害**とは認められないというべきである。」

そこで，本件において，特段の事情があるかについて検討する。

「Aが淡路島担当地区の医薬品配置販売員として高度に熟練した販売技術を有しており，本件事故当時に直ちに同等の能力を有する後任者の補充は事実上困難であったとはいえるけれども，AとXとは別個の自然人で形式上も実質上も別個の人格を有するもののみならず，前記1認定の事実によると，AはXと別個の経済生

第3章　企業損害 2──従業員の死傷事例──

活を有し，営業に関しても，その収入を峻別していて混同しておらず，Aの休業補償とXの営業上の損害とはその性質，内容はもとより実質上の帰属主体をも異にするものであって，AとXとの間には経済的一体性を肯認することもできない。」「さらに，本件事故の損害賠償としてAはすでにYから金1,038万1,922円を受領しその間の紛争は解決ずみであ……り，Yとしては本件事故による損害賠償としては十分にその責任を果しているものというべきであり，Xの営業上の損害についてその賠償義務を否定しても，前記各説示の点からみて，公平に反するものとすることはできず，他にXの営業上の損失を賠償させるべきであるとするような特段の事情も存在しない。」

なお，本件はXにより上告され，最判昭54・12・13交民集12巻6号1463頁は，原審判決を正当として上告を棄却する。特別の理由は述べられていない。

【82】　大阪地判昭54・6・28判時957号88頁
　　（否定，予見可能性を否定し，相当因果関係を否定）

［事実関係］　AはX雇用の従業員であるが，X車に同僚のB，C，Dの3名を同乗させて同車を運転中に，Y運転の車と衝突し，従業員が負傷した。Xは次のように主張してYに損害賠償を請求する。

「Xは本件事故当時，甲工業という商号で従業員として前記のA，B，C，Dの4名を雇用し，訴外乙建設から鉄骨の加工，組立工事を下請し，当時，丙スポーツ，丁堂，戊市場の各建物の鉄骨工事に従事していた。しかし，本件事故によりX車に乗車して乙建設の工場から丁堂の建築現場に向かっていた前記のAら4人の従業員が全員重傷を負ったために，他の同業者に応援を

依頼して前記の三工事を進捗，完成せざるをえなくなり，Xは右工事を合計1,771万5,000円の報酬額で乙建設から下請していたが，それを212万500円超過する金員を応援業者に支払わざるをえなくなり，かつ，通常報酬額の10％と見込まれる純利益177万1,500円も失った。したがってXは，本件事故により合計389万2,000円の損害を被った。」

［判旨］「Xは本件事故当時木原工業という商号で従業員としてA，B，C，Dの4名を雇用して乙建設から鉄骨の加工，組立工事を下請し，丙スポーツおよび丁堂の各鉄骨組立工事に従事し，右事故当時前者の進捗度は20％位，後者のそれは90％位であり，戊市場の同工事にも近く取りかかる予定であったこと，本件事故によりAは昭和53年4月24日まで入院91日，通院実治療日数97日を要する顔面打撲挫創，口腔内挫創等の，Bは同年12月6日まで入院283日，通院同日数13日を要する頭部打撲裂創，左大腿，下腿骨開放性骨折等の，Cは同年8月ころまで入院121日，その後通院治療を要する顔面打撲挫創，口腔内挫創等の，Dは約6か月の安静加療を要し，相当期間入院を要した左大腿骨折等の傷害を被って就労不能になり，やむなくXは丙スポーツの工事は……同業者に応援を依頼して完成させ，応援業者に合計1,287万0500円支払い，右は同工事の請負額1,075万円を上回るものであり，丁堂の工事は元請の乙建設が引次いで完成させたが，Xはそのため当初の請負額75万5,000円から10万円を差し引いた報酬額しか支払を受けず，また請負額621万円の戊市場の工事は下請を断念せざるをえなくなったことが認められる。」

「しかし，本件事故により，XはAら4名が受傷して就労不能に陥り同人らに対する雇用契約上の労務給付請求権を失い，その給付によりもたらされる利益を失ったうえ応援業者に対し余

分の支払をして損害を被ったとしても，右の逸失利益等の損害は本件事故から**通常発生が予測される損害**とはいえず，**特別の事情に基づき発生した損害**であり，右事故発生のときYらにおいて右事情の存在を**予見しまたは予見することができた**と認めうる特段の証拠もなく，かつ当事者間の損害の公平な負担の見地からも前記損害は被告ら加害者側の負担とすべきものと認めるのは相当でないので，仮にXが右損害を被ったとしてもそれは本件事故と**相当因果関係がある損害と首肯するには十分でない**と思料される。」

【83】 大阪地判昭54・7・31交民集12巻4号1083頁（否定，経済的同一性を問題としこれを否定）

「Xは，本件事故による直接の被害者ではなく，直接の被害者である訴外A，同B両名（**X方従業員**）が受傷しかつX方作業車が大破してXの請負工事が不可能になった結果，Xが利益を逸失し損害をこうむるに至った，という意味での間接の被害者にすぎない」。「Xは，右の間接の被害者であることを前提としつゝ，さらに進んで，Yらに「**本件事故によりXの右請負工事が不可能になったこと**」に対する予見可能性が存したこと，AB両名および作業車に代替性が存しなかったこと等を根拠に，Xの損害（前記請負工事が納期に間に合わず，Xが発注先より請負契約を解除されたことに基く損害）は，本件事故と相当因果関係の範囲内にあるとの理由で，Yらに対し損害賠償請求権を有する旨主張する。そこで最初に，この点について検討する。

当裁判所は，そもそも，X主張のような，単純なる相当因果関係説ともいうべきもの（すなわち，間接の被害者に相当するXに対して損害賠償請求権を付与すべきか否かを，単に，損害賠償の「範囲」の問題として把え，専ら，本件事故の発生と前記訴外人両名の受傷・作業車の大破，ひいてはXの損害との間に，相当因果関係が存するか否かを探求すれば足りるとする見解）は，これを採用しないものである。その理由は，次のとおりである。すなわち，当裁判所としては，いわゆる**相当因果関係**の理論は，加害者の予見可能性をかなり緩やかに認めている現在の交通事故訴訟における傾向を考慮に入れたとしても，あくまで，同一の損害賠償請求権者における損害賠償額の範囲を拡張するための理屈にとゞまり，損害賠償請求権の主体（権利主体）を，直接の被害者から間接の被害者にまで拡大するための理屈としては機能せず，権利主体を拡大するためには，「別個の理屈」を要するものというべきである，と考える。

尤も，Xは，不代替性云々の点に照らすと，右「別個の理屈」の一つである**経済的同一体説**（すなわち，直接の被害者である前記訴外人両名と間接の被害者である原告との間に経済的同一体の関係が存する場合には，例外的に，間接の被害者であるXに対しても，損害賠償請求権を認めてやるという見解。最高裁判所昭和43年11月15日判決も，単純なる相当因果関係説というよりも，むしろ右の経済的同一体説に近いものと考えられる。）を独立に（第二次的に）主張しているかのようにも見えないではないが，仮にそうであるとしても，Xの主張によれば，直接の被害者であるAB両名と間接の被害者であるXとは，単なる**被用者（従業員）**とその雇主との関係にすぎないことが明らかであるから，結局，**Xは，いまだ，経済的同一体説の要件を充足するに足る事実を主張するまでに至っていないもの**，といわざるを得ない。」

第 3 章　企業損害 2 ——従業員の死傷事例——

【84】 大津地判昭 54・10・1（慰安旅行バス事故事件）下民集 30 巻 9〜12 号 459 頁，判時 943 号 28 頁，判タ 399 号 74 頁，交民集 12 巻 5 号 1355 頁　【判例評釈】西井龍生・西南学院大学法学論集 15 巻 4 号 133 頁，石外克喜・判例評論 257 号 158 頁，潮海一雄・法律時報 52 巻 11 号 124 頁（肯定判例 【90】の第 1 審判決　肯定――経済的一体性はないが，企業の人的組織の侵害として肯定）

　[事実]　Xは，秋の慰安旅行として，伊豆・箱根旅行を企画し，昭和 47 年 11 月 23 日Xの従業員等 10 名，その家族 9 名，前記人夫親方 1 名，人夫親方の家族 2 名，甲電従業員 2 名が参加して，観光バスに乗り下田を出て被告管理にかかる東伊豆有料道路で，突然道路の山側から重さ約 2.3 トンの岩石が自然落下し，右バスの右最前部を直撃したため，同バスは横すべりして約 15 メートル下の伊豆急行電鉄線路わきに転落大破した。この転落大破により，前記 24 名の乗客及びバスの運転手，ガイド各 1 名，添乗員 1 名の 27 名中 6 名が死亡し，その余の 21 名全員が重軽傷を負った。
　本件事故によりXの従業員等 15 名中 2 名が死亡し，8 名が重傷を負い，この結果，Xにおいては現場における電気工事担当者が全員死傷したことになり，Xの唯一の業務たる電気工事は全く遂行できなくなった。また事務作業についてはA及び女子職員 4 名が健在であったものの，事務作業について最終決定権を有するBを欠いたため事実上遂行不可能となった。このためXは，本件事故のあった昭和 47 年 11 月 25 日以降昭和 48 年 5 月までは一切の工事を受注できず，その対外的営業活動の停止を余儀なくされた。しかしながら，Xの従業員等は，医師からなお「安静」「休業」を求められている状態でありながら，会社再建のため，あえて受治療を打ち切って復職した。なお，甲電担当者は，Bが回復しない限り，Xに対する工事発注を再開しない意思を表明していた。
　[従業員等の死傷]　「Xが本訴でYに対して賠償を求める損害は，Xの従業員等の死傷の事態に由来してXに生じた損害であるところ，Yの前示示の責任の原因となる行為が死傷したXの従業員等に対して成立していることを理由とする限りにおいては，Xは，まず，いわゆる間接被害者の立場で損害賠償を請求しているものと考えられる。したがってその損害は，いわゆる肩代り的損害（反射的損害）と固有の損害の両者に大別してその要賠償性を検討するのが相当である。しかして，①肩代り的損害は，直接被害者が加害者に対して請求するならば当然に認容されるであろう損害につき，第三者が加害者の代りに被害者に支払った場合に，第三者から加害者に求償を求める際に登場するものであり，本件ではXがCの葬儀費として主張する損害等の一部の損害が一先ずこれに当るものであるが，かかる損害の賠償請求は，衡平の理念からも実益からも間接被害者である右第三者の請求を認めて差支えがないものと考えられる。②これに対し，固有の損害は，直接被害者からの請求としては認められない損害で，本件ではXが主張する損害の大部分が一先ずこれに当るものであるが，その要賠償性については，例外的に間接被害者からの慰謝料請求権を認める規定をおいてはいるものの，権利者を一般的に直接被害者に限定してはいないわが民法の不法行為の規定の体裁を根拠に，賠償権利者の範囲の問題も，要賠償の損害の範囲とともに，保護すべき範囲の確定の一内容として，すべて相当因果関係の判断に依拠させる見解が成り立つ。しかし，この見解を適用して結果は，法的安定性を著しく

第1節　従業員の死傷による企業損害についての判例の状況

害するとともに，加害者に過大な責任を負わせることになる（とくに交通事故において間接被害者が企業の場合）からこの見解を採用することには躊躇せざるをえない。すなわち，明文はないけれどもわが民法の解釈としても賠償権利者たり得るのは，原則として，**直接被害者のみ**であると考えるのであるが，ただそのように間接被害者の請求を例外なしに排斥するとなると，わが国においてすこぶる多く見られるところの個人経営の企業が，様々の理由から実態に変化のないままに法人成りしたため，実質的に個人と法人とが同一である場合にも，法人名で損害賠償を受け得ないこととなり，それが取引社会の実情にそぐわないことは明らかであるから，不法行為の被害者の救済を実効あらしめるため，この場合に例外を認めることは，必要やむをえない措置と考えられ，最高裁判所……同43年11月15日の判決の趣旨に従い，間接被害者である右個人会社の損害（間接的企業損害）の要賠償性を肯定すべきものと考える。」

③「他方，Xは，Yの前判示の責任の原因となる行為が株式会社であるXの企業を構成する人的組織を直接侵害するところより，本訴請求の損害が生じたものと主張しているものとも考えられ，その限りにおいては，Xは，直接被害者の立場で損害賠償の請求をしているものということになる。ところで，企業は，企業を構成する個々の財産，個々の役員ないし従業員との間の委任ないし雇傭等の個別的契約関係の単なる集積ではなく，かかる人的，物的要素を統合し，取引社会で活力を有する有機体であることはいうまでもなく，したがって，企業の取引社会内における存在（組織）及び活動そのものに対する法的保護は，この点における企業権ないし営業権の法的構成に種々論議の分れるところではあっても，企業を構成する各個の人的，物的要素に対する法的保護とは別個に，考慮され

る必要があり，右論議もこの必要性を根拠付けるものでこそあれ，これを否定するものでないことは明らかである。ただ，法的保護の対象となる企業の組織及び活動そのものは，所有権や自然人の人格権のように，これに対する侵害が当然に違法と評価されるほどに明確かつ強固なものとはいえない。したがって，個々の企業に対する侵害の具体的場合につき，右企業の組織及び活動の内容，侵害の態様，被害の内容及び程度等を総合的に勘案し，損害の公平妥当な負担の見地から，右侵害行為の違法性の有無を判断し，**違法性ありと判定された場合**に，右違法の侵害によって生じた企業の損害（「企業損害」の用語が間接被害者としての企業の固有損害を指すものとして使用されるのが通例であるから，これと区別する必要上，直接被害者としての企業の固有損害を以下「直接的企業損害」ということとする。）の要賠償性が肯定されるものと考えられる。」

3　よって，以下，右の各見地に立って，Xの主張する損害の要賠償性を検討する。

［肩代り的損害——否定］「Xが本訴で賠償を求めている各損害の主なるものは，いずれもXが従業員等の死傷したことにより影響を受けたと主張する期間の損害を，事業年度ごとに，逸失利益，維持管理費としてまとめて主張するだけで，右死傷の従業員等につき個別具体的な主張，立証をしていないのであるから，右従業員等にかかる肩代り的損害についてはこれを認める余地がないものといわなければならない。」

［固有の間接損害（（間接的）企業損害）——否定］「Bの個人企業が法人成りしてXとなったのは，法人組織の方が対外的に信用度が高いという甲電の意見があり，またBらにおいて法人組織の方が，個人企業より格好が良いだけではなく，甲電との取引において，個人企業であればBに万一のことがあった場合取引が断絶す

第3章　企業損害2──従業員の死傷事例──

るが、法人組織にしておけばBに代る者が甲電との取引を継続できると考えたことによること、Xの役員は、設立当初より事故直前まで代表取締役としてB、取締役としてBの父訴外D及びE、監督役としてCが就任し、取締役会は、年に1回配当を決める際などに開き、年1割5分の配当を定め、Bと親族関係のない株主には現実に配当金を交付していたこと、以上の各事実が認められ、他に右認定を覆すに足りる証拠はない。」

「右判示の各事実によると、Xは、その代表者であるBの個人的色彩の濃い会社であることは明らかであるけれども、XがBの個人会社としてBにX会社の機関としての代替性がないほどにXの実権が集中していたものとも、まして経済的にBとXが一体をなす関係があったものとも評価することはできない。Xの従業員等のうちB以外の本件事故による死傷者等が、Xとの間に、経済的一体性、会社機関としての非代替性等Xのために固有の間接損害の要賠償性を肯定できる特別の関係のなかったことは、右判示の各事実より明らかである」。

「そうすると、Xには、その主張する損害をX固有の間接損害としてYに賠償を求め得る要件を欠くものといわなければならない。」

[直接的企業損害──肯定]

1　被侵害利益とその侵害の違法性　「Xは、その営業活動を、6か月間ほぼ全面的に停止することを余儀なくされるとともに、その後も営業活動に支障を生じたものであるから、Xは、本件事故によりその人的組織が全体として、破壊されたものということができる」。「Xの本件事故発生後6か月間のほぼ全面的な営業活動の停止は、その後の営業活動上の支障とともに、本件事故によるものといわざるをえない」。「Xが本件事故により人的組織を全体として破壊されたことによりXに生じた損害は、6か月間のほぼ全面的な営業停止より生じた……700万円の額を上廻るものである」。「Xが本件事故により損傷を受けたその人的組織は、Xの存立及び営業活動にとって不可欠のものであることはいうまでもなく、右人的組織全体が維持されて良好に機能することにつき有するXの利益が、右組織を構成する各構成員とXとの間の個々の契約関係とは別個に、法的保護の対象となるものとみるべきことは、前記二の2に判示の理由から肯認できるところ、前項に列挙したとおり、本件事故により受けたXの人的組織の損傷の程度が広汎かつ深刻であったこととのため受けたXの営業活動上の打撃がXの企業規模との関係で甚大であった反面、原因惹起者であるYが法律上無過失責任を負担するものであるうえに、右原因である本件道路の管理の瑕疵がその態様及び程度において尋常のものでなかったこと等に徴すると、右瑕疵によるXの前記利益の侵害は、右利益の特殊性を考慮に入れてもなお、それより生ずる損害を無填補で放置せられるべき性質のものとは評価しがたく、したがって右利益侵害の違法性とともにそれより生ずる損害の要賠償性が肯定されるべきものというべきである。」

[損害との因果関係および損害額]

(一)　逸失利益　Xの右6か月間の得べかりし純利益の喪失額は、431万3,482円となる。

(二)　維持管理費

(1)　「一般に企業が営業活動を停止させられたことによって蒙る損害の額は、その企業の基準時の売上高から基準時の経費額を控除した残額である基準時の利益額（Xのいう逸失利益に相当）だけで満たされることがない。けだし、営業活動の停止の事情があるにもかかわらず、企業としての存続を容認して、その損害の補填を図ろうとする限り、企業の支出する経費のうち営業活動の有無に拘わりなく企業の存続に不

第1節　従業員の死傷による企業損害についての判例の状況

可欠な経費及びこれに準ずる経費は，これとその余の経費（営業活動に伴う経費）の合計額がその企業の基準時の売上高を超過しない限度で，補填されなければならないからである。Xが損害として主張する維持管理費の性格は，この趣旨のものとして是認することができる。」

（2）「しかして，X主張の維持管理費中，期間の点については，逸失利益について判示したのと同様の理由により，前記6か月間についてはこれを認めることができるけれども，その後の分については企業活動低減の程度を確定しがたいところであるから，これを認めることができ」ない。

結局，YがXに対して負担した本件事故による損害賠償責任における要賠償損害額は，769万2,821円である。

【85】　山口地下関支判昭54・10・12交民集12巻5号1408頁（個人営業──一部肯定）

個人営業の事例であるが，Xが2人の運転手を雇い鮮魚運搬業を営んでいたが，**2人の運転手が交通事故で負傷し，事業に支障が出て結局廃業した事例。**

［鮮魚運送の業務不能による損害］「1　Xは，本件事故当時，2人の運転手を雇用し，車両2台を保有し，自らも運転に従事して鮮魚運搬業を営んでいたが，**本件交通事故の結果2人の運転手が傷害治療のため同年11月末まで入院し車両の運転に従事することができず，かつ，代りの運転手の雇い入れが手を尽しても不可能であったため，同年8月，9月の両月は業績が全く不振**であった。

2　Xの同年4月ないし6月の事故直前3か月間の営業収入は，4月145万6,825円，5月141万5,670円，6月128万7,500円の合計415万9,995円であるから，その1か月平均は138万6,665円である。そして，売上の50パーセントが利益であるので，Xの右期間内の1か月の平均利益は69万3,332円である。

3　しかるに，Xの同年8月，9月の2か月間の売上は，8月47万5,000円，9月49万9,600円の合計97万4,600円であり，従って，その間の利益は48万7,300円であった。そのため，原告は，右2か月間において89万9,364円の損害を被った。」（請求認容）

［鮮魚運搬業務の廃止に伴う損害］「Xは，本件交通事故のため同年10月営業廃止の止むなきに至りそのため更に損害を被った旨主張する。成程，X本人尋問の結果（第1回）によると，Xは同年10月末ころから本件事故関係以外の負傷もあって，それやこれやで結局倒産して営業廃止の止むなきに至った事実が認められる。しかしながら，右尋問の結果によると，被害車両の修理も事故後20日以内にはでき上がっていることが認められる。そして，通常本件事故程度の被害によって一般の運送業者が必らずしも営業廃止にまで追い込まれるものではなく，事故後2か月もあれば新規運転手を雇い入れるなりあるいは他の代替手段を講ずるなりして**営業を継続して行くことが可能である場合が多い**と考えられる。それ故，Xの同年10月における**倒産は何らかの特別事情に基づくものと推認され**，Xとしては，同年10月における営業廃止に伴う損害を本件交通事故による損害としてYに請求することはできないものというべきである。」（この部分は請求棄却）

《86》　最判昭54・12・13交民集12巻6号1463頁（富山の薬売り事件。否定。判例【80】（第1審判決），【81】（控訴審判決）の最高裁判決）

［Xの上告理由］　原告側から，次のように上

間接被害者の判例総合解説　　**105**

第3章　企業損害 2——従業員の死傷事例——

告がされる。

「ところで，右「経済的一体性」なる要件は前記最高裁判決で示された一要件であるが，原判決が認定する「経済的一体性」の判断は，徒らに法的主体の個数，或は経済生活の個数に重点を置くものであって，前記最高裁判決の解釈を誤まりひいては右判決に違反するものである。」
「即ち，事業主とその従業員とがそれぞれ個別に経済生活を営むとしても，各人が事業にどのような形態で関与し，事業を遂行し，右事業による経済的利益をあげているか，その実態を直視すべきであって，単に形式的に法的主体の個数経済生活の個数に着目しているわけではない。」「上告人と山谷はいわゆる富山の薬売りといういわば前近代的な業務に従事して，原判決で認定した事実の如く，上告人が仕入れた配置薬を山谷が永年築いた信用と経験のもとで初めて，右「薬売り」の仕事ができるのであっていわば近代的な店舗をもうけて販売する薬売りとは大きく異なるという特殊性が存する。」「上告人と山谷との関係は総合してみれば両人あいまって1つの営業主体というべきものであって決してこれを分割してみてもこのような特殊かつ前近代的事業の本質をつかむことはできないものであり，まさしく本件のような場合こそ，経済的一体性があるというべきであり，またここに「特段の事情」が存するというべきである。これを否定して，上告人の損害が救済されなければ，上告人の如き零細事業者の損害は全く回復されず不法行為制度の趣旨である公平の観念にも大きくもとるものというべきである。以上の如くこの点においても原判決は前記最高裁判決に違反し民法709条の解釈を誤まれるものである。」

[判旨]　しかし，次のように最高裁は上告を棄却する。

「所論の点に関する原審の事実認定は，原判決挙示の証拠関係に照らして首肯するに足り，右事実関係のもとにおいて，上告人の本訴請求を棄却した原審の判断は正当であって，原判決に所論の違法はなく，所論引用の判例は，事案を異にし，本件に適切でない。論旨は，ひっきょう，原審の専権に属する証拠の取捨判断，事実の認定を非難するか，又は独自の見解に基づいて原判決の不当をいうものにすぎず，採用することができない。」

【87】宇都宮地判昭54・12・21 交民集12巻6号1651頁（否定，一体性を否定）

「X会社の昭和51年2月の売上高は金203万8,125円，同年3月の売上高は金196万9,700円，同年4月の売上高は金121万1,794円でその1か月の平均売上高は金173万9,873円であるところ，同年5月の売上高は金33万9,874円であって右平均売上高に比して金139万9,999円低く，また同年6月の売上高は金58万7,215円であって右平均売上高に比して金115万2,658円低かったこと。

右認定事実によれば，昭和51年5月および6月の売上高が減少したことは，訴外Aが本件事故による受傷の治療のため就労しなかったことに起因することが推認できる。

ところで，交通事故の直後の被害者に生じた精神的，物質的損害とは別に，その被害者の勤務する会社が加害者に対し，被害者の就労不能に伴う損害を請求し得るのは，被害者とその会社とが社会的，経済的に同一体の関係にある場合に限り許されるべきものであり，換言すれば，いわゆる個人企業（会社）であって，その経済成績が個人（被害者）の手腕活動に依存するとともに，その企業利益が即個人（被害者）の利益と目されるような関連性，一体性の認められる場合に限られるものと解するを相当とする

第1節　従業員の死傷による企業損害についての判例の状況

（最高裁判所昭和43年11月15日判決，同裁判所民事判例集第22巻12号2,614頁参照）。本件についてこれをみるに，前記認定の事実関係をもってしてはいまだAとX会社との間に右のごとき一体性があることが認められず，また他にこれを認めるに足る証拠はない。したがって，Xの請求は理由がないといわなければならない。」

【88】 東京地判昭55・4・28 交民集13巻2号521頁（否定，間接被害者を理由に否定）

[事案]　Xはスナック「甲チャン」を経営し，AおよびBをホステスとして雇い入れた。Y_1は自己の過失により，交通事故を発生させ，同乗していたAおよびBを負傷させた。その結果，AおよびBは，8月15日から9月10日までの間，前記スナックで勤務することができなくなった。そのため，Xが，スナックにおいても，客はある程度店の女性を目当てに通ってくる状態にあるが，この事故によりAおよびBの就労を受けられないため，Xは，前記スナックを**一時期閉店**せざるをえなくなったとして，①休業中の逸失利益（43万円），②再開店後の利益減少額（90万円），③信用失墜および名誉毀損による慰謝料（32万7,600円）などをY_1および その使用者Y_2に対して賠償請求をした。

[判旨]　裁判所は次のように判示してXの請求を棄却する。

「Xは，要するに，雇い入れたA及びBの負傷による不就労のため，営業上の売上減少等の損害を被ったとして，加害者たるYらに右損害の賠償を請求しているのであるから，Xは，いわゆる間接被害者として損害賠償を請求しているものと解される。」「ところで，いわゆる間接被害者の損害賠償請求は，**間接被害者に損害を与える目的**をもって，その従業員に対して加害行為をなした，といった**特段の事情**のないかぎり，原則として認められない，と解するのが相当である。けだし，間接被害者の損害賠償請求を肯定すれば，取引関係が複雑に連続・牽連しあっている現代社会において不法行為責任成立の限界を画することが不可能となり，人の社会的行動についての予測可能性や計算可能性を破壊することになるからである。」

「これを本件についてみるに，Y_1がXに損害を与える目的でA及びBに対して加害行為をなした，といった事情の主張・立証はないから，Xの間接被害者としての損害賠償請求は，その余の点について判断するまでもなく，理由がない。」

【89】 名古屋地判昭55・9・26 交民集13巻5号1203頁（判例【91】の原審判決。肯定，特段，間接被害について意識した議論がされていない）

[クレーン車の運転をめぐる損害]　「(一)　X会社は昭和50年12月11日クレーン車を運転手付きで建設業者等に一定の時間又は期間を単位として賃貸することを目的として設立された会社であり，設立当初はクレーン車2台と運転手2名で発足し，その後事業が拡大するにつれ，クレーン車，運転手ともにふやし，本件事故発生当時はクレーン車5台，運転手は訴外Aを含め5名（但し内1名は運転免許停止中のため，同人の代りにたまたま他会社でストライキにより休業中の運転手1名を臨時に雇い入れたものである）を擁していたが，もともとX会社は小規模の企業であるとともに営業形態が前記のとおり運転手付きでクレーン車を賃貸するというものであるため，その運転手が事故等で欠勤することになると，当該クレーン車を運転できる運転手を他から雇い入れるか，それができない場

第3章 企業損害 2——従業員の死傷事例——

合には，必要に応じて運転手付きクレーン車を傭車として雇い入れ営業を継続せざるを得なかった。

（二） ところで，X会社はB建設株式会社と契約して，X会社の15トンのクレーン車を運転手付きで右B建設に賃貸し，昭和52年12月15日から右クレーン車1台が，昭和53年1月12日からは同じく2台のクレーン車が同会社の甲作業所に出向いて稼働することになり，当時他の工事場でクレーン車を使って作業していたAは右2台の内の1台として同年2月1日以降同月4日まで本件クレーン車をもって右作業所における作業に従事していたところ，翌5日Aが自家用の前記普通乗用自動車を運転して右甲作業所に赴く途中，本件事故に遭遇したため，右同日以降同年7月20日まで前記傷害のため本件クレーン車を使用しての作業に従事することができず，Aは同日付をもってX会社を退職したが，Aが受傷した後は，X会社は賃貸人としての責任上，本件クレーン車の代わりにX会社内でやりくりして他のクレーン車を出向かせるか，または他から運転手付きのクレーン車を傭車の形で雇い入れて右甲作業所の仕事にあたってきた。もっとも，X会社が傭車の形で雇い入れた場合には，**高い料金を支払わざるをえないため，X会社としては殆ど利益をあげるまでには至らなかった。**そして，Aが受傷して本件クレーン車が稼働できなくなった同年2月5日以降2台のクレーン車が前記甲作業所で作業したのは同月28日までの21日であった。

（三） そこで，X会社はAが受けた傷害のため，しばらくの間本件クレーン車を稼働させえないことが予想されたので，その交代要員として昭和53年2月13日から同月15日までと同年4月3日から同月5日までの間計6回にわたって新聞広告をしてクレーン車運転手の募集をし，その間，Aの代わりの運転手としてCなる運転手1人を雇い入れたが，同人は技術未熟のため従前Aが運転していた本件クレーン車の運転に従事させることができず，結局のところ，Aが退職するまでの間，本件クレーン車に適当な運転手を採用することができず，**その間本件クレーン車を稼働させることができなかった。**

（四） しかして，X会社が前記B建設に対し，運転手付きで15トンのクレーン車を賃貸する場合の契約内容は，1時間当りの賃料金3,800円で，1日の作業時間を8時間とし，なお甲作業所が名古屋市外にあるためクレーン車の回送費分として，作業時間を1時間加算して計算する約となっていた。

　右認定の事実によれば，本件事故がなければ，本件クレーン車は本件事故発生の日である昭和53年2月5日から同月28日までの21日間はB建設の甲作業所における作業に従事して1時間当り金3,800円の割合による9時間の賃料として次の算式どおり合計金71万8,200円の収入を，また，同年3月1日以降Aが退職した同年7月20日までの間は少なくとも116日間，1時間当り金3,800円の割合により1日8時間稼働して次の算式どおり合計金352万6,400円の収入をあげることができたものと認めるのが相当である。

……

　ところで，……本件クレーン車を稼働させた場合，1か月約4万円の燃料及びオイル代を要すること，AのX会社における給与は1か月平均25万円であったが，本件事故後はX会社はAに右給与を支給しなかったことが認められ，右事実によると，X会社は本件クレーン車の休業及びAの受傷によりX主張の金155万2,758円の支出を免れたものと認められるから，前記の休車損害の内右金額を差引いた金269万1,842円がXの被った休車損害ということになる。」

［広告料について］「X会社はAが受けた傷害

第1節　従業員の死傷による企業損害についての判例の状況

のため，本件クレーン車を稼働させえないことが予想せられたので，その交代のための運転手を採用するため昭和53年2月13日から15日までと，同年4月3日から同月5日までの間6回にわたりクレーン車運転手の募集の新聞広告をしたことは前記認定のとおりであり，……X会社はその費用として金8万0500円を支出したことが認められ，前段説示するところに徴すれば，右広告はX会社において必要やむをえずなしたものと認むべきであるので，それに要した費用はX会社が本件事故によって被った損害と認めるのが相当である。」

【90】　大阪高判昭56・2・18判タ446号136頁，金判641号33頁，交民集14巻1号61頁【判例評釈】小栗孝夫・新交通事故判例百選106頁（判例【84】の控訴審判決）（否定，債権侵害的議論）

判決は，Xの控訴を棄却し，第1審判決のY敗訴部分を取消し，第1審Xの請求を棄却する。Xが逆転敗訴になった理由は次の通りである。第1審と比べて簡単な説明である。

「本件のように，Y道路公団の道路の管理の瑕疵に起因する交通事故により，いわゆる個人会社でないX会社の代表者，従業員らを死傷させた場合，X会社は，右死傷による企業の固有の損害（企業の損害のうち，いわゆる肩代り損害を除いた損害）の賠償をYに請求しえない（最高裁判所昭和43年11月15日第二小法廷判決，民集22巻12号2614頁参照）。その理由(イ)右請求を認めることは，賠償請求権者の範囲を拡げすぎることにより，加害者の予測ないし計算可能性を越えることとなり，**加害者にあまりにも酷**である。(ロ)X会社は代表者，従業員らに対する**労務給付請求権の不安定性**を企業計算のなかに織りこんでおくべきである。(ハ)それゆえ，X

会社がいわゆる個人会社でない場合，加害者がX会社に**損害を与える目的**で代表者，従業員らに対し加害行為をしたときに限り，X会社に対する関係において**不法行為の成立要件を充足し**，X会社は，右加害行為による企業の固有の損害の賠償を加害者に請求しうると解するのが相当である。」

【91】　名古屋高判昭56・12・23交民集14巻6号1320頁（判例【89】の控訴審　否定。原審判決取消し――経済的一体関係否定）
【判例評釈】安次富哲雄・新交通事故判例百選（別冊ジュリスト94）108頁

「X は，A の負傷休業のため同人の専属運転にかかるクレーン車を稼働させることができなかったこと等により X の蒙った損害の賠償を加害者である Y に対し請求するので，先ず，Y が右の損害賠償義務を X に対して負担するかどうかを検討する。」

「X 会社は昭和50年12月11日クレーン車を運転手付きで建設業者等に一定の時間又は期間を単位として賃貸することを目的として設立された株式会社であって，初めはクレーン車2台と運転手2名で営業を行っていたが，次第にその規模を拡張し，本件事故当時は代表者Bのほか，女子職員1名，運転手5名の人員により，クレーン車5台を使って営業を行っていたものである。しかし，なお，その実態は右代表者の個人企業というべき程度を超えていなかった。」

「Aは昭和52年1月頃X会社に**従業員として雇われた**ものであるが，X会社或いはX会社役員と特別の関係はない。同人はX会社において月給約25万円を支給され，……本件クレーン車……を専属的に運転していたが，本件事故による負傷の治療のため休業したまま昭和53年8月20日退職した。」「X会社は同年4月頃Aの代り

の運転手としてBを採用したが，同人が技術未熟のため従前，Aが運転していた本件クレーン車を運転させることができなかった。またその頃クレーン車運転手として採用したCには別の車両を運転させることになり，本件クレーン車の運転はさせなかった。結局X会社は，Aの休業後は本件クレーン車を稼働させることのないまま，同年8月頃にはこれを森に売却した。」

「以上の認定によれば，X会社はその代表者の個人企業といえるものであるけれども，Aは右の代表者でも役員でもなく被控訴会社の単なる一従業員にすぎず，経済的にAとX会社とが一体をなす関係にあるものとは認められない。したがって，Aの本件事故による休業のためX会社がその主張のような損害を蒙ったとしても，YのAに対する加害行為とX会社の右損害との間には相当因果関係を認めることはできないから，Yは右損害を賠償すべき責任を負わないものというべきである。」

「Xは，Aが傷害を受けたため本件クレーン車が運転不能になった場合と本件クレーン車自体が損傷を受けたためにその運転が不能になった場合とは同様に考えるべきである旨を主張する。しかし，後者の場合は，本件クレーン車の所有者であるX会社が直接の被害者であるが，前者の場合は，負傷したAが直接の被害者であってX会社は間接の被害者であるにすぎない。また後者の場合には，本件クレーン車は修理完了まではこれを運転することが絶対的に不能であるが，前者の場合には，代替運転手によって本件クレーン車を運転することが困難ではあるにしても絶対的に不可能とはいえないから右二つの場合を同一にみることはできない。したがって右二つの場合が同一であることを前提としてYに本件損害賠償責任があるとするXの主張は採用できない。」「また，X会社はX会社代表者Dの個人企業ということができるけれども，Aが

同人の分身ともいうべき密接な関係にあるとは認められないこと前認定のとおりであるから，X会社が本件事故によりその5分の1の組織及び機能を直接侵害された被害者である旨のXの主張も採用できない。」「そうすると，Xの本訴請求はその余の点について判断するまでもなく失当として棄却を免れない。」

【92】 浦和地判昭57・5・21 交民集15巻3号665頁（否定，特別事情として予見可能性を否定）

「Xは，甲自動車の営業上の損失として，Aの前記休業期間中の赤字相当額金277万5,395円を損害として計上するが，右事情は特別事情にあたるところ，本件事故当時Yにおいてこれを予見しまたは予見可能であったことを認められる証拠がないので，失当である。」

【93】 札幌地判昭60・10・30 交民集18巻5号1398頁（否定，因果関係をそもそも否定）

従業員A（＝被害者）に対する本件事故と同人の受傷によるX会社の損害との間の相当因果関係の存否について，以下のように検討している。

[事実関係]「Xは，土木建築工事の設計，施工及び管理を主たる業務とし……，昭和57年5月ころの人員がX代表取締役Bのほか1名の取締役を含む総勢10名位の規模の有限会社である。X代表者は，昭和57年1月ころA（同人の子の妻と原告代表者の妻とが姉妹の関係にある。）とともに，同人の本件機械に対する特殊技術を利用して，Xにおいて本件機械の製造販売することを計画し，同年5月1日同人との間で，同人において本件機械を製作することを内容とする雇傭契約を締結した。そして，右契約の際，X

代表者は，Aとの間で，本件機械のうち温水地熱器についての同人の特許権が設定登録されるまでは同人を一従業員として日額1万5,000円の給料を支払うことを合意し，右登録後は同人から，その特許権について専用実施権なり通常実施権の設定を受ける旨の内諾を得ていた。また，X代表者は，Aと共同して本件機械の製造販売計画を立て，右計画遂行に必要なほとんどの事を同人に委ねた。そして，Aは，Xの他の従業員（ほとんどが建設作業に従事する者である。）を使用することもなく，ただ1人で右計画を実施していたが，その中途の段階で本件事故に会い，受傷した。」

「なお，本件機械のうち温水地熱器は，冬期，野菜を温室で栽培する機械で，土地に熱を加える仕組であり，そこで使用する熱交換剤（蓄熱剤）に秘密があるが，これも設計図があって，しかもAが製造方法を教えれば，もとより同人以外の者でも製造することができるものである。これを小型化したハウス温室用温水器も同様である。また，低温冷蔵庫は，果樹その他を保存する用途をもつ機械で，フロンガスを使用する点に特長があるが，これも設計図があって，フロンガスの取扱経験者の協力を得れば，A以外の者でも製造することができるものである。」

「そして，X代表者は，本件事故後，Aと本件機械の製造販売計画の今後の対応を話し合う中で，同人に対し，本件機械の設計図及び熱交換剤の交付方を申し出たが，同人から，自らの特殊技術にかかるものとの理由でこれを拒絶された。そのうち，Aは，本件事故による受傷が軽快したにもかかわらずXに出社しなくなり，X代表者もこれを黙認するようになり，結局，明確な話合いもないまま，Xは昭和58年6月同人を退職扱いにした。」

「Aは，昭和58年10月14日温水地熱器について特許出願をし，その後法人を設立し，右法人で熱交換剤を製造した上，これを緑産業株式会社に売却し，現在，同社で温水地熱器を製造販売している。」

[企業損害論]「会社が法人とは名ばかりの，俗にいう個人会社であり，その実権は従前同様交通事故の被害者個人に集中して，同人には会社の機関としての代替性がなく，経済的に同人と会社とは一体をなす関係にあるものと認められる場合には，同人に対する加害行為と同人の受傷による会社の利益の逸失との間に相当因果関係を認めるのが相当である（最高裁判所昭和43年11月15日判決。民集22巻12号2614頁参照）。」「これを本件についてみると，……本件事故の被害者であるAは，Xの一従業員にすぎず，実質的にも本件機械の製造販売というXの新規の事業計画（当時，これがXの全業務に占めた割合はそれほど大きくなかったものと推認される。）の中で中心的役割を担ったに止まり，それを越えて，Xの実権を集中させているとか，経済的にXと一体をなす関係にあるなどとは到底認められず，むしろ，それらに該当する可能性があるのはX代表者のBをおいて外はないものと認められる。」「なお，Xの業務のうち鉄工部門を独立してとらえ，それ自体とAとの経済的一体関係等を考慮するべきとのXの主張は，財政，人事その他の側面から見ても，同人の関与した業務に，Xの他の業務から独立した関係（別の法人格とみてもよい位の独立性が必要と考えられる。）が認められないことが明らかな本件においては，そもそもとりえない主張というべきである（仮に右独立性を肯定したとしても，右にいう鉄工部門についてもX代表者の指揮命令権が及んでいること，同人の経済的関与が極めて大きいことなどからも，X代表者を除外して右部門とAとの経済的一体関係等を肯認することは困難である。）。」

「さらに付言すると，前記認定事実によれば，

第3章　企業損害 2 ——従業員の死傷事例——

　Aは、Xに一従業員として雇傭され、その雇傭契約存続中に本件事故に会ったものであるから、使用者であるXからの申出があれば、その技術、能力をXに提供しなければならない義務があるというべきところ、前記認定のとおり、X代表者から本件機械の設計図及び熱交換剤の交付方の申出を受けたにもかかわらずこれを拒絶し、一方、Xもそれ以上に強い要求をしないまま、同人との雇傭関係を終了させてしまったものである上、本件機械は、設計図が用意され、熱交換剤の製造方法が分るなどすれば同人以外の者でも製造することができるのであるから、Xが同人に対し断固たる措置をとるなり、所期の目的を達成するための契約を改めて同人と締結する（このことが困難であった事情は窺えない。）なりの措置をとれば、その主張する損害は避けることができたものと推認される。しかし、それらの損害回避措置をとらないで自らに生じたと主張するXの損害は、もはや本件事故による**Aの受傷に起因するものということはできず**、むしろ、専ら同人とXとの対応（及び津田の非協力）によるものと認めるのが相当である。」

　「右の事実によれば、Aに対する本件事故と同人の受傷によるXの損害との間の相当因果関係は認められないから、その余の点について判断するまでもなく、原告の請求は失当として棄却する」。

【94】 大阪地判平5・1・12交民集26巻1号14頁（否定、相当因果関係を否定）

　本件は、Xの経営する新聞販売店の従業員Aが原動機付自転車を運転中、Yの従業員が運転する普通貨物自動車と衝突し、Xの従業員Aが負傷した事故について、XがYに対し、民法715条に基づく損害賠償を請求したものである。

　［判旨］［①代替従業員給料——肯定］「Xは、本件事故当時、……2か所で新聞販売店を経営していた。Aは、平成元年10月からXの従業員であり、甲店の責任者として配達、集金、労務管理などの業務に従事していた。Aは、本件事故のため、本件事故当日から平成2年10月30日まで入院した。このため、Xは、Aの代わりをする従業員が必要となったことから、平成2年8月1日から同月31日までの間、高知県中村市からBに来てもらい、その間の報酬としてBに51万3,000円を支払った」。「右に認定した本件事故当時におけるAの甲店における地位、労務内容と、前記一で認定したAの受傷内容、程度からすると、XがAの代替従業員を雇う必要性があったと解されるが、本件事故当時、XがAに支払っていた給与額と、Bに右報酬を支払っていた期間中のBに対する報酬支払の有無とがいずれも証拠上不明であることからすると、Xの代替従業員給料に関する請求については、20万円の限度で本件事故との間に**相当因果関係**を肯定すべきである。」

　［②代替従業員赴任交通費——否定］「Xの請求する代替従業員赴任交通費の具体的金額を認めるに足りる証拠はないうえ、右交通費と本件事故との間に相当因果関係があるとは解されないから、右請求は理由がない。」

　［③企画挫折損害——否定］「Xは、本件事故当時、Aをリーダーとする生活情報誌の出版、販売、広告、通信販売の事業を計画し、平成3年4月には、右事業のための会社を設立したが、Aが本件事故に遭い、退職したために右計画が挫折し、そのために500万円を下らない損害が発生したと主張する。しかし、仮に右主張の損害が発生したとしても、右損害と本件事故との間に相当因果関係があることを認めるに足りる証拠はないから、Xの右請求は理由がない。」

　［④過失相殺——肯定］　Yの従業員Bは、「本件交差点を右折する際、対向直進してくる車両

第1節　従業員の死傷による企業損害についての判例の状況

等に充分注意して右折進行すべきであったのにこれを怠り，本件事故を発生させた点で過失は大きいが，他方，Aも本件交差点を通過する際には，対向右折車の動きに充分注意して進行すべきであった点で過失があるといわなければならず，右の諸事情を総合すれば，本件事故発生について，Aには20パーセントの過失があり，これに前記三1（車両損害），2（代替従業員給料）で判示したXとAとの雇用関係，X車の所有関係からすると，Aの右過失をX側の過失と評価するのが相当である。」

【95】　大阪地判平7・9・13交民集28巻5号1353頁（否定，経済的一体性を否定）

「X_1の相当休業期間は1週間であるから，前記A溶工所との契約の内，後者の平成6年5月17日からの工事を遂行できなかったことと，本件事故との因果関係が存在しないことは明らかである。」「そこで，平成6年4月15日から22までの間，X_2会社が工事を遂行できず損害を蒙ったことと，本件事故との因果関係について検討する。」

「X_1はX_2会社において工事部長として稼働し，工事現場において人夫を指揮監督するとともに，一定の範囲内で取引先との折衝にあたる等重要な役割を果たしていたこと，X_2会社がX_2主張のとおりの小規模会社であることは認められる。しかし，X_1の指揮監督は工事現場でのそれに限られ，会社の業務全般を統括する個人企業の代表者のような企業にとって不可欠の存在とは言えないし，X_2会社と経済的一体性を有するとも言い難いので，X_2会社に生じた損害と本件事故との間には相当因果関係があるとは言えない。そこで，X_2会社の請求はその余の点について判断するまでもなく理由がない。」

【96】　名古屋地判平9・4・23交民集30巻2号571頁（肯定。遺体の運送に従事したため業務遂行に支障がでたことから）

本件は，自転車で交差点を横断中に普通乗用自動車と衝突して死亡した被害者Aの両親Xら（被害者・両親ともアメリカ人）が，民法709条に基づき，自動車の運転者に対し損害賠償を請求した事件である。Aは，甲会社との間で2年間の雇用契約を締結していた。裁判所は，Xの請求を認容するが，その中に次のような損害賠償も認容されている。

［会社損失――肯定　199万1,436円］「……本件事故当時のAの勤務先であった甲会社の姉妹会社の乙会社においては，従業員らがAの遺体を米国へ輸送するための手続に従事し，さらに米国への輸送にも同行したために，その間会社の業務を遂行することができず，その結果右会社は199万1,436円の損失を被り，Xらは右会社に対しその立替払いをしたことが認められ，右金額もAの死亡と相当因果関係のある損害というべきである。」

【97】　神戸地判平11・6・16交民集32巻3号905頁（否定。間接被害者であり，相当因果関係がないという）

［事実］　次のように事実認定がされている。
「Xはかねて「甲」の屋号で建築工事における鉄筋加工工事の請負業を営んでいたこと，従業員は当時23名であったこと，このうち8名が1つのグループとなって，当時XがA建設株式会社から請け負っていた○○町における「オートバックス」の建物の建築工事のうちの鉄筋工事を担当していたこと，この8名が1台の車に乗って，従業員の宿舎としてXが借りていた大阪市内のマンションから右工事現場に赴く途中

第3章　企業損害 2 ――従業員の死傷事例――

に本件事故に遭い，全員が負傷したこと，右負傷した従業員らは，数日間から十数日間，西宮市内の病院に通院ないし入院し，症状が軽快すると，それぞれに沖縄県の自宅に帰ってリハビリを続けたこと，最も症状の重かった内田は西宮市内の病院で手術を受けたあと大阪市内の病院に転入院し，年明け後に，沖縄でリハビリのための通院を始めたこと，鉄筋工事には，鉄筋技能士の資格を有する技能者が不可欠であるが，Xが擁していた技能士は，X自身と，Xの父及びBの3名だけであったこと，Xは当時他にも複数箇所の工事を請け負っており，急に右吉川の工事現場に人を回すことはできなかったこと，このため，Xは，発注者のA建設株式会社から10月末をもって，請負契約解除の申入れを受け，これを承諾したことが認められる。」

　[判旨]　裁判所は，「Xは，本件事故により，右請負工事を解約されて，未完成工事分について得られたであろう利益を失うことになったと言いうる」と認めながら，次のように述べたYの損害賠償義務を否定する。

　「けれども，事故による従業員の負傷等により，雇い主が労働の提供を受けられないまま支払った立替え賃金などは，事故の直接的な損害ということはできるものの，その労働の提供を受けられないことにより，雇い主としての利益を挙げられないという損害は，<u>間接的な損害に過ぎない</u>。従業員を雇用することにより活動を拡大している雇い主は，そのことによる危険をも自ら負担すべきであり，労働の提供を受けられなくなった場合においては，<u>速やかに他の代替措置を取ることにより損害の拡大を防いで自らの利益を維持すべきものである</u>。それを果たせる状況にあったか否かは，個々の雇い主の努力により異なってくるのであり，果たせない雇い主にのみ損害賠償請求権があるとするのは妥当ではない。」「当該雇い主は，労働関係を維持する負担もないまま，単に利益のみを享受する結果となる。」「所詮間接的な損害に止まる雇い主の損害は，<u>相当因果関係を欠く</u>ものとして，不法行為法による救済の外にあるというほかない。」

第2節　従業員の死傷事例についての判例の整理・分析

1　結論について――殆ど否定判決

　企業固有の損害賠償請求を認めた判決は，判例【19】，【80】（富山の薬売り事件。経済的一体性を肯定するが，控訴審の判例【81】で代替性がないだけであり経済的一体性はないと変更され，判例《86》も控訴審判決を支持），【84】（慰安バス旅行事件　控訴審の判例【90】で覆される），【85】（ただし，廃業による損害は営業を続けることができたとして否定），【89】（控訴審の判例【91】により経済的一体性が否定される），【94】（代替従業員の費用のみ肯定し他は否定），【96】（被害者の遺体をアメリカに搬送するために従業員を同行させた費用・損失の賠償請求を容認）の7つだけである。ただし，控訴審判決が出されている判例【80】【84】【89】の3つはいずれも否定判決に変更されている。

　こうみると，従業員の死傷の事例における使用者である会社の損害賠償請求は，会社（個人事業者も同じ）に損害を与えるといった故意的な場合でもない限り認められない，と

第2節　従業員の死傷事例についての判例の整理・分析

いうのが判例の状況であるといわざるを得ない。判例は代表者についてと同じ経済的一体性説の基準を適用しているが，従業員についてその基準があてはまるということは考えられないからである。

2　法的構成

(1)　相当因果関係を問題として処理

❶　相当因果関係のみにより解決した判決1——否定判決　相当因果関係の問題として議論とした上で，企業の固有損害の賠償請求を否定した判決として，判例【74】【75】（相当因果関係を問題にし，法人としては本来対価たる賃金相当分にとどまるとする），【77】（「X会社にその主張のごとき不都合が生じ経済的にはいくばくかの不利益を蒙ったことが認められるが，会社の運営を著しく害される場合はしばらく別として，この程度の被害は現代社会事情の下における企業者として受忍すべきものというべく，結局本件事故と右損害は相当因果関係にない」），【78】【79】【81】（東京地八王子支判昭53・7・31の控訴審判決，最判昭54・12・13の控訴審判決。「事業の経営者は，通常，事業に従事する者が不時の災害を受けても営業に支障を生じないようあらかじめ担当者の配置換，あるいは後任者の養成など種々対応策を講じておくべきであり，その事業または従業員の職種が特殊の高度な専門的知識や長年の経験を要する場合において，経営者がその従業員により継続的な営業を維持しようとするときは，なおさら右の要請は強いといえるのであり，事業はその従業員が余人をもって代え難い者であればある程その者の事故に伴ない停滞し，あるいは困難となる危険が大きいが，その危険の除去は，その危険があるのにそのような継続的事業をしようとする経営者の責任であるというべきである」），【82】（「右の逸失利益等の損害は本件事故から通常発生が予測される損害とはいえず，特別の事情に基づき発生した損害であり，右事故発生のときYらにおいて右事情の存在を予見しまたは予見することができたと認めうる特段の証拠もなく，かつ当事者間の損害の公平な負担の見地からも前記損害は被告ら加害者側の負担とすべきものと認めるのは相当でない」），【89】【94】【97】がある。

その他，【81】（通常生ずべき損害とはいえないとする），【92】（特別事情として予見可能性を否定），【93】（そもそも因果関係を否定）などがある。なお，否定判決には，相当因果関係によることを批判しこれを否定するものがある（それぞれ，相当因果関係に代えていかなる法理で解決しているかは，それぞれの法理で説明する）。判例【83】がそれであり，相当因果関係の法理は同一人における損害の拡大の事例についての理屈であり，間接被害者にまで損害賠償請求の主体を拡大するための理屈としては機能せず，「別の理屈」が必要として経済的一体性説を採用し請求を否定する。

❷　相当因果関係のみにより解決した判決2——肯定判決　相当因果関係を問題にして，企業の固有損害の賠償請求を認めた判決もいくつかあり，判例【89】（控訴審の判例【91】で取り消される），【85】【89】などがこれに属しようか。

(2)　債権侵害を問題として処理した判決

判例には少ないが，企業の労働者への就労

間接被害者の判例総合解説　**115**

請求権という債権侵害を問題した判決もある（いずれも結論として損害賠償請求否定）。判例【76】（「第三者が過失により従業員を死傷させた場合には、債権侵害の法理により使用者を保護することはできない。すなわち、保護法益である債権の面からいえば、前段に記したとおりの制約のある権利である一方、侵害の態様の面からいえば、債権の相対性に鑑み不法行為である債権侵害が成立する要件である侵害行為が特に強い違法性を有する場合に該当しないからである。」）の他、判例【88】は明確ではないが、「いわゆる間接被害者の損害賠償請求は、間接被害者に損害を与える目的をもって、その従業員に対して加害行為をなした、といった特段の事情のないかぎり、原則として認められない、と解するのが相当である。けだし、間接被害者の損害賠償請求を肯定すれば、取引関係が複雑に連続・牽連しあっている現代社会において不法行為責任成立の限界を画することが不可能となり、人の社会的行動についての予測可能性や計算可能性を破壊することになるからである。」といい、債権侵害と同様の要件を問題にしている。なお、判例【90】もその内容は債権侵害的な議論である。

(3) 経済的一体性を問題として処理した判決

代表取締役についての判例《17》以後、単なる従業員についても経済的一体性の法理を適用して（従業員なので損害賠償請求を否定するために）問題を処理する判決が多い。

❶ 否定した判決　判例【1】（葬儀に伴う原告会社の営業上の損害）、【72】【73】【83】【87】【91】【93】（弔慰金各10万円）、【104】（Xの従業員がいわば自らの好意によって遺族の遺体確認に付き添って行くに要した費用をXが支出、役員及び従業員に対する退職金・弔慰金）、【93】【95】（経済的一体性を否定しそれゆえ相当因果関係がないとする）がある。

❷ 肯定した判決　判例【80】は、経済的一体性説によりながら、代替性がなく経済的一体性があるものと認定する。しかし、控訴審判決の判例【81】では、代替性がないだけでは経済的一体性を認めるためには不十分として変更される。

(4) 間接被害者というが経済的一体性はいわない判決

判例【88】は、間接被害者であり故意があるか特段の事情がない限り損害賠償請求は認められないものとし、判例【90】（肯定判決である判例【84】の控訴審判決）は、加害者の計算可能性・予測可能性、企業はそのような不安定性を企業計算に取り込むべきことから、故意でない限り損害賠償請求できないとする。また、判例【97】は、間接的な損害であり、雇主は速やかに代替措置をとり損害の拡大を防ぐべきであり、相当因果関係がないという。

(5) 直接的企業損害という構成を採用した判決

異例な判決として、判例【84】は、経済的一体性という要件が欠けるものとしてこの基準による損害賠償請求は認めないが、企業の侵害という直接被害者として構成をして、人的組織の損傷の程度が大きくその打撃が甚大であり、道路の管理の瑕疵が甚大であったことなどから、要賠償性が肯定されている。他

第2節　従業員の死傷事例についての判例の整理・分析

には同様の判決はない。

3　肯定判決で認容された損害賠償の内容

判例【19】は，代替労働力の調達費用を損害として認めている。また，判例【96】は，従業員らが被害者たる外国人社員の遺体を米国へ輸送するための手続に従事し，さらに米国への輸送にも同行したために，その間会社の業務を遂行することができなかった損失の賠償を認めている。

第4章　企業損害 3 ──その他の者の死傷事例──

第1節　特殊ケース──妻など家族が働いている場合

　従業員ではなく，経営者の妻などが給料の支払いを受けずに事業の手伝いをしている場合（法人化されていない農家ではこれが普通であろうが），これらの者が第三者の不法行為により死傷し，夫などの経営する事業の収益が減少した場合に，個人事業主である夫，またはその経営する会社が加害者に損害賠償を請求できるであろうか。

【98】　岐阜地判昭45・6・17交民集3巻3号884頁（個人料理店，妻が負傷，肯定）

　[X側の主張]　Y_1会社の従業員Y_2がY_1会社所有の自動車を運転中，歩行中のX_1に衝突させX_1を負傷させたが，X_1の夫X_2が，X_1と料理店を経営していたところ，X_1の負傷により以下のような損害を受けたとして賠償請求をした。**法人ではなく個人事業の事例である。**

　①　休業に伴う減収による損害として4万円次のように主張する。「被害者であるX_1は，X_2と共に過去20年間に渉り調理業務に従事してきた関係上調理業務について経験豊かな家業専従者であって，X_2の食堂営業もX_1の助けなしには到底店のきりまわしができない状態であった。X_1の傷害のため……8日間休業したので，その間収入がなかった。過去の実績によれば1日平均5,000円の利益があったので8日間の休業で合計金4万円の減収となって同額の損害を蒙った。」

　②　料理材料の腐敗による損害として3万5,734円　本件事故の前日に仕入れた材料は本件事故のため営業不能となったので使用できなかったため，全部腐敗し，これを廃棄処分しなければならなかったとして，その仕入価格を賠償請求している。

　③　X_1の代替労力として雇入れた者に対する人件費，食費等による損害として5万4,700円
　㈤X_1の代りとしてAを30日間に日当1日金800円で雇入れその賃金合計金2万4,000円，食費1日金200円で合計金6,000円を支払い，㈥Bを10日間右同額の日当で雇入れその賃金合計金8,000円，右同額の食費合計金2,000を支払い，㈦AB いずれも素人であるため労力の補充が必要であったため21日間夏休みのアルバイト学生Cを日当1日金500円で雇入れその賃金合計金1万500円，前同額の食費合計金4,200円を支払い，以上の総合計金5万4,700円の損

第4章 企業損害3――その他の者の死傷事例――

害を蒙ったと主張される。

④③の代替労力が未熟のために生じた売上減として，10万6,250円も請求されている。

［判旨］①休業に伴う減収による損害金4万円については，〔証拠略〕によって認定できる，と何ら議論なしに請求が認容されている。②また，料理材料の腐敗による損害金3万5,734円についても，〔証拠略〕によつて認定できるという。③X₁の代替労力として雇入れた者に対する人件費食費等による損害金5万4,700円もこれを認定できるとして認める。④しかし，③の代替労力が未熟のために生じた売上減金10万6,250円については，措信し難いとして否定されている。X₂が本件事故によって蒙った損害は合計13万434円となるが，被害者であるX₁の過失を斟酌してYらのX₂に対し賠償すべき額は金10万円に減額するのが相当であるとされた²⁹⁾。

【99】 福岡地判昭46・9・22判タ275号338頁
（自動車修理販売業，妻（ただし，従業員），経済的同一性を肯定し，責任肯定）

X₁は「○○自動車」という名称で三菱自動車の修理販売業を営んでいた。従業員は妻X₂，母Aを含め9名であり，X₁と従業員5名が修理関係を，X₂と従業員1名が販売をそれぞれ担当し，ほかに事務員1名がいた。X₂の販売成績は優秀であり，本件事故による受傷のため売上げが著しく減少した。

「X₁の営んでいた右企業は，**妻や母をも従業員**とし，他の従業員もそれほど多くない，家族的企業であること，X₁が整理部門を，X₂が販売部門をそれぞれ担当し，実質的にはX両名の共同経営であったと認められること，X₂の担当するセールス部門は得意先との個人的つながりが重視される業務であって，代替性が少いこと，**Xらは夫婦であり**，**経済的同一性がある**と認められることなどから，X₂の売上の減少による収入の減少はX₁の営む右企業の減収と考えられ，それは本件事故と**相当因果関係がある**と認められる。

X₂の販売成績は，……昭和42年度に比し昭和43年度，昭和44年度はかなり減少しているが，かりにX₂が販売活動を中止したとしても，X₂の分の得意先をすべて放棄してしまうとは考えられず，その分は当然他のBか他の従業員がこれを処理すると考えられるので，企業全体としては，X₂の活動によって得ていた利益の金額を失なうことにはならない（ある程度の減少はあるとしても）と考えられ，右別表によってもX₂分の減少とは反対にB分の成績は約66パーセント上昇していることが認められる。……他にとくにこのように著しく成績が下る理由が認められないことなどからみて，右減少額は少くともX₂が本件受傷のため販売活動ができなかったことによるものと認められる。」

減少額合計1,551,641円から必要経費21,923

---

29) 徳本・損害賠償法講座301頁は，①で全額を認容した点について，個人企業主の負傷に伴う逸失利益は，負傷者自身の労務の，企業活動中に占める寄与の割合によって算定する判例・学説の傾向に照らすと，判決には問題があると評している。また，判例【107】は，夫が負傷した事例で夫の寄与分だけしか損害賠償が認容されていないが，妻が負傷して夫が損害賠償を請求すると全額を請求できることについては疑問とされている（徳本・**損害賠償法講座**302頁）。そして，「家族的企業においても損害を負傷者本人の英器用利益に対する寄与の割合に従って算定し，これをその限度で負傷者本人（……）の蒙った損害として賠償請求することを認めることにするのが正当なのではあるまいか」という（同302頁）。

円を差し引いた1,529,718円が本件事故によるX₁の損害となる³⁰)。

【100】 横浜地判昭58・5・16交民集16巻3号679頁（個人会社である料理屋のおかみ——否定）

［X会社］「Aは大正8年2月14日生の健康な女性で、本件事故当時、X会社において、いわゆる「料理屋のおかみ」として稼働していたものであること、X会社は、昭和36年12月20日に、資本金30万円（出資者B20万円、A5万円、C5万円、本件事故当時はB25万円、A5万円）、取締役はBとして設立された有限会社で、そば、すし屋を主体とする飲食店業並びに風俗営業の小料理店を営んできたものであること、本件事故当時の従業員は、板前2名、見習い1名、女中2名の5名であり、主に予約の客を中心として営業していたこと、Aはこれらの**従業員の上に立ち、客の接待等采配を振って**いたこと、A死亡の約半年前である昭和56年6月30日決算によると、昭和55年度の当期売上高は4,408万1,474円、売上総利益は2,457万5,109円、営業利益は371万1,815円であり、A死亡の約半年後である昭和57年6月30日決算によると、昭和56年度の当期売上高は4,631万2,154円、売上総利益は2,406万1,587円、営業損失2万3,846円であることが認められる。

他方右各証拠によれば、Xが雇用していた女中とはAの長男の妻D（昭和18年11月6日生れ）と次男の妻E（昭和22年2月22日生れ）であり、X会社代表者BはX会社の前身である飲食店を現在地に興した昭和26年から**一貫してAと共に営業にたずさわった**ものであること、AはX会社から給料を得ていたこと、X会社が営業している土地及び建物はBの所有であり、X会社が月30万円の賃料で借り受けているものであること、昭和56年度が赤字決算となった理由は、給料手当の増額、家賃地代の値上、公租公課の負担増を主とすることが認められる。

以上の事実をもとに考えると、①X会社はAの死亡により減収を来したと判然言うことができないし、②X会社代表者本人が強調する営業上の知恵の如きも、**余人を以てこれに代えることが困難であるとは言い難い**。他にX会社の損害の主張を証明するに足る証拠はない。」（①②は著者が追加）

［Aの損害］「X会社は、A死亡の後である昭和57年1月10日を期限として税務官庁に提出すべき昭和56年分（同年の暦年による）所得税源泉徴収簿上、Aに支払った給料を同年6月までは月額金15万円と、同年7月から12月までは月額28万円と各記載していたこと、X会社では税金関係帳簿類の整理を専門家に依頼せず自ら作成していること、他には同じ時期に板場の者一名の給料を月額17万円から18万円に、他の一名を15万円から17万円に増額した旨の記載がなされているにすぎないことが認められ、これにAがX会社の出資者であることをも考え併せると、月額28万円の支給が現実になされたと一応認められるものの、Aが将来にわたり得たであろう収入を算定する基礎として使用するには不十分であり、月額15万円を基礎とするのが相当である。

経験則にてらして、同人は本件事故にあわなければ、「料理屋のおかみ」という仕事の性質からみて、なお8年間はX会社において稼働することができたものと認められる。

---

30) 徳本・損害賠償法講座302〜303頁は、損害賠償請求主体を妻X₂として、妻X₂の企業活動中に占める労務の価値を、妻X₂自身の損害として認めていくというのが正当であろうと評価する。

第4章 企業損害 3──その他の者の死傷事例──

　また，昭和55年の簡易生命表によると，同人の余命は少なくとも20年であり，本件事故にあわなければ，なお20年の期間，国民年金の支給を受けられたものと認められる。

　次に同人が未亡人であること「料理屋のおかみ」という仕事をもっていること，62歳という比較的高齢であること等諸般の事情を考えあわせると，控除すべき生活費は，その収入額の3割程度とみるのが相当である。

　以上により，同人の得べかりし利益の事故当時における現価をいわゆるライプニッツ方式により計算すると，次のとおり金1,027万4,792円となる。」

【101】　東京地判平7・5・16交民集28巻3号774頁（ガソリンスタンド，妻，相当因果関係肯定，しかし免責されていることを理由に請求棄却）

　［営業損害と相当因果関係］「Xは，信用調査，石油製品販売等を業として昭和57年2月に設立され，昭和63年5月に現在の地に本店を移転した株式会社であること，Xは，A石油店が設置したガソリンスタンドを賃借し，X代表者とその内妻であるBが主体となり，アルバイト数名を雇用して，ガソリンスタンドを経営してきたこと，平成4年まではX代表者のみが危険物保安監督者であったが，同年から2名の設置が義務付けられたため，同年3月17日からは，Bもこれまでの実績に基づき危険物保安監督者となったこと，Bは，本件事故により手首に傷害を受け，入通院治療やリハビリ治療を受け，Xのための就労をしなかったこと，この影響もあって，Xの売上高及び売上総利益は除々に減少していったこと，本件事故後の営業不振のため，Bはガソリンの仕入れ先にXのため2,000万円の現金担保を積んだことが認められる。

　右認定事実によれば，XはBの休業のため相当の損害を受けたこと，及びBは，Xの単なる従業員ではなく，X代表者とともにXの経営に実質的に携わってきたことが認められ，BのX代表者との身分関係，危険物保安監督者となり得たことも考慮すると，Xの右売上総利益下落による損害のうちには，**本件事故と相当因果関係があるものがあると考えられないわけではない**。

　しかしながら，Yは，XがYを免責したと主張しているので，企業損害の成否はさておき，右Yの主張を検討することとする。」

　［免責の成否］「Xは，平成3年12月，本件事故に関してYの示談代行をするC会社に対し，Bが本件事故のため就労することができなくなったことから1日4時間の休業を余儀なくされ，このため収益の減少を来したとして，月平均売上純利益から1時間当たりの売上純利益を割り出し，全治2か月を前提に，1日4時間の休業によるXの2か月分の営業損害として115万1,725円を請求した。その頃は，Bの担当医がBの傷害を全治2か月とする診断書を発行していたため，X代表者は，Bの傷害が全治2か月であることを念頭に置いて，C会社の担当者と交渉をしたのである。このため，X代表者は，同担当者から右請求以外の分をどうするかと聞かれた際にもその後の損害については企業努力をする旨を告げ，同担当者も，これに応じてXの営業損害を115万1,725円とすることに合意した。X代表者は，ここにいう「その後」とは，Bの職場復帰後のことを念頭においていたが，交渉の際には，この点を明らかにしていなかった。」

　「C会社は，平成4年3月13日，Xに対し免責証書の用紙を送付した。同用紙は，『「損害賠償に関する承諾書」（免責証書）（対物用）』と題するものであり，○○○○を甲，Xを乙，Yを

丙、C会社を丁とし、本件事故を特定した上で、不動文字で『上記事故によって乙の被った一切の損害について、乙は「甲・丙」の保険契約に基づき丁より、下記賠償額を受領後には、その余の請求を放棄するとともに、下記金額以外に何ら権利・義務関係のないことを確認し、甲・丙および丁に対し今後裁判上・裁判外を問わず何ら異義の申立て、請求および訴の提起等をいたしません。』と記載し、手書きで原告の損害額として132万2,293円、その内訳を給油計量器17万568円、営業損115万1,725円と記載し、損害賠償額のうち115万1,725円をX受領分、14万568円（C会社の免責額3万円を控除した分）を△△△△△サービス株式会社分とするものである。C会社は、同免責証書の用紙の送付に当たり、これに『「損害賠償に関する確認書」（免責証書）ご送付について』と題する案内書を添えたところ、同案内書には「ご不明な点がございましたら、ご遠慮なく上記担当者までご連絡ください。」との注意が記載されていた。」「X代表者は、当該書類をいずれも読んだ上で、免責証書の該当欄にX受領分についての銀行口座を記載し、X代表者本人の署名、押印をしてC会社に返送した。X代表者は、対物用の免責証書に営業損害を含めて記載してあることに不審な点があると感じたが、この点についてC会社の担当者に問い合わせをすると支払いが遅滞すると思い、とにかく金が必要であったため、免責証書に署名、押印をしてC会社に返送したのである。C会社は、その後、Xの指示した銀行口座に115万1,725円を振り込んだ。」

「右の事実によれば、Xとしては、Bが2か月で完治することを念頭におき、Bの治療が長引けば、さらに営業損害の請求をしていく意図で、営業損害の交渉をしたこと、しかし、C会社は、Xの営業損害すべてについての交渉であることを前提としてXの請求どおりの金額に応じ、Xには、その余の請求権がなくなることを明示して、免責証書に署名するように指示したこと、Xもこの点を承知した上で署名に応じたことは明らかである。そうすると、Xが前示の免責証書に署名、押印してC会社に返送し、115万1,725円の支払いを受けることにより、Yに対する一切の請求を放棄したものというべきである。」（錯誤の主張などは省略）

【102】 神戸地判平 12・2・17 交民集 33 巻 1 号 257 頁（参考判例）

「本件事故により、XがA〔Xの父親〕の従事する農業を手伝えなくなり、Aにおいて臨時雇人費の支出を余儀なくされたことは証拠上認定できるが、これについてはX自身の休業損害又は逸失利益というよりもAの間接損害というべきであり、本件においては考慮しない。」として、父親Aの損害であるとして請求を退けている。父親Aが損害賠償請求したらどうなったかは、判断されていないので不明である。

第2節 逸失利益以外の企業固有の損害について

既に企業損害として逸失利益の賠償請求がされている事例については紹介をしたが、逸失利益以外の損害しかも後述の肩代わり損害が問題にされている事例以外を、ここでまとめて紹介しておこう（以下に説明する判決のほか、後述判例【131】、【134】【160】も参照）。

第4章　企業損害 3 ――その他の者の死傷事例――

既出【1】　東京地判昭44・8・13判タ239号184頁（否定）

スーパーマーケットを営むX会社の代表取締役が交通事故で死亡し、スーパーが弔意を表して数日間閉店したことによる損害の賠償請求がされた事例で、次のようにこれが否定されている。ただし、葬儀費用の賠償は認められている。葬式参列のため海外から被害者の子がやってきた交通費については、すでに説明をしたので省略する。

[葬儀費用]（認容）「X会社は東京都および神奈川県下に4つの支店を有し、いわゆるスーパー・マーケットを営む株式会社であるが、Aは裸一貫から出発して今日のX会社を作り上げたものであったところから、その葬儀・法要はX会社が施主となって葬礼は仏式、葬法は火葬で社葬として営まれ、右葬儀および中有法要の費用としてX会社は204万2,149円を支出したことが認められる。しかし、法律上加害者に賠償を請求しうる葬儀・法要費用は事故と相当因果関係のあるもの、すなわち被害者の所属した地域、被害者の社会的地位、施行された葬礼・葬法等に応じ葬儀・法要上通常必要とするものに限られるから、右に認定したAの社会的地位、葬儀・法要の態様等を考慮すると、本件事故と相当因果関係のある葬儀・法要費用はうち50万円とするのが相当である。」

[葬儀に伴うX会社の営業上の損害]（否定）
「X会社が4つの支店を有してスーパー・マーケットを営むものであることについては前に認定したとおりであり、Aの前記葬儀のために銀座店において昭和41年1月31日から同年2月4日まで5日間、鎌倉店において同年1月31日と翌2月1日の各半日休業して銀座店において23万1,159円、鎌倉店において9万7,029円の各得べかりし収益を喪失したことは〈証拠〉により認められるところであるが、〈証拠〉によればX会社が右支店の営業を休止したのはAの死亡によって休業を余儀なくされたというよりはX会社（の従業員）が自発的に営業を休止することをもって代表取締役たるAに対して追悼の意を表することにしたものであることが認められるから、これによって生じた損害は**本件事故とは相当因果関係がない**というべきである。」

[X会社の代表者変更登記費用等]（否定）
「X会社は代表者たるAの死亡により商業登記関係の変更登記申請の費用として4,360円を支出したことが認められる……。しかし〈証拠〉によればX会社は相当な程度の規模と組織を有してA個人とは実体上も別個独立の企業体であることが認められるから、X会社は本来本件事故の間接被害者にすぎないというべく、かかるX会社が支出した右の如き費用は本件事故と**因果関係において相当性**があるものとはいえない。」

【103】　東京地判昭45・3・18判時590号62頁，判タ252号192頁（弔慰金，否定）

Aは事故当時、満19歳の独身の男子であり、X会社の運転手として給与を得ていた。「弔慰金を支出したことによる損害」の賠償請求に対して、裁判所は、「X会社は、AおよびBの遺族に対し弔慰金各10万円を支払ったことが認められるが、右支出は、むしろX会社と被害者との人的関係に基づいてなされたものとみるべきであるから、これをもってAおよびBが死亡したことによりX会社に生じ、加害者に賠償を求めうる、いわゆる**相当因果関係**ある損害と評価することはできない。」として、これを退ける。

【104】 東京地判昭60・3・25 判時1186号78頁（葬儀費用など，否定）

[事実関係]「A訴外は，従来，音楽グループ「甲」のマネージメントや同グループのコンサートの実施等の業務を行っていたが，税金対策のため，昭和49年8月27日，京都市において，X（資本金50万円）を設立し，発行した株式1,000株のうち300株を取得して，**Xの代表取締役に就任**し，従前と同様の業務を遂行していた。」「Aは，音楽界に広い交友関係を持ち，Xの業務遂行の中心的役割を果たし，Xの社員の私生活の面倒もみていた。」

「本件火災事故によりAが死亡した日……，その遺族と共にXの従業員であるB外一名が京都から上京して，Aの遺体を確認したが，その際の往復の**交通費合計金9万3,000円**をXにおいて支出した。なお，Aの遺族の交通費は，遺族自身が負担し，Aの遺体の運搬の費用は，Yが負担した。」「Aの葬儀は，同月11日に行われたが，生前私生活の面倒まで見てくれていたXの従業員らのAの葬儀にただ参列するだけでは気持が納まらないという心情から，Xには社葬に関する規定はなかったけれども，**遺族とXの合同葬**という形式がとられ，葬儀費用約560万円のうち**360万円をXが支出**した。なお，Aの遺族は，Yに対し，別訴において，葬儀費用を請求している。」「Xは，同年3月4日，新たに，Bを代表取締役に選任して，業務を続行していたが，Aの遺族との間に，後述のAの死亡退職金及び弔慰金の額並びに遺族をXの役員としてXの会社経営に参画させるか否かをめぐって，対立が生じたこともあって，Xは，同年9月10日，臨時株主総会を開催し，ここにおいて，会社解散の決議が行なわれた。」「Xには，役員及び従業員に対する退職金・弔慰金についての規定は全くなかったが，昭和57年9月10日に開催された臨時株主総会において，Aの生前の功労に報いるため，その遺族に対し，死亡退職金及び弔慰金を各1,000万円の範囲内で支払うこと並びにその具体的金額の算定，支払時期及び支払方法は取締役会に委任することが決議され，取締役会は，右同日，Aの死亡退職金を金360万円，弔慰金を金1,000万円と決定したが，具体的な支払時期及び支払方法は現在のところ，明らかになっていない。」

以上「に認定した事実に基づき，X主張の各損害が，本件火災事故と相当因果関係があるか否かについて，以下順次検討する。」

[遺体引取費用について——否定]「XがB外1名の遺体確認のための交通費を支出したことは前記認定のとおりであるが，社会通念上，遺体の確認は遺族が行うべきものと解せられるところ，Xの従業員がいわば自らの好意によって遺族の遺体確認に付き添って行くに要した費用をXが支出したからといって，その費用を本件火災事故と**相当因果関係**があるということはできない。」

[葬儀費用について——否定]「Xが，Aの葬儀費用の内金360万円を支出した。」「およそ不慮の事故による死亡者のための葬儀費用は，死亡者の社会的地位，職業，資産状態，生活程度等を斟酌し，社会通念上相当な範囲に限り，これを負担した遺族の損害として死亡者の死亡について責任を有する者が賠償すべきものと解するのが相当である。」「そこで，本件についてみるに，遺族が営む葬儀に参列するだけでは気持が納まらないというXの従業員らの心情から社葬を併せ営んで，合同葬の形式にしたというのであるが，社葬は未だ社会一般に慣行化しているとはいえないのみならず，Xには社葬に関する規定が存在しなかったことをも考慮すれば，Aの葬儀についてその一部を**社葬にする必要性**があったとまでは認められず，したがって，合

第4章　企業損害 3——その他の者の死傷事例——

同葬の結果，Xが支出した葬儀費用をもって，本件火災事故と**相当因果関係**のある損害ということはできない。

なお，Xは，右葬儀費用をX自身の損害として請求できないとしても，遺族の承諾を得て遺族の負担すべき費用を支出したのであるから，遺族に代位して請求できる旨主張するが，Aの葬儀については遺族葬も同時に営まれており，しかも遺族がYに対し，別訴において葬儀費用を請求しているというのであるから，Xが遺族に代位して，Xの支出した葬儀費用を請求できると解する余地はなく，右主張は，失当である。」

[**弔慰金および死亡退職金について——否定**]

「Xがその株主総会及び取締役会の決議により，Aの遺族に対し，弔慰金及び死亡退職金として合計金1,360万円を支払う旨決定したことは前記認定のとおりであるが，Xには役員及び従業員に対する退職金・弔慰金についての規定は全くなかったのであり，右決議は，Aの生前の功労に報いるため，Xの株主及び取締役が，いわば好意的に行ったものと解するのが相当であって，右各債務の負担が本件火災事故と**相当因果関係のある損害**ということは到底できない。」

第5章　企業損害をめぐる学説

第1節　企業損害の問題の位置づけ

1　問題の位置づけ

先ず，間接被害者の固有損害の賠償の問題を，単に損害賠償の範囲の問題と考えるか，それを超えた711条にみられるように，主体が異なる場合には特別の制限をすべき問題なのか，この問題の位置づけをもう一度ここで詳しく検証しておこう。

(1)　請求主体の制限の問題という理解（請求権主体説）[31]

すでに判例に，判例【83】が，相当因果関係の法理は同一人における損害の拡大の事例についての理屈であり，間接被害者にまで損害賠償請求の主体を拡大するための理屈としては機能せず，「別の理屈」が必要として，経済的一体性説を採用し請求を否定したことは説明をした。このように，損害賠償の範囲についての基準（判例によれば相当因果関係）では賠償とされてしまうような損害も，第三者に生じたものについては特別の要件を設定するというアプローチが可能である。「間接被害者概念を採用したわが国の学説の狙い，すなわち，賠償請求権の主体の問題について原則＝例外を確立し，その決定基準を明確にするという狙いは妥当というべきではなかろうか」と評されている[32]。損害賠償の範囲についての基準に更に絞りをかける間接被害者の法理をどう理解するかは，後述するところに譲ろう[33]。

(2)　損害賠償の範囲の問題という理解（賠償範囲説）[34]

これに対して，平井教授は，「賠償範囲説」に従うべきであるとし，「請求権主体説」は，原則として請求権者を被害者に限定

---

31)　請求権主体説という用語は，**平井・不法行為**182頁による。
32)　吉村良一『不法行為法（第3版）』（平17）116～7頁。**中井・間接被害者**381頁もこの立場。
33)　沢井裕『テキストブック事務管理・不当利得・不法行為（第3版）』（平13）220頁は，危険性関連を斟酌して判断すべきであるというが，賠償範囲説というべきか。
34)　賠償範囲説という用語は，**平井・不法行為**182頁による。

するドイツの損害賠償法の基本構造と親近性を持つものであり，このような規定を置かないフランス民法1382条に由来する709条の解釈論としては，「賠償範囲説」のほうが民法の構造に適しているからである。そして，「フランス民法におけるのと同様，保護範囲確定の一般基準がここでも用いられるべきである」という[35]。また，内田教授も，ドイツのように間接被害者も損害賠償請求権の主体たりうるかというではなく，端的に損害賠償の範囲の問題として処理することが妥当であり，法的構成としては，その方が柔軟な解決を導きやすいという[36]。

しかし，相当因果関係による賠償範囲の制限は理論的上不可能であるという批判がされている[37]。そもそも相当因果関係といいながら，不法行為法においては債務不履行とは異なり予見可能性を事実上要求しておらず擬制に近い運用をしているので，このような批判があてはまってしまう。ただし，416条によらずに，損害賠償の範囲の決定基準によるのであれば，請求権主体説とそう大きく結論が変わってくるものとは思われない。

(3) 本書の立場

わが国では，ドイツ民法のように権利侵害が不法行為の成立のために必要とされていないものの，「権利又は法律上保護される利益」を侵害することが必要である（709条）。親族が帰国のために費用を支出した事例のように，直接の被害者に対する不法行為の射程範囲＝損害賠償の範囲を基準とするのではなく，企業損害の問題は，使用者である会社に独自の不法行為の成立を問題にする必要があると考える。というのは，単なる相当因果関係が認められればよいのではなく，使用者の被害者についての雇用契約上の権利が，社会的ないし第三者との関係でどれほど保護されるべきなのか，被害者自身の保護から離れて独自に考えられるべきであるからであるからである。そのため，会社が単に損害を受けたというだけでは足りず，他人の負傷・死亡により派生的に発生した損害を賠償範囲に取り込むためには，その侵害に対して債権ないし契約関係が，不法行為法上保護されるべきか否かという，成立レベルでの議論が必要になるのである（本書6頁にいう，「不法行為成立要件型」の類型である）。

これをあえて債権侵害の不法行為と構成するかは異論があろうが，たとえ営業の侵害と構成しても，所有権に支えられた物的施設の侵害ではなく，雇用契約・債権に支えられた脆弱な人的施設の侵害を解する営業の侵害であり，両者を同列に論じるのは適切であるとは思われない。雇用契約ないし債権でつながっている利益保障が，いかなる侵害に対して保護されるべきかは，違法性（同時に過失判断でもある）のレベルで調整することが必要である。このように考えれば，因果関係の連鎖の中で利益侵害を解さずに損害（純粋経済損害）を受けた損害範囲型の事例とは，ずいぶん異なるということができる。

---

35) 平井・不法行為182頁。
36) 内田・債権各論434頁。
37) 加藤・企業固有損害56頁。

2 直接被害者とする構成の可能性について

これまでは、従業員や取締役などを負傷または死亡させて企業に損害を与える企業損害の事例について、企業は間接的な被害者として議論されてきたが、近時は、企業自体の侵害として直接被害としての構成を示唆する学説がある（判例としても、判例【84】（慰安バス旅行事故第一審判決）も、「企業の組織及び活動そのもの」を保護の対象としている）。また、それ以前に債権侵害という構成が提案されていたので、あわせてここで説明をしていこう。本書の立場は、後にまとめて説明する。

(1) 債権侵害構成
(a) 債権侵害構成の提案

倉田判事（当時）は、債権侵害という構成を提案する。「一般的抽象的には何らかの扶養給付・労務給付の債務に縛られた存在であることを予期してよいのではないか。従ってその債務が当人の死傷により履行不能に陥ることも予見可能の埒内ではないのか」。「もしこの点を肯定しうるとすれば、過失により他人の生命を侵害する者は、それによりその者の被扶養者達の扶養請求権を侵害すべきことを予見しうる筈である。同様に、他人を死傷せしめることが同時に他の何人かのその者に対する労務給付の債権を侵害する結果となることも予見しうる筈である」とし、また、債権侵害であるが、人身事故一般には強い違法性を肯定でき、このような抽象的な予見可能性でも満足することにすれば、債権侵害による不法行為の成立を肯定できるという[38]。

また、加藤了弁護士も、個人企業については次に述べるように他の構成によるが、それ以外の場合については、「労務給付債権の侵害とみて企業を直接被害者として位置づけ、ただ交通事故が加害者には、企業の債権侵害に向けられた『故意』がないので帰するところ、企業の固有損害賠償請求は否定されるものと考える」という[39]。倉田判事は、労務給付債権の侵害による不法行為の成立を肯定した場合、企損害としてどの範囲までが認められるのか、次の問題があるとして、債権侵害説の立場から次のように制限的な運用を認める。即ち、ここで問題なのは真正の企業損害であり、「一般的抽象的な労務給付の予見可能は、このような労務の質から来る非代替性にまで及ばず、従って、真正の企業損害は予見可能性の埒外にある、と考えるべきであろう」、と[40]。

(b) 債権侵害構成への批判

ところが、その後、債権侵害という構成に対しては批判が集中し[41]、現在では債権侵害

---

38) 倉田・企業の損害 81～82 頁）。その前にも、丸尾・企業の損害 102 頁が債権侵害という構成を提案していた。
39) 加藤・企業固有損害 59 頁。
40) 倉田・企業の損害 84 頁。
41) 好美清光「判批」判タ 222 号 87 頁以下、浜崎・間接被害者 137 頁、前田・不法行為 287 頁など参照。

第5章　企業損害をめぐる学説

ということを支持する学説はないといえる。故意ならば別であるが，過失による債権侵害は肯定されておらず，債権侵害についての過失はあまりにも擬制的であるなどと批判がされている。

しかし，この擬制という批判は，債権侵害と構成して間接被害者を積極的に救済しようとする立場に対してはあてはまろうが，債権侵害と構成をするが故に故意の場合以外に不法行為の成立を認めない本書のような立場には，批判とはならないといえよう。代表者と会社が一体化している場合は，法人格否認の裏返しのような救済であり，イレギュラーな便宜的保護であり，これは別扱いをしなければならない。残される事例は，判例も間接被害者による損害賠償請求を認めていないのであり，債権侵害という構成はむしろ判例を補強する理論であるとさえいえる。

(2) 営業侵害構成

近時，潮見教授は，次のような構成を提案している。

「このコンテクストにおいて観念されている企業損害は，端的に，企業自体の被った直接侵害（権利侵害），つまり，営業利益侵害ないし経済的損失を理由とした，企業自身を直接被害者とする損害賠償請求権の問題——第1次財産損害の賠償問題——として捉えるのが適切なのではなかろうか（ドイツのように絶対権侵害を基点としない不法行為責任体系をとるわが国では，こうした構成を基礎に据えることに障害はない）。そう考えれば，ここで

の問題の核心が，企業の営業利益・経済的利益が法的保護に値するかどうかと，不法行為規範の保護目的内にあるかどうかの規範的価値判断にある点が明確になる。この意味では，企業損害型については，直接侵害構成をもって是とし，間接被害者構成をとるべきではない」，と[42]。

この提案は，後述する通説・判例に疑問を提起して，物的施設の侵害と人的施設の侵害とのバランス論を強調する栗田教授，夏目判事の考えに相通じるものがある。企業の建物を毀損したのは，所有権侵害であるが，それが営業のために使用されていたものであれば，企業侵害とか構成するまでもなく所有権侵害の損害賠償の範囲の問題として処理できる。ところが，人の場合には，企業の所有ではなく，企業はこれに対して債権を有するだけであるが，債権侵害による不法行為の成立が認められれば，同様に損害賠償の範囲の問題で解決され，別に企業侵害という構成をする必要はない（否，むしろ構成しないほうが，物的侵害とのバランスが保たれる。物的施設の侵害も企業侵害と構成すれば，それはそれでバランスが保たれるが）。また，このように本質的に債権侵害の問題であることが，物的侵害の場合よりも企業の損害賠償請求が認められにくくなる理由でもある。栗田教授，夏目判事の考えは後に詳しく述べることにしたい。

---

42) 潮見・不法行為185頁。

第2節　法的保護の結論（その1）
——原則否定説が通説・判例

1　原則否定説

通説・判例は，企業の固有損害の賠償請求を原則として否定しようとしており，その根拠について説明をしていこう。

(1)　原則否定される根拠1——実質的な根拠づけ

企業の固有損害については，全面的否定説および積極的肯定説は少数であり，判例を支持する原則的否定説が通説といえよう[43]。予見可能性ということからは，711条で被害者に何人かの近親者がいるであろうという予見と同じく，ごく自然であり，711条同様に，司法政策的な配慮が働いているといわれ，原則否定の根拠として次のような根拠を挙げられている[44]。

❶ **拡大しすぎる可能性がある**　一般的に企業損害にまで救済を認めるならば，二段以上の「間接被害者」についても救済を拒む理由がなくなるが，取引関係が複雑に連続・牽連し合っている現代社会においては不法行為責任成立の限界を画することが不可能になる。

❷ **予測可能性・計算可能性の保障**
「間接被害者」の被る固有の損害は，千差万別であり，しかも巨額にのぼることも少なくないので，人の社会的行動についての予測可能性や計算可能性を破壊することになる。

❸ **債権侵害との整合性**　この種の企業等の被る「間接損害」は，債権侵害の一場合として捉えられうるが，債権侵害の処理と整合的であることが必要であり，雇用契約ないし労働契約における雇主や企業だけを特別に優遇するということは，少なくとも現代の法律感情からは是認されえない。

❹ **企業固有のリスク**　間接被害者の立場からいえば，従業員の労務提供等を期待する権利ないし地位は，本来その程度に不安定なものであることは，ことの性質上当然予想されてしかるべきであり，この不安定は，あらかじめ企業計算なりに織り込んでおくべきであるといってよかろうし，必要ならば保険によって自衛すべきである[45]。損害としては収入が減ることが大きいが，積極的損害としては，代替要員を確保するためにより高い賃金を支払った差額分も問題にされているが，

---

[43]　村田・間接被害者45頁以下も原則否定。
[44]　幾代・徳本・不法行為法271頁～272頁。
[45]　代替性のない従業員について例外を認めるべきかは疑問があるが，この点につき，西井龍生「判批」西南学院大学法学論集15巻3号148頁は，「代替性の少ない従業員を多数擁して企業を営む者は，一方でそれらのものの活動によって利益を収めるとともに，他方かれらの不時の傷病に伴う思いがけぬ休業の恐れが常に存在することを計算に入れながら経営に従事することを要請されるし，また，それは可能である」として賠償請求を否定する。

第5章 企業損害をめぐる学説

やはりこれも「会社固有の逸失利益と同様に企業活動一般に伴うリスクとして会社の負担となってやむをえないというべきであろう」と評されている[46]。

(2) 原則否定される根拠 2——法理論的な根拠づけ

❶ **相当因果関係説** 間接被害者の問題を損害賠償の範囲の問題として考える学説は，相当因果関係により間接被害者の損害が賠償範囲に含まれるか否かを説明しようとしている（判例については，86 頁に述べた）。しかし，相当因果関係を 416 条の特別事情についての予見可能性の有無を基準とする限りは，交通事故のような事例で予見可能性を問題するのはナンセンスであると批判されている[47]。

❷ **平井説（義務射程説）** 平井教授は，賠償範囲説にたち，「過失不法行為の場合には，間接被害者が『義務射程』に入る者ならば，すなわち損害賠償回避義務が間接被害者たる請求権者に生じた損害の回避義務をも含むならば，その者は賠償範囲に含まれると解すべきである。したがって自動車事故（企業損害の場合にはこれが多い）における損害回避義務は，当然自動車によって生じる定型的危険に晒される者に限られ，被害者の勤務する企業には及ばないと解すべきであるから，『真正間接被害者』たる企業には及ばないことになる。」という[48]。

(3) 原則否定される根拠 3——比較法的考察から

吉田邦彦教授は，日本の判例は，因果関係・損害の範囲・性質の問題として処理をするフランス法の判例の状況に類似していると評価し[49]，次のようにいう。

「筆者としては，民法 709 条の規定の母法であるフランス法の立場に示唆を受けつつ，日本の従来の裁判例の立場を支持したい。つまり，企業損害（間接損害）の場合にも，損害賠償の範囲の問題として捉えれば足り，それは，会社の規模，被用者（受傷者）の地位，損害の内容及び程度（受傷者の数），侵害行為の危険性等を総合的に考慮して判断されるべきものと考える。従って，前述の『間接被害者』『反射損害』という概念による一般的処理は柔軟さを欠くであろう。また，確かに多数説の説くとおり，間接損害の賠償を認める際には慎重でなければならないが，他方で，昭和 43（1968）年判決を……を金科玉条視する……ことにも問題があり，より多面的なアプローチがなされるべきであると思われる。」(647 頁)

「債権侵害説と相当因果関係説とは競合し

---

46) 徳本・損害賠償法講座 301 頁。従業員の事例の判例評釈であるが，宮原守男「判批」『交通事故判例百選（第二版）』95 頁は，否定することが，「損害賠償が損害の公平分担を目的としている機能からみて，正当である」という。浜崎・間接被害者 138 頁も同様。
47) 宮原守男「判批」判タ 279 号 98 頁。浜崎・間接被害者 137 頁も，相当因果関係では損害賠償を否定できないという。
48) 平井・不法行為 186 頁。
49) 吉田・再考 644 頁。引用頁は本文に示した。

うるものであり，繰り返しになるが，筆者は，この類型においては，第三者の過失で足り，後は，損害賠償の範囲の問題にゆだねられるという，通常の不法行為の法理が適用されると考える。」(647～648頁)。「但し，本類型の場合には，通常の場合（被害氏やが限定されている場合）以上に高度の政策的な因果関係（損害賠償の範囲）の判断が問われていることは注意を要しよう」(650頁注132)。

なおこの吉田提案と平井説との差については，裁判官の裁量の範囲を広げるものであると評しつつ，「しかし，その具体的適用においては大きな差は生じないのではなかろうか」，特に平井説（義務射程説）に対しては，多数説と殆ど異ならないことになろうと評されている[50]。

(4) 本書の立場

確かに営業侵害と構成することは不可能ではないが，しかし，既に述べたように，所有権の侵害という形態をとる物的施設の侵害と，雇用契約に基づく権利ないし利益の侵害という形態をとる人的施設の侵害とでは，同じ営業の侵害とはいっても同列には扱えない差異があることは否定できないであろう。そうだとすると，はじめから両者は別類型として別の問題として考えるのが素直である。雇用契約といういわば脆弱な糸1本で結びついているだけの関係にすぎない特殊性は，債権侵害と構成しようとしまいと否定できないところであり，少なくとも債権侵害と同様の考慮が必要であるといえるであろう。したがって，原則否定説に賛成し，第三者に対しては，原則として故意的な侵害に対してしか企業損害は保護されることはないというべきであると考える。

2 原則否定説で例外的に損害賠償が認められる場合

(1) 故意がある場合

次の(b)の例外を否定する立場でも，企業に損害を与える目的で，従業員に対して加害行為を行ったような場合には，企業に独立の被害者として不法行為上の損害賠償請求権を認めることは，債権侵害の不法行為と同様に，認めてよいといわれている[51]。義務射程説を採用する平井教授も，「この問題を保護範囲により解決するという立場から，間接被害者等に損害を与えることを意図し，その手段として直接の被害者に損害を与える場合には，故意不法行為における保護範囲は拡大するという一般理論の応用として，間接被害者に請求権者たる地位を認めるべきである」という[52]。

---

50) 吉村良一『不法行為法（第3）版』(平12)頁。
51) 幾代・徳本・不法行為272頁，加藤雅・不法行為219頁，内田・債権各論434頁，西原・間接被害者225頁など異論はないといえよう。判例・通説に反対し，制限に疑問を持つ考えでは，「企業それ自体が被害者になりうることには問題がない以上，当然であろう」と，「企業に対する妨害行為」につき企業に損害賠償請求権を認めるのは当然という（栗田・間接被害者123頁）。
52) 平井・不法行為185～186頁。

(2) 判例の認める例外的事例（経済的同一体説）

既に見たように、判例は、取締役が負傷ないし死亡した場合に、間接被害者として会社が固有の逸失利益の損害賠償を請求できる場合として、①法人とは名ばかりの個人会社であること、②代表者個人が会社とが経済的に一体をなしており代替性がないこと、といった要件が充たされる場合を認めている。

(a) 肯定説

❶ **実質的に法人格否認** 学説には、判例に賛成するものが多い[53]。債権侵害構成による倉田判事も、「法人成りしないままであったと仮定すれば、個人企業における経営者個人の損害として賠償請求を肯認されたであろうものが、企業の実態は同じく、負傷した者も同じなのに、法人成りしたという理由だけでひっくりかえるとしたら、その結論は不自然な気がする」という[54]。

このように間接被害者の問題として個人会社について例外を肯定するのが一般的な評価であるが、潮見教授は、企業損害を営業利益・経済的利益の侵害という直接被害者であるとみるが、判例の認める例外については、「損害賠償請求の次元での法人格否認・形骸化の問題として扱えば足りる」と評す[55]。会社名義で個人の損害賠償を請求するものであり、個人が実質的に主体であり間接被害者の問題ではないことになる。ただし、これはあくまでも比喩であり、法人格否認の法理そのものを主張するものではない[56]。しかし、このように実質的に個人の損害賠償請求をするものであるとすれば、個人の損害賠償請求権のみを認めれば十分であり、何らかの不利益があっても法人化の途を選択した以上は仕方がないという、後述のような否定説につながってくる。しかし、債権侵害説に立つ加藤了弁護士は、「この場合、法人成りした企業固有損害の賠償を肯定する根拠としては直截に『公平の原則』にて足りるものと思う。個人の場合に肯定される収益の賠償が法人格取得の道を選んだことの一事をもって否定されることは決して妥当ではない」という[57]。

なお、西原教授は、個人会社について例外を認めてもよいというが、「具体的な収益の減少ということにこだわらないならば、負傷者本人からの賠償請求の中でこれを考慮することも可能であり、むしろこの方が本筋」という[58]。また、義務射程説による平井教授も、

---

53) 宮原守男「判批」判タ279号99頁、久世・企業損害72頁、内田・債権各論434頁。田山・不法行為法193頁以下も、特に最判昭43に反対しない。徳本・損害賠償法講座299頁以下も、原則として企業損害の賠償請求を認めず、本人の損害だけを賠償の対象にするというのが、個人木々用の場合には例外を認める。
54) 倉田・企業の損害92頁もこのように述べ、間接被害者の原告適格制限の例外として肯定する。
55) 潮見・不法行為185頁〜185頁。栗田・間接被害者124頁も、「この場合はむしろ企業損害の問題ではなく、経営者個人の損害に対する評価の問題である」という。
56) 会社の法人格を主張して会社として賠償請求をしているのであり、法人格を否定したら請求棄却になる（倉田・企業の損害92頁）。
57) 加藤・企業固有損害60頁。

第2節　法的保護の結論（その1）──原則否定説が通説・判例

原則的に否定しながら，「いわゆる個人会社の賠償請求は，実質的には直接の被害者の請求そのものと考えるべきであるから，法人格という外形にとらわれることなく，請求権者たる地位を認めることになろう……。したがって，賠償額を算定するのは個人についてであって，木々用の逸出利益は，それを認定するための，資料にすぎないと考えるべきである（企業の収益にとらわれることなく，あくまで個人が企業から受け取った報酬を中心に算定されるべきである）。」という[59]。

また，この経済的一体という法理は，従業員には当てはまらないように思われるが，判例は否定する際にこの基準をあてはめて検討をし，経済的一体性を肯定する異例な判例【80】（富山の薬売り事件第一審判決）もあるが，この基準を適用する判決は判例【80】を除き，すべて会社の損害賠償請求を退けている。したがって，会社の損害賠償請求を認める判決は，相当因果関係だけを問題にするか，または，企業の組織・活動自体の侵害と構成する判決であり，判決【80】は肯定判例の中では異例な判決である。

❷　肯定説における要件　　経済的一体性という要件につき，経営の実験を握り，また，株時の大部分を握って，企業を所有していることが必要であるとか[60]，「資本金の額，会社の実質的出資者，会社の組織・業務内容，代表者の職務内容および権限，従業員の地位権限，会計処理の方法，利益の実質的帰属などを判断基準にして具体的個別的に検討することになろう」といわれている[61]。

(b)　否　定　説（全面的否定説）

「かような場合には，直接被害者たる自然人が，治療費等の損害のほかに，法人組織である企業の株主なり役員なり（あるいはその双方）として配当・給与・賞与，さらには残余財産分配の期待など，形式の得べかりし利益を喪失せしめられたという損害を受けたのであり，それとして彼が賠償を請求すれば足りる。それ以外に会社（法人）として別に請求しうるものがあるとは思えないし，もしあるとしても，それを例外的に認めるだけの合理性があるとは考えられない」，という否定説も主張されている[62]。

一体である場合には，特に企業の損害と構成することなく，経営者個人の損害として請求すればよいわけであるが，会社の損害賠償としたほうが，帳簿などの証拠が豊富で立証がしやすく，また，そのほうが額が多いことがありうるなどの理由から，わざわざ企業の損害とするのであると評される[63]。しかし，この点についても，「例外的に保護範囲を給

---

58)　西原・間接被害者225頁。
59)　平井・不法行為186頁。
60)　倉田・企業の損害94頁。
61)　久世・企業損害70頁。
62)　幾代・徳本・不法行為273頁。浜崎・間接被害者139頁も否定説である。好美清光「判批」判タ222号86頁は，会社損害なるものも直接被害者たる代表者個人の損害として個人の名義で請求することを肯定し，むしろその方がすっきりしていると評する。
63)　前田・不法行為286頁。

第5章　企業損害をめぐる学説

与相当額に限定することが被害者に酷に失するケースがまったくないとはいいきれないが，このような場合でも，代表者個人の労務の価額がその給与額をこえる価値を有していたものとみれば，本人自身の損害として賠償することが許されてよい」と反論されている(64)。

3　本書の立場

本書は，繰り返し述べたように企業損害の問題については，債権侵害という本質を持つ問題であるという観点から考察し，会社の営業を妨害するという故意的な事例でなければ，会社に対する不法行為の成立は認められないと考えている。したがって，故意的侵害以外の例外は認められず，理念的には判例に反対して，すべて個人の利益に還元して直接被害者が賠償請求できるようにするのが正しいと思っている。しかし，会社の名で損害賠償を請求する実務上の要請があり，そのような会社というものを実務の要請によって容認している以上，理念を貫くわけにはいかず，代表者と会社とが一体化しているような事例では便宜的に例外を認めることに反対はしない。ただし，理論的にはいささか問題があること，また，特別な事例への便宜的な例外であり債権侵害という構成がこれによって破綻を来すものではないことは，再度強調をしておきたい。このいわばガンのような部分を切り離さずに議論をしていたことが，これまでの議論の大きな問題であり(65)，この例外は法人論という異質な観点からの例外であることを確認しておきたい。

また，債権侵害構成の利点としては，不法行為責任が否定されるという原則を説明しやすいということがある。この箍をはずしてしまうと，次に述べる積極的肯定説にどっと進んでしまうことになり，人的施設の侵害と物的施設の侵害との差を説明できなくなってしまう。次のように物的施設の侵害と人的施設の侵害とについて，不法行為の成立に差を設けることを疑問視することには，本書は反対である。やはり判例がこれだけ原則否定に固まっているのは，それがわれわれの社会通念に合致するためであり，また，この問題が親族のように利益保障領域の人的拡大としての相当因果関係においてどこで切るのかという問題ではなく，独立した不法行為の成立レベルの問題として考える限り，社会的に所有権などの絶対権と同列の保護が認められるべきものではないと思われる。

---

64)　田邨・会社の損害299頁。
65)　なお，個人会社の代表者が，配管工事をしている際に現場の安全が十分に管理されていなかったため事故にあった場合には，工事の元請企業に対して安全配慮義務違反を追及することができるが，その場合はどう考えたらよいであろうか。元請企業は，会社と実際に作業をする代表者の両者に対して安全配慮義務を負うとすれば，いずれが損害賠償請求しても，債務不履行を理由にできることになる。実質的に一体であり，いずれが請求しても差が生じないようにするために，このように解するしかない（なお，著者の立場では不法行為のみを問題にするので，このような問題は生じない）。

第3節　法的保護の結論（その2）
――原則否定説に疑問を提起する学説

1　栗田教授による問題提起

栗田教授は，原則否定説に対して次のような疑問を提起する。

①　不法行為によって企業の物的施設が破壊された場合に，企業にこれによる営業上の損失の賠償が認められることについて異論がないのに[66]，人的施設というべき従業員・経営者の死傷の場合には原則として損害賠償を否定するのは，均衡を欠くのではないか（暴走車による事故で，隣り合った甲の店は，従業員は負傷しなかったが店舗が破壊され，乙の店は，店舗は破壊されなかったが，従業員は負傷し，いずれもそのため1週間休業した場合，甲のみ損害賠償を認めるのは妥当か）。

②　交通事故における大量発生，迅速な処理という社会的要請に基づき，企業損害を否定することは意義のあることであるが，交通事故における特殊事情もしくは政策的判断を不法行為一般に拡大してよいかは問題であろう。

③　企業損害を認めると，現代社会にあっては，損害賠償額の拡大，紛争の複雑化をもたらすかもしれないが，それを解決するのがむしろ現代不法行為の課題であって，これを一律に否定することの合理性には疑問がある。

このような疑問を述べて，栗田教授は，「企業損害については，単に経営者と企業とが経済的に一体化している場合だけでなく……，不法行為の成立要件が充足されるかぎりにおいて，積極的に認めることが検討されるべきである」という[67]。

---

66)　なお，賃借している建物が壊された場合には，所有者には賃料債権を失うという程度の損害しか発生せず，営業侵害により損害を受けるのは賃借人である。この場合にも，営業侵害による損害賠償を認めるべきであろうが，所有者か否かで差を設けないためには，営業侵害というのが適切かもしれない。企業損害を債権侵害で構成する学説は，賃借権侵害と構成する（**丸尾・企業の損害** 102頁）。

67)　**栗田・間接被害者** 124頁。なお，物的被害の事例では，相当因果関係にある損害が賠償される。例えば，**長崎地佐世保支判昭55・2・26** 交民集13巻1号259頁は，バスを使用して旅客運送の業務を営む会社がその所有車両が事故で破損した事例について，次のような損害賠償を認める。

　⑴　人件費　金1万9,600円　　本件事故直後のあと始末（本件事故翌日の乗務員の勤務変更及び配車の変更等の手配，本件事故現場検証に立会ったため帰りが遅くなったY車の運転手の送迎，Y車の乗客運送のための代車運転）のため時間外勤務（本件事故当日，現場検証に立会うことを余儀なくされる等して，帰りが遅くなったY車の運転手の時間外勤務を含む。）をしたYの事務員（1名）および運転手（3名）に支払った時間外労働手当合計金1万6,400円

　本件事故により負傷したY車の乗客2名の状況についてXに連絡するとともに，右負傷者とXとの間の示談契約を早急に成立させるべく，X方を2度にわたり訪れたYの長崎営業所長に支払った出張旅費合計金3,200円

第5章　企業損害をめぐる学説

2　夏目判事による全面的反論（無制限肯定説の提示）

　夏目判事は，栗田教授の問題提起後に，無制限肯定説を提案している。要するに，形式的にも企業自体の侵害であり間接被害者ではないし[68]，実質的にも物的施設と人的施設とは同等の保護に値するというものである。

　①　先ず，「企業の人的・物的要素とその保護」と題して，「社会経済的にみて，企業組織における人的要素の重要度は，物的要素のそれと等価であって，その確保手段も，物的要素の場合と非常に類似しており，支出される企業のコストも，決して物的要素に劣るものではない」[69]，また，「人的要素の侵害の場合，侵害される企業の利益や発生する損害の内容は，法的にも物的要素の侵害の場合と同様の質と構造を持っていると認められるのであり，人的要素も，物的要素と同等の企業活動の構成要素として，これに劣らない不法行為法上の保護を受けるべきことが承認されなければならない」という[70]。

　そして，結論として，次のように断言する[71]。

　「企業は，継続的な委任・雇用契約の目的たる役員や従業員の死傷によって企業活動を

---

　(2)　通信費　金420円　前記2名の負傷者との電話連絡及びその負傷状況等についてXに電話連絡した際の電話料

　(3)　自家用車燃料代　金5,010円　本件事故当日の被告車の運転手の送迎，前記2名の負傷者の見舞，右各負傷者の状況についてXに連絡するとともに，右各負傷者とXとの間の示談交渉を促進するためX方を訪れる等のため使用した自家用車の燃料代

　(4)　見舞品代　金5,500円　前記負傷者2名に対する見舞品代

　2　Yは，休車損として金11万3,542円の損害を蒙ったと主張するので，検討するに，YはY車の修理に22日間を要し，その間YはY車を使用することができなかったことが認められる。しかしながら，右期間他に遊休車または予備車がなければ休車損が生ずることになるが，本件事故当時Yに遊休車または予備車がなかったことの主張立証はない。そうすると，その余の点について判断するまでもなく，右休車損に関するYの主張は失当である。

　なお，Yは右休車損が認められないとすれば，およそ乗合バスは無事故こそ至上命令であり，事故発生は，それがバス自体に責任がなく，本件事故のように相手方車に全面的に責任がある場合であっても，バス事故として事故に遭遇すること自体バス会社の信用，社会的評価を損うものであり，Yは本件事故によりYの信用，社会的評価を損われ，右休車損に相当する金11万3,542円の損害を蒙ったと主張するが，如何に乗合バスが無事故を至上命令とするといっても，本件事故のように，相当方車の一方的過失により生じた事故の場合でも，なおバス会社の信用，社会的評価が損われるとするYの右主張はにわかに首肯できず，ほかに本件事故によりYの信用，社会的評価が損われたことの立証はない。

68)　すでに述べた潮見・不法行為はこの主張を採用したものであり，また，小栗孝夫「判批」『新交通事故判例百選』（昭62）108頁が，大阪高判昭56・2・18の判例評釈において，その原判決は企業権の侵害と構成したということを示唆している。
69)　夏目・間接被害者221頁。
70)　夏目・間接被害者222頁。
71)　夏目・間接被害者222〜223頁。

第3節 法的保護の結論（その2）——原則否定説に疑問を提起する学説

訴外されないことにつき，十分な適法性と確実性を備えた独立の法的利益を有しているということができる。したがって，右死傷によって企業活動に支障を生じた場合，それが過失に基づくものであっても，違法性と因果関係を肯定することができるのであって，右利益に対する直接的な不法行為の成立が認められるというべきである」。

② 次に，原則否定説の論拠についてであるが，各種保険による損害填補を図るべきであるという主張については，過失相殺の根拠になることはともかく，それは不法行為の成立自体を否定する理論的根拠にはなりえない，また，政策的にみても，加害者のほうが任意保険などで填補を図るべきであるという。また，賠償範囲の過度の拡張につながると主張するが，人的要素と物的要素とで損害内容が同質で賠償範囲に大差がないと反論される[72]。

③最後に残されるのは，物的要素と人的要素の合理的な差の根拠づけとしての債権侵害という特殊性であるが，この点についても次のように述べている[73]。

「もともと債権侵害の中でも，取引行為の介在なしに不法行為が成立する本問の侵害類型では，加害者の営業の自由に配慮する必要がないのであって，他の侵害類型とは同一に扱うべきではないのであるから，むしろ債権侵害に関する反対説の前示見解の方が，その妥当性を検証されるべきではなかろうか。」

この積極的肯定説に対する本書の評価は，先に述べたので繰り返さない。

---

72) 夏目・間接被害者224頁以下。
73) 夏目・間接被害者226頁。

第1節　個人企業における経営者個人による損害賠償請求の認否

第6章　企業損害の関連問題

第1節　個人企業における経営者個人による損害賠償請求の認否

1　取締役個人による損害賠償請求

(1)　会社の損害賠償請求を肯定する立場では

個人企業の場合に，例外的に会社に損害賠償請求権を認める立場では，実質的に同内容の逸失利益を経営者である個人が同時に請求できては不合理である。経営者は，負傷しても報酬が支払われるので損害賠償請求権を認めず，会社に後述するように代位を理由として，経営者に支払った報酬相当額につき損害賠償請求権の取得を認めることになる。報酬支払を超えた逸失利益については，会社にのみ損害賠償請求を認めればよいことになるが，便宜的に経済的一体性を理由に，経営者にも損害賠償請求権を認めると，連帯債権的関係になり，いずれかにのみ支払えば足りるとするか，それとも会社として請求している場合にはこれを優先して経営者による請求を認め

ない（またはその逆），という処理がされることになろう。

判例【70】は「以上の事情ならびに後に認定するとおりX_2会社の業務が事故後も順調に伸びていることに鑑み，同X_1の後遺症に基づく労働能力喪失ないしそれを補うための出費による将来にわたる損害は，これを数量的に確定するに資料が不十分であって，積極損害として肯認することはできない」とした上で，「損害の発生自体は肯認しうるのであり，将来においてそれを克服するための本人の労苦も多大であろうから，後記慰藉料の算定に当り右事由を十分に斟酌しなければならない」として（慰謝料として500万円を認容する），慰謝料で逸失利益を斟酌している。これに対して，判例【69】は，会社自身が損害賠償を請求するのではなく，会社の損害を代表者個人が賠償請求した事例で，そもそも賠償請求を否定している。また，判例【71】は，解任される恐れはなく代表者個人の損害はないとする（会社の支払給与も企業損害も否定する）。その他，会社の損害賠償請求を認めて，個人の損害賠償請求を認めない判決として，判例【31】がある。

判例はその傾向を判断するには判断の資料となる判決が少なすぎる。なお，会社と経営

第6章　企業損害の関連問題

者が共同原告になっている事例で，会社による損害賠償請求を認めず，経営者個人の損害賠償請求のみを認めた判決が多くあるが，この点はまた後述する（判例【18】【34】【35】【39】【42】【70】がある）。

(2) 会社の損害賠償請求を否定する立場では

　経済的一体性があっても被害者である経営者個人にのみ損害賠償請求権を認めればよいという否定説では，個人が損害賠償請求できるだけであり（経済的一体性を理由に，会社の損害＝経営者個人の損害とされようか），企業には固有の損害賠償請求権は認められないことになる。企業が代表者や従業員に休業中にもかかわらず給与や報酬を支払った場合には，被害者個人の損害賠償請求権を代位取得するだけであり，固有の損害賠償請求権が認められるわけではない。

2　取締役個人による損害賠償請求と会社による請求との関係

　企業損害を肯定する立場でのみ，また，代表者個人に逸失利益の損害賠償請求を認める立場においてのみ問題になるが，両者の損害賠償請求の関係について，競合的な行使を認めるのか，それとも，いずれかの行使が優先するのか，考えてみよう。

❶　代表者個人が損害賠償請求していない事例　会社の企業損害の賠償請求が認められた事例では，代表者個人が逸失利益について損害賠償を請求していない事例がある。判例【22】は，「X_2会社はX_1の個人企業であるから，X_2会社の損害というもX_1の損害であることに変りがない。本件においてX_1は，得べかりし利益についてのみX_2会社の損害として請求しているから，X_1に得べかりし利益の請求権が認められ，これを自己の損害として請求しない以上，X_2会社の損害として認めても，何等差支がないものというべきである」として，企業損害の賠償請求を認めている。もし代表者個人が賠償請求しており，それが認められるのであれば，会社は賠償請求できないということを暗に匂わせているが，明言しているわけではない（その他，企業損害の賠償請求が認められた判例【25】【36】【41】【45】は，いずれも個人の損害賠償を請求していない事例である）。これを明言するのが，両者が逸失利益の賠償を請求する次の事例である。

　代表者が逸失利益について損害賠償請求をしていない事例では，経済的一体性が認められる事例である限り，会社による損害賠償の請求が認められても不都合はない。問題は，両者が請求される事例である。

❷　代表者個人が損害賠償請求している事例　まず，会社の企業損害の賠償請求を認めて，個人の損害賠償請求を認めない判決として，判例【31】がある。この判決では，会社の賠償請求権が優先することになる。

　反対に，経営者個人の賠償請求を認めて，会社による企業損害の賠償請求を認めない判決もある。判例【52】は，「代表者個人の損害は，事故によって直接生じた損害であるのに対し，会社の損害は間接的なものに過ぎないから，直接損害である訴外等個人の逸失利益を請求し，これが容認される本件において

第1節　個人企業における経営者個人による損害賠償請求の認否

は、X₁会社が重ねて営業上の損害を請求、認容できない」と明言する。

　以上に対して、判例【53】は、「損害賠償請求は、代表者個人であるA又は法人であるXのいずれからでも行使することが可能である。仮にAが請求し、填補を受けた場合には、原則としてXの損害についても填補を受けたものとして、Xが重ねて右損害の賠償を請求することができないというべきである」として、Aは休業損害についてもYが支払う旨の調停が成立しており、Xのいわゆる企業損害についてもYから右調停において填補を受ける合意が成立したものとした（判例【67】も、既に代表者個人が和解をしていた事例で、会社による企業損害の賠償請求を退けている）。請求自体は両者ができるというのは傍論的であるが、判決文では明言されている。

　❸　本書の立場　本書の立場としては、経済的一体性が肯定される個人企業の事例では、そもそもこのような便宜的な解決を認めたのは、実務上の要請によるものであり、会社と代表者のいずれもが便宜上損害賠償を請求することを認めてよい。しかし、便宜的な扱いであり連帯債権とは異なって、両者が同時に行使することはできないと考えたい。必ずいずれかを選択して行使しなければならず、両者の権利が行使されている場合には、代表者個人としての賠償請求を優先すべきであろう。また、代表者個人または会社が損害賠償について賠償を受けていたり、和解により賠償金の支払を受けて残額の免除をしている場合には、他方の請求にも当然影響を及ぼすものと考えるべきである（会社＝個人という主体性の問題からくる結論であり、連帯債権の法理によるものではない）。

3　過失相殺について

　判例【48】は、ロックバンドを運営している会社の取締役兼メンバーの負傷により公演を中止した事例で、会社の損害賠償請求につき、被害者個人の過失を理由に過失相殺することを否定しているが、特に理由は述べられていない。しかし、経済的一体性を理由に会社による損害賠償請求を認める判決は、例外なく被害者である代表者個人の過失を理由に、会社の損害賠償請求権について過失相殺を認めているといってよい。本書としては、経済的一体性を認めて、経済的に会社＝代表者としていずれの損害賠償請求も便宜的に認める以上、会社の損害賠償請求権についても過失相殺をしていずれが請求しても差がないようにすべきであると考えている。なお、故意的不法行為の場合には、例外的に経済的一体性が認められなくて民法会社による損害賠償請求を認めるが、会社について独立した不法行為の成立を問題にするので、代表者個人の過失を理由に過失相殺がされない反面、代表者個人に過失がなくても会社に過失がある場合には、過失相殺がされる可能性があることになる。

第2節　被害者である代表者個人が賠償請求できる額

　直接被害者たる企業主自身が不法行為者に損害賠償を請求する場合に、請求できる金額については次の2つの考えが可能である。なお、これは会社経営の場合に限らず、個人経営の場合にも同様にあてはまる問題である[74]。

1　全額説

　従前の企業収益の全額をそのまま経営者の逸失利益算定の基礎として認めてよいと考えることもできるという考えが、かつて大審院によって示されていた。

《105》　大判昭4・7・4新聞3041号4頁（全額肯定）

　本判決は次のように判示し、全額の損害賠償を認容している[75]。

　「事業の経営者として営業に因りて利益を挙げ居りし者が、他人の不法行為に因り死亡したるときは、特別の事情なき限り被害者は其の営業に因りて得べかりし利益を喪失することを免れざるものなれば、加害者は此の利益の喪失に付被害者に対し損害を賠償する義務あるべきは当然とす。本件に於て上告人Xは被相続人Aが被上告人の過失に因り死亡し其の営業者として得べかりし利益を喪失したるを以て、之が損害賠償請求権を有したるところ、相続に因り之を承継したりとしてYに対し之が請求を為すものにして、Xの先代Aが其の死亡の当時料理屋業を営み一定の利益を挙げ居りしことは原審の確定したる事実なるを以て、特別の事情存せざる限りYは右利益の喪失に因る損害を賠償する義務あるや勿論なりとす。然るに原審は斯る損害賠償の範囲は営業の資本営業に参加する家族等の活動に因る収益其の他の費用を控除し、Aの個人的活動に因る純益ならざるべからざるに其の純益を知るに由なき故を以て、Xの請求を排斥したりと雖、原判決の所謂家族等の活動に因る収益とは家族等が共同営業者としての活動に因る収益なるや将又営業補助者としての活動に因る収益なるや其の意明ならざるもの存し、従て原判決の正否を判定し難きものとす。蓋若之を共同営業者としての活動に因る収益なりとするときは其の家族等の収益に帰すべき額を控除すべきは当然なれども、之を営業補助者としての活動に因る収益なりとするときは其の収益は営業主の利益に帰すべきは勿論にして、之を営業主の利益より控除すべきものに非ざればなり。原判決が叙上の点に留意せずAの家族等の活動が其の何れに在りやを確定することなく漫然其の収益を控除すべきものと為したるは審理不尽又は理由不備の不法あるもの」とす

　もしこのように算定しないと、給与を受けることなく妻などが家業を行っている場合に、

---

[74]　徳本伸一「企業主の逸失利益」『ジュリスト増刊総合特集8号　交通事故　実態と法理』（昭52）186頁以下参照。

[75]　同様の判決に、東京地判昭31・9・29下民集7巻9号2757頁、広島高裁岡山支判昭37・1・22下民集13巻1号53頁がある。

妻の分の損害を賠償請求できないことになって不都合であり、いわば財布は1つの家族の代表として全体の損害賠償を経営している夫ないし法人たる企業がその名で賠償請求できるようにするのが適切であるからである。そして、離婚の際には財産分与において評価され、また、相続においては、寄与分（904条の2）として評価されることになる。逆に言えば、こういった制度があることは、正確に分配されない所得が存在することを前提していることになる。

2 労務価額説

これに対して、営業による純収益のうち、企業主自身の労務・技術・知識・経験等の個人的な寄与に基づく収益部分に限られるという労務価値説があり、判例は判例《106》の最高裁判決以後はこれによっている。以下に述べる判決の他、いちいち個別に取り上げはしないが、判例《106》に従った数多くの判決がある[76]。

既出【69】 長野地松本支判昭40・11・11判時427号11頁、判タ185号149頁（全額は否定）
【判例評釈】三島宗彦・判例評論88号8頁

個人営業の事例であり、Xが、昭和31年頃から菓子の製造を営んでいたが、Yからプロパンガスを買い受けていたところ、Xがガスの使用を止めるため使用人Aに本件容器のバルブを締めさせようとハンドルを廻わさせたところ、バルブが締まらず、しかもグランドナットがはずれてガスが噴出し、近くにあった煉炭コンロの火を引火して燃えあがり、そのためXは顔面や手に火傷を負ったうえ、家屋を全焼する等の損害を蒙った。判決は717条の土地工作物責任を肯定して、損害として以下のように認定している。

「同会社の蒙った損害が直ちにそれと同額の損害をXにもたらす、或いはXの出資の持分の割合に応じた損害をXにもたらすというわけでは

---

[76] 新潟地判昭44・6・27判時585号70頁（個人企業主の逸失利益、企業収益中の寄割合により、認定できない場合には労務日当に基づいて算定できる）、横浜地判昭45・10・31判タ261号333頁（個人会社の代表取締役が損害賠償を請求していない事例、会社の損害として賠償請求できる）、甲府地判昭46・1・18交民集4巻1号73頁、名古屋地判昭46・2・20交民集4巻1号249頁、岐阜地判昭46・7・1交民集4巻4号1023頁、新潟地佐渡支判昭46・11・29交民集4巻6号1721頁、名古屋地判昭47・3・8判タ283号182頁（代表取締役の休業損害、寄与率4割）、盛岡地判昭48・8・14交民集6巻4号1282頁、静岡地富士支判昭48・8・22交民集6巻4号1323頁、岡山地判昭48・8・23交民集6巻4号1349頁、東京地判昭49・4・19交民集7巻2号518頁、大分地中津支判昭49・8・19交民集7巻4号1125頁、新潟地判昭52・3・25訟月23巻4号625頁（夫婦で経営する個人企業、寄与率による）、東京高判昭58・1・27判時1072号112頁（個人企業経営者の休業損害）、大阪地判昭59・4・19判タ531号227頁（個人事業主の休業損害につき、平均賃金により算定）、大阪地判昭59・10・25判タ545号251頁（個人企業経営者の休業損害につき、平均賃金を基礎として算定）、神戸地判昭59・11・29判時1143号130頁（従業員10名の会社につき、寄与率を測定できず、申告所得額による）、大阪地判昭63・4・21判タ693号158頁（夫婦で販売業、夫の営業の寄与率を7割）、大阪地判平5・1・28交民集26巻1号122頁（従業員15名の会社の代表者が会社から得ていた収入のうち労働の対価は8割）、などがある。

ない。また同会社が社会経済上個人企業と変りなく，**同会社の損害はX個人の損害と変りない**との論もあり得ようけれども，そのためには，同会社の法人格の否認，即ち同会社は名目だけのことで実体のないものであること，または，同会社の被害とXの損害との間に因果関係の存在することの立証を要するが，……同会社は法人としての実体を備え，経理上或いは税務上X個人の人格とは別になっていると認める外なく，かつ同会社の右のような損失の結果出資者の一人であるXにどのような損害が生じたかの因果関係の立証がない本件では，これらの損害をXの損害として容認することはできない。」

《106》 最判昭43・8・2民集22巻8号1525頁（全額は否定）【判例評釈】安次富哲雄・交通事故判例百選〈第4版〉122頁，森孝三・民商法雑誌61巻1号122頁，石川利夫・交通事故判例百選〈第2版〉108頁，平井宜雄・法学協会雑誌86巻9号83頁，鈴木重信・法曹時報20巻12号156頁）。

「企業主が生命もしくは身体を侵害されたため，その企業に従事することができなくなったことによって生ずる財産上の損害額は，原則として，企業収益中に占める企業主の労務その他企業に対する個人的寄与に基づく収益部分の割合によって算定すべきであり，企業主の死亡により廃業のやむなきに至った場合等特段の事情の存しないかぎり，企業主生存中の従前の収益の全部が企業主の右労務等によってのみ取得されていたと見ることはできない。したがって，企業主の死亡にかかわらず企業そのものが存続し，収益をあげているときは，従前の収益の全部が企業主の右労務等によってのみ取得されたものではないと推定するのが相当である。」

「Aの営業収益額は昭和27年から同31年までの5年間の平均で年間978,044円であり，同人死亡後その営業を承継したXらがあげた同33年度の営業収益は208,318円であるというのである。したがって，Xらのあげた同34年度以降の営業収益が右同33年度の営業収益と同額であるとすれば，特段の事情のないかぎり，右説示に照らして，Aが生命を侵害されて企業に従事することができなくなったことによって生ずる昭和33年度以降の1年あたりの財産上の損害額は右978,044円から208,318円を差し引いた額であると推定するのが相当である。しかるに，原判決は右損害額の算定の基準として，なんら特段の事情を示すことなく，Aが従前取得していた収益全額をもってすべきものとしているのである。しからば，原判決には，判決に影響を及ぼすことの明らかな法令の違背および被上告人らの同34年度以降の営業収益について審理を尽さない違法があるものというべく，論旨はこの点において理由があるに帰する。原判決はこの点に関して破棄を免れない。」

これは，全額説をとる判例《105》によらず，労務価額説を採用したものであるが，この結果，個人企業の場合に，被害者本人が請求できる金額と企業が判例《17》により請求できる金額とはイコールではないことになる。しかし，全くの個人会社の場合には，会社の損失を経営者個人が全額請求することを否定するつもりではなく，判例《17》の要件を充たす場合であれば，原則は全額請求できることになろうか。

【107】 東京地判昭47・1・19判タ276号322頁（全額は否定）

個人営業であるが，参考となる判決として紹介しておく。事案は都電による事故であり，料

第2節　被害者である代表者個人が賠償請求できる額

理店を経営していた夫が負傷し，妻がすべてを取り仕切らなければならなくなり，収入が減った事例であるが，次のように判示されている。

[判旨]「Xは，本件事故当時，昭和39年11月に，その所有する建物において営業を開始した朝鮮料理店を，その妻Aと共同して経営していた者であるが，階下3間半に4間半の客席に，階上6畳間4部屋，3畳間1部屋の営業面積をもって挙げた業績をみるに，事故前4カ月の状況としては，その間に米30万円相当分，酒28万5,210円相当分，肉19万300円相当分のほか，野菜・魚類を仕入れ，そのほか，雇入給料・燃料費等を含めると合計165万円程度を負担したうえで売上240万円を挙げる状況であったが，Xが本件事故で受傷入院したため，Xがそれまで担当していた仕入部面を円滑に処理することができなくなり，それまで料理・接客・経理を主として処理してきた妻Aが業務全般を担当するほかなくなったため，売上も減少し，純益は半減するに至っている。なお，Xは，昭和43年4月に前記階下店舗部分を賃貸したことがあるが，その際の賃料は1カ月当り金5万円であった。」

「右認定事実によると，Xら夫婦はその営む料理店営業により，少なくとも1カ月当り金60万円の売上を挙げていることになるが，その純利益は，右認定の各仕入・経費のほか，店舗あるいは什器の償却費，さらにまた公租公課の負担を控除したものでなくてはならず，結局，右認定の店舗規模，賃料そして営業内容に鑑みると，Xら夫婦は日々の売上を1カ月位単位で統括しての金額としてみたうえで，金15万円の純利益を挙げていたものと認められ，そして，**Xの寄与度**は，その業務内容，事故後の収益状況からして，**5割**と判断できるので，本件事故当時原告は1カ月当り金7万5,000円の収益を挙げていたものといえる。

……Xは昭和41年8月15日午後より昭和44年6月10日迄，休業せざるをえなくなっているわけであるが，そのうち本訴において遅延損害金の起算日としている昭和43年7月7日の前日までの692.5日分は右収益に従い算定すると，金170万7,534円，……その後昭和44年6月10日迄分の右起算日現在価額は金81万4,399円となるので，この合算額金252万1,933円が，本件事故による原告の昭和44年6月10日迄の逸失利益である。次に右同日以降の本件事故にもとづく逸失利益は，これを既に認定のとおり，2カ年間14％の割合で喪失することになる限度で認容でき，これをこえる部分は事故後2次的に惹起された心因性神経症にもとづくことになるので，右認容額の，同じく昭和43年7月7日現在価値額を収益1カ月当り金7万5,000円で，なお本件の右喪失期間は既往のものとなっていることと，遅延損害金は単利計算とされることに鑑み，月別ホフマン式で算出すると，金22万8,815円となる。以上の合計金275万0,748円が，Xの本件事故により逸失した利益額である。」

【108】　横浜地横須賀支判昭47・1・31判時671号70頁（全額は否定）

亡Aは昭和33年頃より内職に屋台営業の焼鳥販売を始めたところ，約半年後に失業した夫のXがこれに加わり，夫婦共同の本業となった。屋台営業は，午後10時半頃に自宅を出発してから翌朝4時頃迄の間，主に自動車運転者を相手とする深夜営業で，相当健康に響き，然も天候に左右されやすく，冬期は月の半分位，その余の月は約7日の休業を余儀なくされたが，Aはよくこれに堪え，開業10年後頃には相当数の顧客を把握し，店舗を構えることを目標にして稼働していた。事故当時，屋台をXが引き，その後部をAが押して進行していたところ，その後

第6章　企業損害の関連問題

方より時速約40キロメートルで進行して来たY会社の従業員運転の普通乗用自動車が屋台後部に激突した。この追突事故により，屋台が大破し，Aが翌日傷害のため死亡した。そのためX（Aの子も損害賠償請求しているがこの点は省略）が，Yに対してAの逸失利益の損害賠償請求権につき相続により取得したものとして損害賠償を請求した。

裁判所は次のようにAの損害を認定した。

[判旨]「Aが刻明に記帳した手帳によって計算すると，昭和44年1月より6月迄の月平均売上高は，金18万5,700円であった。」「Xは，妻Aの死亡により右屋台営業を廃業せざるを得なくなった。……ところで，Xは，純益が売上の2分の1を下らない旨供述しているが，昭和43年賃金構造基本統計調査報告，業種，月間稼働日数，営業経験年数等を総合勘案すると，上記供述を信用することが出来るので，純益は月平均金9万2,850円となり，特段の事情のない本件では訴外亡Aの寄与率を2分の1と認むべく，これより昭和43年に於ける全国全世帯1人当り1カ月の生活費金1万5,700円を控除すると，同訴外人の1カ月の実収入は金3万725円と算定される。そこで，就労可能年数を15年（夫婦共同又は同訴外人単独の場合の両者を含む），ホフマン係数を10.981とすると，その現在高は，次の数式の通り金404万8,694円となり，これがAの逸失利益と認められるから，過失相殺によりこれより1割を減じた金364万3,824円が賠償を要する額である。」

【109】　金沢地判昭54・5・24 交民集12巻3号741頁（全額は否定）

「休業損害につき，企業主が身体を傷害されたため企業に従事することができなくなったことによって生ずる財産上の損害額は，特段の事情のないかぎり，企業収益中に占める企業主の労務その他企業に対する個人的寄与に基づく収益部分の割合によって算定すべきである（判例《106》参照）。

そして，企業主の企業が収益をあげていなかったときは，右の方法により損害を算定することはできないが，この場合の企業主の労務の価額は，その一般的な収益能力すなわち例えば賃金統計による平均賃金相当額によって算定することができると解する（右のように，企業主の労務の価額をその収益で評価する以上，その傷害の前後とも企業に損失があり，傷害後は損失が増加しているときにも，その増加分を損害額の算定基礎とすることはできない。もしこれを基礎とすることを許せば，従来収益をあげていた企業が，企業主の傷害によって逆に損失を生ずるに至った場合には，従来の収益分のほか，損失の分をも加えて損害額の算定基礎としなければ一貫せず，その結果従来の収益以上の額の賠償を命ずることになって妥当でないと考えられる）。

又，裁判所は，訴訟にあらわれた資料又は公知の事実によって，損害額を算定することができ，当事者の主張する算定方法に拘束されるものではない。」

「Xはカーテンレースの製造販売を業とする従業員6，7人のいわゆる個人経営者であり，本件事故により昭和50年7月1日から前示のとおり入院または通院実治療し，その間右業務に従事することはできなかったこと，事故前の昭和50年1月から6月までの期間のXの損益計算書の記載上の利益，損失と，事故後の同年7月以降12月まで及び同51年1月から6月までのそれとを比較すると別紙「損益計算書の比較表」のとおりであることが認められる。」「そして，右によると，Xの企業は，その傷害前後を通じて損失金があり，収益がなかったのであるから，

企業収益を基礎としてその損害を算定できず、他にその算定資料とすべき事実も認められないから、前示賃金統計による算定方法をとることとする。」「この点につき、Ｘは、その入院中に値引販売した商品の本来の価額との差額及び当時原告の営業活動の不能を補なうため使用した見本帳の作成経費を損失として主張するが、これらの販売や経費支出は、いずれもＸの営業活動の一部として行なわれ、値引販売による売上収入低下は、販売代価の早期入手による利益と相補う面があり、見本帳作成の経費損失は、その利用による売上拡大と関連するから、その得失は結局企業収益として集計して評価すべきであり、企業活動に関する限り個個の販売あるいは特定の投資についての損失や経費のみをとらえて、事故に基づく損害とすることはできない。」「Ｘは事故当時32歳の男子であることが認められ、昭和50年版賃金センサス第一表企業規模計、産業計、男子労働者、学歴計、30歳から34歳の年間所得2,443,900円、前示入院の日数78日及び通院実日数21日の合計が99日であることから算定すると、休業損害は662,866円となる。」

学説としても、企業損害について全面的否定説では、被害者本人を中心に損害賠償請求権成立の範囲を枠付けていくべきことから、労務価額説が妥当とされている[77]。この立場では、妻などが別個に損害賠償を請求できることにしなければならないが、この点については次において説明をしよう。

第3節　個人営業の場合の経営者個人と家族の損害賠償請求権

個人営業の場合には、直接被害者の寄与分限度で、当該個人の被った損害として損害賠償請求権を認め、まち、「死亡のときは相続構成」考えるのがよいというのが判例（判例【108】など）・学説の方向のようであるが、限界事例と評される。ただし、兄弟漫才師の兄が交通事故で死亡し弟が廃業せざるをえなくなった場合、相続構成はとれず（兄に妻子があれば）、結局一般的な間接被害者であるとして、救済を否定せざるをえないといわれる[78]。

1　個人経営者による損害賠償請求

夫の事業を手伝っていた妻が負傷した場合に、判例【110】は夫が営業利益の喪失について損害賠償請求を一部について認容しており、これも個人企業の経済的一体性性説同様に実際の要請に基づく便宜的な扱いである。一家で家業を個人業として行い、財布一体の状態にある場合に、家団論を実質的に実現するような結論である。共同経営として組合の法理で解決することも考えられようが、組合

---

77)　徳本伸一「企業主の逸失利益」前掲注74）187頁。
78)　**前田・不法行為** 287頁。

契約があるという擬制をしなければならない点の違和感は残される。企業損害同様に、主体の特殊性に基づく例外として、経営主体による損害賠償請求を認めるべきであろう。なお、判例【110】は、参考までに、会社形態をとっていな場合に、経営者が負傷したときの逸失利益の認定についての判例を挙げておいた。判例【163】【164】【165】も同様の事例であり、いずれも損害賠償請求が退けられている。

【110】 水戸地判昭58・5・10 交民集16巻3号633頁（一部肯定）

夫Xの経営する飲食店を妻Aが手伝っていたという、世間でよく見られる事例において、妻Aが交通事故で負傷し店の手伝いができなくなったため、これによる損害を夫Xが損害賠償請求したものである。

[① 家政婦賃金──一部肯定] Xとその妻Aとの間には、昭和49年6月生まれおよび昭和50年10月生まれの女の子2人の子供がおり、この2人の子供を○○屋営業中はBにあずけ、その面倒をみてもらっており、その謝礼を支払っていた。他方、当時○○屋の営業は出前が中心であったところ、出前はX自身およびアルバイトの高校生が行い、店舗内での営業は、Xの妻Aと他の従業員が行っていたというのであり、Xの妻であるAは、Xの青色申告上、昭和49年度から事業専従者となっており、昭和49年度には92万円、昭和50、51年度には各140万円の給与の支払がなされており、これがそれぞれ経費（給料賃金）として計上されている。「これらの事実によれば、2人の子供の世話を他人に依頼し、これが対価を支払うのは、必ずしも本件事故の発生によるものではなく、かつま

た、右の対価も営業経費のうちに算入されている結果、厳格な意味では損害の発生とはいえない面があるにしても、人手不足を来たして、より一層右妹の援助を必要としたことも容易に推測できるもので、Yの自認している範囲（39万7,500円）に限り右家政婦に対する支払賃金を本件事故による損害として認容することとするが、その余の請求は失当というべきである。」

[② 炊事婦、および出前アルバイト賃金──否定]「本件全証拠によっても、本件事故発生により、Xが特に、炊事婦、あるいは出前アルバイトを雇うことを余儀なくされたことを認めるに足りる証拠はなく、……かつまた、本件事故により、その賃金を増額せざるを得なくなったことの事実を認めるに足りる証拠もない。かえって、……後記認定のとおり、炊事婦及び出前アルバイトの賃金はいずれも経費（給料賃金）として計上されているところ、本件事故の前後を通じて、右給料賃金合計額が増大した事実もない。」

[③ 営業費増加分──否定]「Xは、「Aが、本件事故の負傷により、できなくなったそばの調理等の技術者を雇わざるを得なくなった。」旨主張し、Aの証言中には、第三次入院の際に、調理師としてCを雇わざるを得なくなった旨の供述がある。しかしながら、……Cという人物は、確定申告書のXの雇人欄中に記載されていないばかりでなく、昭和50年6月（本件事故前）から雇われてきていたことはXの自認しているところであり、昭和50年度と本件事故後である昭和51年ないし昭和53年度とにおける雇人に対する給料賃金の総額はほとんど変化がない……のであるから、Aの負傷によって、営業費が増加しているとはいえない。したがって、Xの、右請求は失当」といわなければならない。

第3節　個人営業の場合の経営者個人と家族の損害賠償請求権

【111】東京地判昭61・3・14 交民集19巻2号354頁（肯定，参考判例）

[逸失利益——肯定]「Xは，本件事故当時，7名の職人を雇用して配管業を営んでおり，右職人はすべて現場作業員であって，発注主との打ち合わせ，立会等の業務は専らXが行っていたところ，Xが示示のとおり入院したため，既に発注を受けていたA工業株式会社からの発注金額480万円，B材木店からの発注金額450万円，C会社からの発注金額1,150万円の3件の工事請負契約（発注金額合計2,080万円）をいずれも解除された……。右の事実によれば，Xは，右3件の工事請負契約を解除されたことによって，これら工事を施工した場合における利益相当額の損害を被ったものというべきである。

ところで，Xは，右工事につき，いわゆる粗利を30パーセント見込んで見積を計上している旨供述するが，……Xの昭和55年度分の課説申告における売上金額は4,730万7,076円であるのに対し諸般の経費を控除したのちの所得額は220万7,752円にすぎないことが認められるうえ，X本人尋問の結果によれば，Xは，粗利は一応30パーセントとして見積を出すが，工事の実際の状況によっては見積どおりの利益が得られるとは限らず，最終的には精算してみないと利益額はわからないことが認められ，これらの事情に鑑みると，前示の3件の工事請負契約の解除による損害額は，これを控え目にみて，**発注金額の1割にあたる208万円**と算定するのが相当である。」

[休業損害]「X主張の休業損害は，これを休業損害だけに着目すると，少なくとも課税申告額を基準とした損害が生じているようにみられるものの，Xが稼働できなかったことによる損害として……に認定した逸失利益と合わせ考察すると，X主張の休業損害と上記逸失利益とは一部重複するものと考えられるから，仮に休業損害を認めるべきであるとしても，逸失利益と重複しない限度でのみ認められるものというべきところ，本件においては，その重複の程度ないし金額を明確に認定するに足りる証拠はないから，結局，休業損害としては請求を認めることができないものといわざるをえない。そして，上記のように休業損害を否定したとしても，Xが稼働できなかったことによる損害としては……に認定したとおり逸失利益として相応額を認容しているから，これを必ずしも不当なものということはできない。」

2　被害者である家族による損害賠償請求

被害者自身である家族が逸失利益の損害賠償を請求できるのは当然であるが，問題はその算定方法であり，次のような判決がある。特別事情が認められない限りは，賃金センサスによるべきであり，その証明責任は被害者自身が負うことになる。

【112】神戸地判昭58・2・28 交民集16巻1号261頁（肯定）

[逸失利益]　金45万8,808円

「X_1は，本件事故当時，常傭のクリーニング職人であるAと妻であるX_2のほか，臨時のクリーニング職人としてBを雇傭してクリーニング業を経営し，月平均金5,60万円の売上から妻X_2の給与を除く人件費，光熱費，家賃などの経費を控除して月平均金15,6万円から金20万円の収入を得て生計を維持していたが，昭和49年度の所得税青色申告に際しては，妻X_2に対する専従者給与として金60万円（月額金5万円）

第 6 章　企業損害の関連問題

を計上し，現実にも，これを X_2 に給付していたというのであるから，本件事故当時の X_1 の現実収入は月平均金 10 万円から金 15 万円であり，X_2 の現実収入は月平均金 5 万円である。そこで **X_1 の控え目な現実収入月平均金 10 万円を基礎**として，その逸失利益を算出すべきところ，X_1 の後遺症の内容と程度に照らせば，その労働能力喪失率は 14 パーセント，その継続期間は 3 年とするのが相当であるから，これにより X_1 の逸失利益を算すると金 45 万 8,808 円となる[79]。」

---

79) 徳本伸一「企業主の逸失利益」前掲注 74) 188 頁は，なお，従業員については，その労務に対して給料が支払われており，「その給与分は，企業主の純収益の計算の際にすでに，企業経営上の必要経費として控除されているはずのものであり，企業主が，従業員を使用して，その給与分を上まわる利益をあげた場合には，その利益は，企業経営上の手腕によるものとして，まさに企業主その人に帰属すべきものであろう」といわれるが，家族の場合には，その労務にふさわしい給与を受けていないため，最終的純収益の中にその寄与分を求める，という処理がされているものと見るべきであると評している。

第1節　親が学費を負担している事例──学費分相当の損害賠償請求

第7章　親族による治療費支払・看護など

　会社により被用者の負傷について治療費が支払われていた場合などについては，第8章で別に述べるので，ここでは親族によってその扶養にかかる子や親の治療費が支払われたり，看護がされた場合について，これを被害者自身が自分の損害として賠償請求ができるのか，また，治療費を支出した親などが損害賠償を請求できるのか，後者についてもし肯定すると，間接被害者のような関係になりそうであるが損害賠償請求の根拠をどうするのか，といった問題を検討していきたい。

　被害者は自ら治療費を支出していないので損害がないかのようであるが，加害者を免責する必要はないので，誰かが損害賠償請求できるようにしなければならず，被害者・費用を負担した親族いずれの損害賠償請求権についても，簡単に答えの出せる問題ではない。以下には，①予備校や塾などの不当勧誘の不法行為が認められる事例において，その学費を親が経済的に負担している場合に誰が学費分の損害賠償を請求できるのか，②親が未成年の子の治療費を負担した場合に，誰が不法行為者に対して損害賠償を請求できるのか，また，③親が未成年の子が負傷した場合にこれを看護したときに，誰が看護費用の損害賠償を請求できるのか（看護による休業損害を賠償請求できるのかという，固有の損害賠償請求の点については第1章で扱った），という3つの点について検討をしていきたい。

第1節　親が学費を負担している事例──学費分相当の損害賠償請求

1　判例の状況

　予備校が虚偽の広告をして学生を募集し，広告とはかけ離れた指導しかしないため，これらの行為を不法行為として，支払った入学金や授業料を損害賠償請求する事例で（解除をして返還請求をする場合には，契約当事者に返還請求権が認められ，第三者弁済であれば第三者に返還請求権が認められる），実質には授業料の返還請求に相当する請求が損害賠償の名の下になされることになる。この損害賠償請求権を，出捐をして親に認めるか，それとも実質的に出捐をしていないが自己の名で学費を払い込んだ子に認めるか，問題になろう。

第7章　親族による治療費支払・看護など

判例の数は少ないが，以下のような判例がある。

❶ 子が自己の損害として賠償請求した事例　先ず，学費支払を子自身の損害として賠償請求して，これが認められた事例がある。大阪地判平5・2・4判時1481号149頁（【判例評釈】平野裕之・消費者取引判例百選118頁）は，「Y予備校が，AのXらに対する事前の表示・説明と相違し，実態としては，指導方法，講師，授業内容，設備等において，大学受験生を募集し学費を徴収して大学受験指導を行う予備校としては内容が著しく低水準であったものであり，かつ，前記認定事実によれば，仮に，Xらは，Y予備校の実態を事前に知っていたならば，Y予備校の入学を申し込まず，学費の支払いもしなかったであろうと認められることから，Xらは，別紙一覧表1及び2の支払学費欄記載の金額の財産的損害を被ったものと解するのが相当である。」としている。実際には親が学費を負担していることは，まったく問題にされていない。同様に，子自身が支払った学費を自己の損害として賠償請求して，これが認められた事例として，福井地判平3・3・27判時1397号107頁（大学受験予備校），大阪地判平15・5・9判時2828号68頁（野球専門学校。親も原告になっているが，慰謝料請求──否定されている──だけである）がある。

財源がどうあれ，契約当事者は親ではなく子自身であるので，契約解除の場合の学費の返還請求権は子に帰属し，この場合の損害賠償請求権は実質的に学費の返還請求に等しいものなので，返還請求とのバランスからいって，子が自らの損害として賠償請求できるのは当然というべきであろう。

❷ 親が原告となり賠償請求した事例　浦和地判平7・12・12判時1575号101頁は，幼稚園の事例で，親のみが原告となり，また契約の解除をした事例であり，解除は将来に向かってのみ効果が生じるとして解除後の授業料相当額のみの返還請求（損害賠償責任ではない）が認められ，別個に慰謝料が認容されている。契約解除による返還請求の事例であり，幼稚園であり親が契約当事者になっているので，このような解決は当然であるが，損害賠償請求の形をとったとしても，契約当事者である親に損害賠償請求権が認められたものと思われる。

また，静岡地判平8・6・11判タ929号221頁は，学習塾の事例で（子は中学生），「原告親らが被告に支払った受講料等は，原告生徒らが○○に通った回数や原告生徒らが被告から市販の参考書を交付された事実の有無等にかかわらず，すべて右債務不履行に基づく損害というべきであり，被告は，同金額を，原告親らに対し，債務不履行に基づく損害賠償として支払うべき義務がある」と，親による学費相当分の損害賠償請求を認容している。

2　判例の分析および本書の立場

❶の事例は，大学受験予備校または専門学校であり，高校を卒業した学生であり，子自身が契約当事者になっているのに対して，❷の事例は，幼稚園の事例では親が契約当事者になっているため，契約解除の返還請求とのバランスからいったら，それぞれ子・親の賠償請求権となることは不合理ではないであろ

う。❷の中学生の塾の事例は，いずれが契約当事者となっているのか微妙であり，予備校のように保護者は単に同意主体として書面に登場するのではなく，手続関係の書面に保護者○○，受講生○○といったように表示されている可能性があり，幼稚園の入園手続に近い可能性もある。このような場合に，子が契約当事者なのか，親が契約当事者で第三者のためにする契約がされているのか，認定は微妙である。

これは次の治療費の事例にも同様に当てはまる問題であり，未成年の子の治療を病院に親が依頼する場合に，代理人として契約をしているのであり，子が契約当事者なのか，それとも親が契約当事者で第三者のためにする契約（ペットの治療とは異なり，子は単に治療の対象ではなく，第三者のためにする契約というべきであろう）になるのか，契約当事者の認定というものは，家族にかかわる事例では容易ではないことが少なくない。厳密にいえば，契約当事者に学費相当額の損害賠償請求権が帰属するというべきであるが，先の中学生の塾のケースのようにいずれか必ずしも明確ではない場合については，契約当事者の認定は柔軟に行うことを認め，子自身を契約当事者として子自身が学費相当額の損害賠償を請求することも（親が代理して訴訟を行うので実質的にはいずれでも分からないのであるが），親が契約当事者として親が学費相当額の損害賠償を請求することも，いずれも可能というべきであろう。

第2節　不法行為後に支払った費用──治療費

親が未成年の子の治療費を負担したり，子が老齢の親の治療費を負担した場合に，医療契約の当事者について先と同様の問題があり，この場合に不法行為によって治療費分の損害を受けたのは誰なのか，誰が不法行為者に対して治療費分の損害賠償を請求できるのか，判例は次のように柔軟な解決を図っている。

1　判例の状況

(1)　被害者自身ではなく支払った親などが賠償請求をした事例

判例は，被害者自身が損害賠償を請求するのではなく，治療費を負担した親族が自己の名で損害賠償請求することを容認している。戦前の大審院判決として次の判例《113》があり，戦後の判決もこれを当然視しており，数多くの判決があるが，判例【114】1つだけを紹介するに止めたい。

《113》　大判昭12・2・12民集16巻46頁【判例評釈】有泉亨・法協55巻6号160頁，千種・民商5巻6号200頁（戸主が老齢の親の治療費を負担した事例──肯定）

「他人の不法行為に因り身体を傷害せられたる者と雖〔も〕，治療を加へず又は無料にて治療を

第7章　親族による治療費支払・看護など

受けたるときは，加害者に対し損害賠償として治療費相当の金円を請求するの権利なきと共に，其の治療費を支出したる場合に斯かる請求権の存するは疑を容るべからず。蓋此の後の場合に財産上の損害を蒙りたるに紛無く而も不法行為に関する吾民法の制度として同法第709条に所謂権利とは猶利益と云ふが如く，之を広義に解するの必要あるは敢て多言を俟たざればなり。然り而して其の現実に治療費を支払たる場合は勿論治療費支払の債務を医師又は法人たる病院に対し負担すること自体業に已に一の財産上の損害なるに於て，此の場合と雖亦賠償請求権は固より存在せざるを得ず。夫れ損害賠償は金銭の支払を以て原則とす。而も債務不履行の場合に於て特別の意思表示ある以上此の限にあらざることは明文の存するあり。又不法行為の場合に於ても特別の事情ある以上是亦同様に解することの相当なるは民法第722条第1項に於て同法第417条を準用せることに徴し疑を容るべからず。例へば円たく業者甲所有の自動車を乙か破却したる場合に恰も乙に於て同型同種且同し古さの自動車を所有し，而も此の類の自動車が当時市上に品切れと為り居れるときの如き乙より該自動車の所有権を無償にて甲に移転するは前記事情の下に在りて最も適当なる賠償方法と為さざるを得ず。若し夫れ金銭を以て賠償す可き場合と雖其の金銭は賠償請求権者ならざる或他人に支払ふことに依りて，以て所謂訴権の輪廻を避け而も賠償の実を挙くるに於て些の遺憾なきこと決して稀ならず。例へば前叙治療費の場合に於て治療費債権者（例へば某医師又は法人たる某病院）に対し加害者より直接に金銭を支払ふことが当該場合の事情として最も簡且便なるに於ては，第三者に対する如上支払を請求することが取りも直さず此の場合に於て被害者より加害者に対する賠償請求権の内容ならずんばあらず。然るに民法第423条は債権者に与ふるに所謂間接訴権を以てするが故に右の場合治療費債権者は被害者の前記請求権を行使し，加害者に対し治療費の支払（即自己に対する支払）を請求する権利あり。若し夫れ治療費に充つべき金円を被害者に貸与したる者又は被害者の依頼（委任）に基き治療費を某医師若は某病院に支払ひたる者の如き孰れも被害者に対する一の債権者として（民法第587条，第650条第1項）間接訴権を行使する点に於て上叙治療費債権者と択ぶところ無きのみならず。縦令被害者の依頼を受けずして治療費を支払ひたる者と雖，是亦事務管理若は不当利得上の債権者として（民法第702条第1項，第703条）前叙債権者等と其の軌を一にすべきは殆ど睹易きの数ならずんばあらず。然らば則ち上告人にして被害者Bの為治療費を支出したる事実ある限り，被上告人に対し其の支出額に相当する金円の支払を請求するの途は上告人の為必しも杜されてありと卒論すべからず。其の請求を呼ぶに如何なる法律的術語を以てするや……は畢竟命名の問題以上にも以下にもあらず。拘るに足らずと云ふよりも拘るを許さず否更に一歩を進めて之を観察するときは上来の説明も亦寧ろ法理の技巧に墜つるの嫌あり。何んぞや抑母たり家族たる者が不慮の事故に因りて負傷したるが為子として戸主として其の治療費を支弁したりとせむに誰が之を以て俗に所謂余計な御世話と視るものあらむや，子として戸主として当然の措置なり責務なりと認めて疑はざるは吾邦人の自得自解する常識に外ならず。不慮の事故無かりせば為さて済むべかりし出捐を余儀なくせられしに於て，これ取も直さず測らざる損害に非ずして，何ぞや其の不慮の事故なるものか或人の責に帰すべきに於て之に対し直接に損害賠償請求権を有するは殆ど自明の理又何の講論を要せむや。若し因果関係の存することは則ち命を領するも其の責を惹くべく余りに不充分なる

（所謂相当ならさる）因果関係たるを奈何んせむと云はば，……聊か吾邦人の常識を心得せざるに庶幾し原判決は審理不尽に非ざれば則ち理由不備の違法あり」

【114】 東京地判昭28・12・24下民集4巻12号1978頁（親が子の治療費を負担——肯定）

7歳の子の治療費を父親が負担した事例で，父親からの損害賠償請求が認められているが，特に議論がされていない。

「X_1はX_2が事故発生直後聖母病院に入院加療した結果その費用金7,953円を，……X_1はX_2の義手代として金7,000円を支払ったことが夫々認められる。……X_2は昭和26年末から2ケ月間毎日マッサージを受け，X_1がその代金1回金30円宛合計金1,800円の支払をしたことを認めることができる。更に……X_2は25歳に至るまで，成長に伴って2年に1回義手を取り替える必要があることが認められ，その代価は1回につき少くとも金7,000円である……，合計金6万3,000円の支出を必要とすることとなり，X_1の主張する金4万7,340円の損害額は，右総支出額よりホフマン式計算法により中間利息を控除した金額の範囲内である。YはX_2の右財産上の損害をも賠償すべき義務がある。」という。

その他，東京高判昭30・11・26下民集6巻11号2470頁（最判昭33・8・5の原審判決であり，最判ではこの点は議論されていない）は，10歳の子の治療費を母親が請求したのを認容する。宮崎地判昭31・11・27下民集7巻11号3396頁（3歳の子の治療費の損害賠償請求を認容），大阪地判昭29・9・6下民集5巻9号1428頁，東京高判昭30・11・26下民集6巻11号2470頁，東京地判昭31・3・29下民集7巻

第2節 不法行為後に支払った費用 1——治療費

3号755頁，宇都宮地判昭43・9・26交民集1巻3号1089頁など，治療費を負担した親族による損害賠償請求をなんらの議論もなく認容する判決が数多くある。判例としては確立されているといってよいであろうか。

(2) 被害者本人が賠償請求をした事例

無数の判例があるが，否定した異例な判決である判例【116】を除き，最上級裁判所の判決だけを紹介しておこう（最高裁判決があるため，なんの議論なく当然に賠償請求が認められるようになっている）。判例【116】のような理論的に突っぱねた判決もあるが，被害者自身が損害賠償を請求することを容認するのは，今や確立した判例といってよく，この結果，被害者側はいずれが請求するか自由な選択が認められていることになる。

《115》 大判昭18・4・9民集22巻255頁（肯定）【判例評釈】末川・民商18巻6号633頁，野田良之・判民昭和18年17事件69頁以下，薬師寺・法学志林45巻11号857頁，高梨・日本法学9巻11号743頁

事故当時尋常小学校第5年生の児童が負傷し，親が治療費を支出し，親が代理して本人の名で治療費の損害賠償を請求した事例。

［上告理由］ 上告理由として，治療費の内容を争うと共に，「右金員の支出はXのなしたるにあらずして其扶養義務者たる同人の父Aか其扶養義務の履行として出捐したること判示の如し。従って其出捐の限度に於て其利益を害せられたるものはXにあらずして其親権者たるAなり。故に若し仮りにYに其責任ありとせばYはAに対して賠償の義務あるものにして，Xに対して

第7章　親族による治療費支払・看護など

賠償の義務を負ふべきにあらず」と主張する。

[**大審院判旨**] 大審院は次のように述べて，これを退ける。

「然れども原審は所論甲号証の外Ｘ法定代理人Ａ本人訊問（第2回）の結果をも参酌してＸの判示負傷の為治療費金30円を要したる事実を認定したるものにして，右証拠に依れば斯る認定は必ずしも之を為し得られざるに非ず。而してＸが斯る治療費を要する傷害を受けたる以上，Ｙ先代に対し其の賠償を請求し得るは当然の事理にして，事実上Ｘの親権者が其の治療費を支出したる一事のみに因り当然にＸに損害なかりしものと謂ふを得ざるものとす。論旨は原審の専権に属する事実認定を非難し又上告人独自の見解の下に原判決を云為するものに外ならざれば之を採用するを得ず」

【116】 大阪地判昭29・9・6下民集5巻9号1428頁（親が治療費を負担し，子が自己の損害として賠償請求したのを否定）

「Ｘは負傷の治療並にそれに関連して支出し且つ将来支出を必要とする金員は20万円なりとし，その損害の賠償を求めるが，Ｘは昭和23年2月22日生れで本件事故による負傷当時は4歳7ケ月の小児に過ぎないから，右治療費等はＸの親権者Ａ或はＢが支出したものと推認するのを相当とする。」「然らば治療費等については右親権者が自ら請求するなら格別，**Ｘからその賠償を求めるのは失当である**と謂はざるを得ないからその金額につき判断する迄もなく，この部分についてのＸの請求は棄却を免れない。」という。

《117》 最判昭32・6・20民集11巻6号1093頁（親が治療費を負担し，子が自己の損害として賠償請求したのを肯定）【判例評釈】山主政幸・日本法学23巻4号136頁，植林弘・民商法雑誌36巻6号107頁

《《117-1》原審判決　東京高判昭27・12・25民集11巻6号1102頁】

「Ｘが事故の当時10歳5ケ月の少年であることは右のとおりで，現に親権者Ａ同Ｂの親権に服しその扶養を受けている者であ……って，Ｘにかくべつ自己の資産のないことは，本件弁論の全趣旨から認められるところであるが，このようにもっぱら扶養を受けて生活しているものであっても，他人の不法行為によって身体に傷害を受け，その治療に費用を要したときは，**右治療費は被害者自身の財産上の損害である**と解してなんらさしつかえはないのである。なんとなれば，民法ことに，その財産法は個人主義を基調とし，私法上の権利義務の主体を原則として個人におき，社会を構成する各個人はなんびともおのれに属することはおのれにおいてするというたてまえのもとに，自己を主体として社会生活上種々の法律関係を形成するものとされているのであるから，自己の傷害の治療費は先ずもって自己がその支払の責に任ずべき地位にあるのであり，それが無資力者であると無能力者であるとを問わないものというべきであるからである。

従って扶養義務者が，かような治療費を支払うことは，いつでも必ず，扶養義務の履行であるということはできない，被扶養者の債務についても立替弁済をする場合もあり得るのである。本件において扶養義務者たるＡＢが本件治療費を支払ったとしても，この両人が被害者たるＸの法定代理人として治療費の賠償を求めているところからみれば，その支払はＸの債務につい

て立替弁済をしたものと認めるのが相当であって、Xに損害を生じなかったとのYの主張は失当である。」

[最高裁判決]「所論の原判示はいささか明瞭を欠くが、その趣旨とするところは、Xは本件傷害により治療費を支払うべき債務を負担するに至ったもので、そのこと自体がとりも直さず損害と認むべきであり、親権者両名はこれを立替弁済したものと認むるを相当とするというのであって、しかく判断すること必ずしも不当であると言うを得ないばかりでなく、その説明の過程に所論の矛盾又はくいちがいを発見し得ない。そしてまた原判決は、右立替による返還請求権をX固有の権利なるが如く解釈し権利の帰属を誤ったものでもない。所論は畢竟原判決を正解しないものであって採るを得ない。」

(3) 判例の分析
(a) 近親者による損害賠償請求

❶ 結論　被害者ではなく、治療費を負担した近親者が損害賠償を請求することを認める肯定判例として、判例《115》《117》の他、福岡高判昭25・11・20下民集1巻11号1886頁、福島地判昭29・3・31下民集5巻3号443頁（最判昭37・11・8民集16巻11号2216頁の第一審判決であるが、上告審ではこの点は問題になっていない）、東京高判昭30・11・26（下民集6巻11号2470頁。最判昭33・8・5民集12巻12号1912頁の第1審判決であるが、上告審ではこの点は問題になっていない）、宮崎地判昭31・11・27下民集7巻11号3396頁などがあり、今や否定判決は見られず、判例として確立しているといってよい（判例【116】は異例な判決として無視してよい）。

❷ 肯定判例の根拠　判例《113》は、

第2節　不法行為後に支払った費用 1──治療費

「其の現実に治療費を支払たる場合は勿論治療費支払の債務を医師又は法人たる病院に対し負担すること自体業に已に一の財産上の損害なるに於て」と説明している。扶養義務などに基づいて、自らの名で被害者のためにする第三者のためにする契約を締結し、そのために債務を負担したことをもって不法行為と相当因果関係にある損害と理解するわけである。これによれば、被害者の取得した損害賠償請求権の代位ではなく、第三者が損害を受ける間接被害者のレベルの問題になってしまいそうである。

しかし、医療契約の当事者が誰かは微妙であり、子自身が病院に行ってその治療費を親が支払うこともありうるのであり、また、損害賠償請求権は不法行為と同時に発生するのであり、不法行為と同時に扶養義務者に治療費分の損害賠償請求権が発生するというも違和感がないわけではない。本書としては、被害者自身に損害賠償請求権を次にみるように肯定するのであれば、治療費を支払ったない し治療費についての債務を負担した近親者については、被害者の取得した損害賠償請求権についての代位を問題にすべきであると考えている。

(b) 被害者本人による損害賠償請求

判例は被害者本人が自分の損害として賠償請求することを肯定することで確立しており、いまや否定判例を見ない。しかし、根拠づけについては、必ずしも明確ではない。

❶ 贈与法理による判例　東京地判昭13・11・26新聞4358号13頁は、淋病に罹患しており感染の恐れを医師から注意されてい

た男が、これを秘して見合いをして挙式をし同棲を始めて、妻となった女性Aに淋病を感染させついには死亡にいたらしめた事例で、男の不法行為責任が認められ（死亡し相続人が被告とされている）、被害者である女性Aの治療費をその父親Xが支出した点について、これを被害者の損害と認めることができるかが問題とされ、本件「療養費は、Aが自己の資金を以て療養したるものにあらざれば、Xより贈与されたる金員を以て之が療養費の支出に充てたるA本人の支出に係るものと認めるを相当とすべく……、右療養費の支出者がAにあらずしてXなりと確認と為し難」いとしている。しかし、近親者が被害者に金員を贈与し、被害者自身の支出＝損害と構成することについては、平田春二「判批」民商67巻1号98頁は、擬制にすぎるし、近親者が自ら付き添い介護をした場合には、このような構成は妥当しないと批判をしている。

❷ 立替による判例　判例《117》は、原審判決を「Xは本件傷害により治療費を支払うべき債務を負担するに至ったもので、そのこと自体がとりも直さず損害と認むべきであり、親権者両名はこれを立替弁済した」と判断したものと理解し、これを正当なものとした。すなわち、被害者自身に不法行為と同時に治療費相当分の損害賠償請求権が発生しており、治療費を支払ったとしても被害者は立替払をした親族に対して求償に応じる義務があるので、損害はなくなっていないというのであろう。損害賠償義務の立替ではなく、被害者が医療機関に負担した債務の立替である。

しかし、この構成では、治療費を負担した親族自身が契約当事者となっている場合には、被害者の債務の立替払ということは説明できず、また、扶養義務などに基づいて支払ったのであれば、そもそも求償権は発生しないはずである。平田春二「判批」民商67巻1号98頁も、子の債務が消滅するのであれば子に損害はないはずであり、親権者に対するこの返還義務を明らかにしない以上子の賠償請求権の理由づけとはならないと批判をしている。

2　学説の状況

判例は、以上のように、負傷した老母の治療費を子が支払った場合に、被害者自身ではなく支払った子による損害賠償請求を認め（判例《113》）、他方で、親が負傷した子の治療費を支払った場合に、子自身による損害賠償請求を認めており（判例《115》《117》）、しかし整合的な説明が十分されているとはいえず、これをどう整合的に説明するのか、学説に課題として残された。なお、英米法では負担者が損害賠償を請求できるが、ドイツ法では、被扶養者の損害賠償請求権は存続し、同時に扶養者が事務管理の規定によってその償還を請求でき、ドイツでは、葬式費用の賠償（844条）、第三者に家事上・業務上の労務給付義務を有する者に対する加害に基づくその第三者の賠償請求（845条）の他は、不法行為による間接被害者からの賠償請求を認めないドイツ民法の原則によるものであるといわれる[80]。

---

80)　植林弘「判批」民商36巻6号107頁、109〜110頁による。

第2節　不法行為後に支払った費用 1──治療費

(1) 治療費を支払った近親者による損害賠償請求

(a) 扶養義務者が治療費を支払った場合

❶ 不法行為の成立要件を問題にし肯定することは可能？　先ず，権利侵害が違法性に置き換えられたので，間接被害者に対しても不法行為の成立が可能になっているため，ここでも扶養義務に扶養義務の履行として出捐をさせたこと（純粋経済損害）を，間接被害者に対する不法行為と構成することも考えられる。しかし，このような学説はないといえよう。

❷ 違法性プラス相当因果関係による学説　有泉教授は判例《113》の評釈において，「『Aに対して違法な行為を為し因ってBに生じた損害』につきBに対して行為者の責任を認めることは違法性の理論から来る当然の発展であ」る，「Aの一見利を侵害し因って相当の因果関係を以てAに発生した総ての損害について不法行為者は責任を負わされたのであるから同じく相当因果関係ある損害がA以外のBに発生した場合には更めてBに対して違法であると云う要件がなければ損害の賠償が出来ないとすべき実質的理由もない。即ち，私は一の違法な行為があれば，その違法性の根拠が仮令一特定人の権利の侵害にあっても，行為者は違法な行為と相当の因果関係に立つすべての損害を賠償すべきであり，因って生じた損害の負担者がA自身であるか，A以外のものであるかは関係ないと解したい」と，述べている[81]。

これを支持するものと見られる学説は少なくない。例えば，加藤一郎教授は不法行為の体系書において，被害者の損害賠償は不法行為によって発生し，治療によっても失われない。他方で，治療費を義務として支出した扶養義務者も直接の損害賠償請求権をもち，不真正連帯債務の関係に立つ。何故扶養義務者が賠償すれば被害者の損害賠償請求権がなくなるのかについては，「それは加害者が自ら治療をしたのと同じく，そういう形で被害者に対する損害賠償債務を履行したことになるからである」という。また，同235頁は，「709条が他人の権利の侵害を要件としていることからすると，1人1人について権利侵害による不法行為の成立を考えなければならなくなる。しかし，一般にそこまでの故意過失があるとするのは一種の擬制に近い。そけは，実質的には，もとの不法行為から派生した損害であり，もとの不法行為から相当因果関係の範囲内の損害は，誰に生じたものでも，すべて賠償すべきだというべきではあるまいか。」という[82]。

❸ 家団論により補強する学説　末弘博

---

81) 有泉亨「判批」『判例民事法12年度』6事件23頁以下。

82) 加藤一・不法行為234頁。相当因果関係を問題にして肯定する学説として，山主政幸「判批」日本法学23巻4号542頁，篠原弘志（加藤一郎編）『注釈民法(19)』58頁，幾代，植林弘「判批」民商36巻6号112頁（不真正連帯債務），石田文次郎「判批」法学論叢37巻1号195頁は，治療費の支出が加害行為によって直接被った財産上の損害といえるかという問題とする。千種達夫「判批」民商5巻6号1467頁も，違法に加えられた損害であれば十分として，成立の問題ではないものと理解する。潮見・不法行為183頁は，相当因果関係の問題とするものが多いと評する。

第7章　親族による治療費支払・看護など

士は，有泉説に賛成しながら，相当因果関係というとあまりにも広がりすぎてしまうので，打ち切る基準を明らかにする必要があるとして，その主張する家団論を応用しようとしている。即ち，「家団相互間に法律上の親族関係ないし扶養義務なき場合といえども，事実同一家団に属するの故をもって彼らは共同の利害を有し相互扶助の義理を感じているわけであるから，相当因果関係の範囲を画定するについてもこの点を考慮することによってきわめて適当な客観的規準を見出しうるように思われるのである」という[83]。

❹　**賠償者代位による学説**　四宮教授は，被害者に対して，不法行為者と扶養義務者とが「段階的に不真正連帯債務を負担」し，扶養義務者が治療費を支出すれば，賠償者代位（422条の類推適用）によって，賠償請求権を取得する（賠償者代位説），「ただし，訴訟経済の要請や，X Z〔被害者・扶養義務者〕間の経済的同体性を考慮すると，Xからの請求も認めるのが実際的である」という[84]。後述の企業による負傷した従業員に対する給与支払と同様に，422条の類推適用によるこの学説が妥当であろう。なお，ドイツでは，扶養義務者は被害者に対して，賠償請求権の譲渡請求をする解決が妥当であると評されている[85]。潮見教授も，民法422条の賠償者代位制度の類推適用による処理を提案し，「間接被害者という抽象的・包括的概念で問題を捉えるよりもむしろ，ここでの問題の本質が損害の金銭的評価＋賠償者代位の可否にあると見て，こうした本質面を重視した体系構築を試みるほうが適切である（同旨，平井184頁以下）」という[86]。

治療費のみに関する記述であるが，西原教授は，「一定の治療を要するような負傷をしたこと自体」を損害とみて，支払をしたり支払義務を負担することを要するまでもなく，被害者には当然に損害賠償請求権が発生するが，治療費を負担したのが扶養義務によるか否かを問わず，この者に固有の損害賠償請求権はなく代位により取得するのみとする[87]。徳本教授も，422条の類推適用により遺族の取得した損害賠償請求権に会社が代位できるという。社葬扱いにしたため，余分の費用がかかった分などは，会社の負担となってもやむを得ないともいう[88]。

❺　**事務管理法理による学説**　谷口博士は，社会的に葬儀義務を負わない者については，遺族に事務管理に基づき求償ができ，遺

---

83) 末弘厳太郎『民法雑記帳下巻』180頁。末川「判批」民商18巻6号79頁，野田「判批」判民昭和18年度17事件，千種達夫「判批」民商5巻6号1467頁は家団論に好意的である。
84) 四宮・不法行為522頁（526頁も参照）。
85) 平田春二「事務管理法の構造・機能の再検討」民商89巻6号4頁以下。
86) 潮見・不法行為183頁。西原・間接被害者217頁以下も，代位による。近江・不法行為168頁は，近親者が医療費，付き添い看護費用，葬式費用などにつき，422条・499条・500条・536条2項ただし書などの類推適用によって説明をする。
87) 西原・間接被害者216頁以下。そして，西原・間接被害者224頁は義務的か否かを問わず代位によるものという。
88) 徳本・損害賠償法講座301頁。

族が無資力であれば代位請求ができ，資力ある場合には，共同相続人に請求できるにとどまるという[89]。したがって，この考えでは，遺族が無資力でなければ，会社は不法行為者に対して損害賠償を請求できないことになる。そのほかに，事務管理による考えとして，丸尾判事，平田春二教授等がおり[90]，次のようにいう。①扶養義務に基づかない場合には，被害者のためにする事務管理が成立するのは当然であり，有益費用として被害者に請求できる。②扶養義務者の場合にも，扶養義務者は加害者が賠償をなしうる限り，治療費の支払は，本来加害者の賠償によって被害者のなすべきことがらであって，扶養義務者による治療費の支払は，被害者のためにする事務管理になる。ただし，扶養という目的に照らして，返還時期は，加害者から被害者に賠償がなされたときであり，加害者が無資力などで被害者が賠償を得られないことが明らかになったときには，扶養義務者による治療費の支払は，事務管理ではなく，本来の意味での扶養義務の履行であったことになり，被害者はその返還義務を負わないという。

また，事務管理そのものとはいわないが，倉田元判事は，「葬儀費も治療費も，本来加害者が支払うべきものと見れば，会社の出捐は加害者の事務を管理しての立替えとして加害者に返還を請求しうる」という[91]。

(b) 扶養義務者ではない者の支払

治療費を支払った者が扶養義務者である場合に，被害者に費用償還請求権を有しないためこの者に被害者の負傷により損害が生じていることになる。そのため，扶養義務者に固有の損害賠償請求権を認めることができる。しかし，扶養義務者ではない場合には，義務がないので事務管理ということになる。事務管理であるので，直接の被害者に支払をした者は求償でき（損害賠償義務の代位弁済ではなく，被害者の医療機関への債務の代位弁済），被害者は第三者に対して義務づけられたままであるので，加害者に対する損害賠償請求権を保持していることになる。学説は，扶養義務者以外については固有の損害賠償請求権を認めることは困難と考えている。

例えば，加藤一郎教授は，「立替払いとして委任ないし事務管理の関係に立ち，被害者に対する求償権が残ると考えるべきであるから，原則としては，被害者から賠償を請求してそれを立替払に払うべきこととなり，被害者が無資力にもかかわらず請求をしない場合にはじめて，債権者代位（民423条）により，立替者が被害者に代位して賠償請求をなしうることとなると思われる」という[92]。また，四宮教授はこの場合に，①事務管理または委任契約に基づく近親者などからの被害者に対する費用償還請求権が発生し，被害者に損害が残ったまま，または，②被害者への贈与が

---

89) 谷口知平「判批」民商62巻4号174頁。
90) その他，事務管理によることを提案する学説として，**丸尾・企業の損害**103頁，平田春二「判批」民商67巻1号100頁以下。
91) **倉田・企業の損害**87頁。
92) 加藤一・不法行為235〜6頁。

第7章 親族による治療費支払・看護など

あったことになって，いずれにせよ被害者の不法行為者に対する損害賠償請求権の運命には影響がない。第三者の賠償者の代位は認められないという[93]。

(2) 補論——転落事故を知って現地に会社が社員を派遣した出張費・宿泊費用・救護諸経費

あまりこのような問題は論じられることが少ないが，倉田元判事は，この種の出捐をなした会社は，医者の治療に相当する行為すなわち被害者救済のための事務を事務管理としてなした者といえよう。「従って，この債権に基づき，被害者たちが加害者に対して有する賠償請求権を代位行使しうる筈である」という[94]。この問題は，権利代位型の問題ではなく，ここで取り上げるのが適切かは疑問が残り，損害賠償範囲型の問題というべきである（遺族が負担すべき費用であるとすれば，以上までと同様の権利代位型になるが，仕事でその場に赴いていたので，会社が負担すべき費用であろう）。そして，会社と社員という関係から，社員の不法行為に対する保護範囲に会社のこれらの合理的な費用については含まれると考えてよいと思われる。損害賠償範囲型の救済を家族に限定する必要もないであろう。

(3) 直接の被害者による損害賠償請求について

(1)(a)に述べたように，扶養義務者以外が費用を支払った場合には，被害者はこの者に費用償還義務を負うので損害は塡補されておらず，依然として加害者に対する損害賠償請求権を保持していることになる。では，扶養義務者が費用を支払った場合には，扶養義務者が既述のように損害賠償請求権を取得し（固有の損害賠償件が代位取得かは学説により分かれるが），被害者は損害が塡補されている，または代位取得により損害賠償請求権を失っているのではないかといった疑問がある。しかし，学説も判例同様に被害自身による損害賠償請求も認めようとしており，この疑問にどう答えているのであろうか。

❶ 理論的に説明をしようとする学説

加藤一郎教授は，被害者の損害賠償は不法行為によって発生し，治療によっても失われないと説明していることは既に述べた[95]。薬師寺教授も，親権者が生活扶養として治療費を支出したのであって，「不法行為者に対する関係に於ては，被害者自身が治療費を支出したのと同一視してよい」，「被害者が加害者側の出捐に因りて治療を受けた場合には損害賠償請求権を取得出来ないのであるが，被害者の親権者が治療費を支出することは，加害者の出捐に値しない」という[96]。

確かに，被害者が自分で治療費を支払ったならば損害は塡補されていないが，扶養義務者による支払では被害者自身には出捐なく損害が塡補されていることになる。個人主義的な財産関係を家族関係でも貫けば，被害者の

---

93) 四宮・不法行為 522〜523 頁。
94) 倉田・企業の損害 88 頁。
95) 加藤一・不法行為 234 頁。
96) 薬師寺志光「判批」法学志林 45 巻 11 号 58 頁。

第2節　不法行為後に支払った費用 1——治療費

損害は塡補され，損失が支払った親族に移行したとみるのが素直であろう。したがって，いったん成立した損害賠償請求は加害者が賠償するまでは消滅しないというのは（賠償者代位や保険代位との関係では正しいが），説明にはなっていないであろう。そのため，「問題は，扶養者の支払により，被扶養者の損害が塡補されたかどうかであり，自己の生活を支える——扶養者の——財産の減少がある以上，損失は償われていないとみることができよう」とも説明されている[97]。しかし，財布を1つと考えるこのような説明は，個人主義的な財産法（離婚・相続の際にファジーな形での清算ですませる）とは合致しないように思われる。

❷　**便宜的に認める学説**　他方で，四宮教授は，扶養義務者が治療費を支出すれば，賠償者代位（422条の類推適用）によって，賠償請求権を取得するとしながら，訴訟経済の要請や，被害者・扶養義務者間の経済的同体性を考慮して，直接被害者が損害賠償を請求することも認めるのが「実際的である」ということは既に述べた[98]。他方で，422条の類推適用による構成を支持するが，徳本教授は，当然に移転してしまい被害者本人からの賠償請求が認められなくなってしまうのが難点だとして，「当事者が欲する場合には，422条によって代位することができる，と読みかえて適用できないものであろうか」という提案をしている[99]。

(4)　**本書の立場**

本書としては，次のように考えたい。

❶　治療費を支払った近親者などによる損害賠償請求　先ず，他人に扶養されている者であろうと，被害者自身に治療費の損害賠償請求権を不法行為と同時に成立することを認めるべきである。治療を要する傷害を受けたことを損害として認めるべきであり，最終的な費用負担はひとまず捨象して考えてよい。

そして，扶養義務者が治療費を支払った場合には，422条の類推適用により，被害者の取得した治療費分の損害賠償請求権を代位取得するというべきである。被害者自身に対しては求償権を取得せず，また，現実賠償義務を代位弁済したわけでもないので，弁済者代位は適用できない。これに対して，扶養義務のない者が治療費を負担した場合には，被害者に対する事務管理が成立し，被害者に対して求償権を取得する。したがって，被害者が損害賠償請求権を保持し，治療費を支払った者は，これを代位行使する可能性があるだけである。ただし，被害者に対して求償するつもりはないときは，その場合でも，不法行為者に対しては免除するつもりはないであろうから，被害者は損害賠償請求権を失い，不法行為者に対してこの者が損害賠償請求権を代位取得することを認めるべきである。

❷　被害者自身による損害賠償請求　被害者自身は，扶養義務者以外の者が治療費を負担し，この者に対して求償義務を負担する場合以外は，もはや損害賠償請求権を保持し

---

97)　篠原弘志（加藤一郎編）『注釈民法(19)』58頁。
98)　**四宮・不法行為** 522頁。
99)　徳本伸一「被害者とその近親による損害賠償請求」金沢法学17巻1号26頁。

ていないといわざるをえない。従って，治療費を支払った近親者がその分の損害賠償請求権を取得し，被害者は慰謝料請求や逸失利益の損害賠償請求権のみが認められるだけになる。しかし，すべて被害者の権利として，原告を被害者1人として訴訟をすることが便宜的に必要であり，それが不当なものではないとするならば，何らかの救済を用意しておく必要がある。

その方法としては，いったん近親者が取得した損害賠償請求権を自ら行使しないで，信託的というのは無理であろうが，被害者があわせて行使できるように譲渡している（あえて贈与というかはおく）と構成することが可能であろう。近親者が自らの意思的関与で，被害者自身を原告としての行使を（法定代理人として結局は自分が行使することになるとしても）認めようとしているので，擬制にあまりにも過ぎるとまではいえないであろう。こう考えれば，近親者が取得した損害賠償を自ら行使することも，被害者に譲渡して被害の名で行使することも選択できることになり，判例を結論的に支持できることになる。

なお，既払分の治療費だけを代位取得するのであり，いくら扶養義務者であり支払うことが確実であったとしても，将来の治療費分は不法行為と同時に直接被害者に帰属しており移転していないといわざるを得ない（従業員と企業でも同様のことは起こる）。

第3節　看護ないし介護費用など

交通事故などの被害者の親族が，被害者の介護ないし看護をした費用（そのために仕事を休んだ休業損害については第1章に述べた）を不法行為者に賠償請求できるのか，それとも，被害者自身が自らの損害として賠償請求できるのか，治療費におけると同様の問題がある。治療費の場合とは，近親者が看護費用を支払ったのではなく，自ら看護を行ったという点が異なるだけであり，パラレルな問題であるということができる。判例はいずれが請求した事例についても，請求を認容している（その背景としては，両者が経済的に一枚で，どちらが請求しても差がないことや，親子の情誼・親族扶養を尊重するわが国の法感情が指摘される）。ただし，現在では，実務上，被害者自身の損害として賠償請求する方法が確立しており，近親者自身が賠償請求する事例は見られなくなっている。

1　判例の状況

(1)　付き添った家族により損害賠償が請求された事例

休業損害として賠償請求がされた事例につき，肯定判決もあることは既に述べた。現在では，被害者自身に定額化された看護費用の賠償請求権が認められるので，被害者自身の

損害賠償項目として組み入れられており，実務上，問題は解決されている。判例として，看護をした親族自身がその看護費用を賠償請求して否定された判決として，既述判例の中にも判例【7】【8】がある。

【118】 東京地判昭52・8・11交民集10巻4号1113頁（休業損害肯定。それと重複して看護料の請求はできないとして否定）

4歳の子供X_1が交通事故にあったが，母親はほかに乳児・幼児がいるため，父親X_2が仕事を休んで介護をした事例で，「X_1の年齢，赤ん坊がいるというXら一家の事情からするとX_1がX_2の入・通院に付添ったのはやむを得ないところである。そして前認定事実よりすればこの付添により同X_2はその営む不動産仲介業に支障を生じ営業上の利益を喪ったと推認されるのであるがその営業柄これを確定し難い事情にある。」「そこでX_2の前記所得申告した年収，及び昭和51年度賃金センサスによればX_2の年齢の平均年収が219万4,900円であること等を考慮し，同X_2の1日当りの収入をこの平均賃よりやや少な目に1日当り6,000円とみ，これを入院付添中は3日間，通院付添中は1回につき半日分を喪うとみて2日間それぞれ得ることができなかったとみることとする。よって付添看護によるX_2の休業損害は3万円となる。」「なお同X_2は休業損のほか付添看護料をも請求しているが，同X_2は有職者であるから，休業損害が填補されれば，付添による損害はすべて填補され，さらに付添看護料を認めることはできないところである。」

【119】 山口地宇部支判昭55・1・28交民集13巻1号119頁（看護料相当額として休業損害の賠償を肯定するが，父親の休業損害の賠償請求は否定）

4歳の子X_1が交通事故により負傷し，母親X_2が介護にあたり，父親X_3が他の子の面倒を見るために残業ができなくなったとして，それぞれの損害賠償が請求された事例である。

［母親X_1の休業損害——肯定］「X_2の休業損害の請求について検討するに，同X_2は，X_1の入院等に付き添ったため，有限会社A甲営業所の取次店の仕事を休まざるを得なくなり，これによって生じた休業損害の賠償を求めているものと解されるが，そうとすれば右はいわゆる間接損害であるところ，いわゆる間接被害者は，原則として（直接被害者と経済的同一体の関係にある場合を除き），その権利主体性を否定すべきものと考えられるから，X_2は右の損害を被告に請求できないというべきである。」「ただ，X_2の付添いを受けたX_1において，右付添看護料に相当する損害の賠償をYに求めることはできるものと解され，そしてこの場合，現実に付添いをなしたX_2において自ら右相当額の支払いを求めることもできると解されるので，以下，この意味において，右付添看護料相当額を算定することとする。」「X_1は本件事故発生当時4歳11月の幼児であったから，母たるX_2の付添いを必要とし，他の者の付添いをもってこれに代えることはできなかったものと認められるから，結局，X_1の蒙った付添看護料相当額の損害は，X_2の休業損害に相当するというべきである。よって，右休業損害について検討するに，X_2……は，クリーニング業を営む有限会社Aの取次店を「甲営業所」の名でしており，本件事故前3か月間の平均収入は月10万2,768円であったところ，X_1の入院付添い，及び退院後の看護

のため，昭和54年5月25日から同年8月31日まで，右取次店の仕事を休まざるを得なくなり，同年9月1日から再び仕事を始めたものの，右休業により散逸した顧客が再び帰って来るまでに3か月間を要したことが認められる。そして右3か月間の総収入は金6万6,950円……と算出されるから，結局，X₂の休業損害は，金57万3,637円となる」

[父親X₃の休業損害──否定]「X₃は，妻であるX₂がX₁の付添いに当たったため，自己が長男Aの面倒をみざるを得なくなり，ために会社の残業ができなくなったり，休暇をとらなければならなくなったりして，金4万3,388円の損害を蒙ったと主張するが，しかしながら，右はいわゆる間接損害であり，X₃は間接被害者であるから，前記2㈡で述べたとおり，原則としてその請求を否定すべきものと考える（仮に，間接被害者の権利主体性を肯定するとしても，本件X₃の右損害は，本件事故との**相当因果関係を欠くもの**と認められる。）。よって，その余の点について判断するまでもなく，右X₃の請求は，これを認容することができない。」

(2) 被害者の損害として賠償請求がされた事例

これが通常実務的に行われている請求であり，また，判例も異論なく被害者自身の損害として賠償請求を認めている。ここでは，次の最初の最高裁判決のみを紹介しておくに止めたい。

《120》 最判昭46・6・29民集25巻4号650頁
【判例評釈】宇野栄一郎・ジュリスト488号82頁，宇野栄一郎・法曹時報24巻6号160頁，高倉統一・社会保障判例百選＜第3版＞176頁，篠原弘志・ジュリスト488号83頁，石田穣・法学協会雑誌90巻6号75頁，浅野直人・不法行為法（法学セミナー増刊）145頁，薦田茂正・交通事故判例百選＜第2版＞78頁，平田春二・民商法雑誌67巻1号92頁

【120-1】東京高判昭42・8・17民集25巻4号650頁による（原審判決──否定）は，次のように判示して，この部分の請求を退ける。

「本件事故後Xが家政婦を雇ってこれに金49,100円を支払ったことは当事者間に争いがない。そして……，Xは本件事故によってうけた傷害の治療のため，昭和38年4月上旬から同年6月下旬までギプスの装着を余儀なくされ，身体の自由がきかず，家事をとることができなかったので，右家政婦を雇わなければならなかったものであることが認められるから，右出費は本件事故により生じた損害ということができる。」

「つぎにXは昭和40年1月1日から昭和41年12月31日までに**3人の娘より受けた看護を1日分500円と評価し，これを財産的損害として請求する。しかしXが娘に対し右金員を現実に支払ったのでも，支払を求められているわけでもない**ことは，その主張自体から明らかである。このように親に身体の故障があるときに子がその身のまわりの世話をすることは，**経済的な対価を求めない肉親の情誼に出た行為であって**，一般に子が親のうけたきわめて重い傷害について子としての立場から加害者に対し慰藉料を請求するときにかかる付添看護の辛苦がその**慰藉料額算定の基礎として斟酌されうることは格別として**，子の付添看護労働を金銭的に評価し，

現実の支出はないのにかかわらず、**家政婦や付添人を雇ったときと同視してこれを財産的損害とみることはできない**。

Xはさらに昭和42年1月1日から向う10年間も娘や家政婦により前同様の看護をうけてゆかねばならないとしているが、たとえ娘の看護をうけるとしてもそれは財産的損害となりえないこと前説示のとおりであるし、また将来家政婦を雇わなければならないというのも決して確実に予測されうることではなく、はたして真にその必要性があるか、あるとしてそれがいつのことであるかは皆目不明であり、これを財産的損害として算定することはできない。」

《**120-2　最高裁判旨――肯定**》　「原判決（その引用にかかる第一審判決を含む。以下同じ。）は、Xが昭和40年1月1日から同41年12月31日までにその3人の娘より受けた看護を1日分500円と評価し、これを財産的損害としてその賠償の請求をしたのに対し、次のように判示する。すなわち、親に身体の故障があるときに子がその身のまわりの世話をすることは、経済的な対価を求めない肉親の情誼に出た行為であって、子の付添看護労働を金銭的に評価し、現実の支出はないのにかかわらず、家政婦や付添人を雇ったときと同視してこれを財産的損害とみることはできない。したがって、Xがその娘に対し右金員を現実に支払ったものでも、支払いを求められているものでもない本件においては、右金員を損害としてその賠償を請求することは許されない、としているのである。

しかしながら、被害者が受傷により付添看護を必要とし、親子、配偶者などの近親者の付添看護を受けた場合には、現実に付添看護料の支払いをせずまたはその支払請求を受けていなくても、**被害者は近親者の付添看護料相当額の損害を蒙ったものとして、加害者に対しその賠償請求をすることができるものと解するを相当とする**。けだし、親子、配偶者などの近親者に身体の故障があるときに近親者がその身のまわりの世話をすることは肉親の情誼に出ることが多いことはもとよりであるが、それらの者の提供した**労働はこれを金銭的に評価しえないものではなく、ただ、実際には両者の身分関係上その出捐を免れていることが多いだけで、このような場合には肉親たるの身分関係に基因する恩恵の効果を加害者にまで及ぼすべきものではなく、被害者は、近親者の付添看護料相当額の損害を蒙ったものとして、加害者に対してその賠償を請求することができるものと解すべきだからである**。

したがって、これと異なる見解のもとに、Xの娘らの付添看護料相当額についてはこれを財産的損害と解することができないとした原審の判断は、民法709条、715条1項、自動車損害賠償保障法3条にいう損害の解釈適用を誤るものであり、この点に関する論旨は理由があり、原判決は破棄を免れない。」

判例【**120-1**】のように、被害者による看護料の賠償請求を否定する判決として、東京地判昭38・10・14判タ154号124頁[100]、福島地判昭39・

[100) 「Xは、入院期間のうち45日間は、妻が附添看護したこと、そして労災保険により給付される1日の附添看護料は、金492円であるから、その範囲内である金400円が妻の看護労働に対する対価であつて、45日間の合計金18,000円が原告の受けた財産的損害であると主張する。しかし、右主張自体から明らかなように、Xが右金員を現実に妻に支払ったわけのものでなく、あくまでそれは計算上のものにすぎない。」「しかも夫たるXが負傷のため入院し、附添看護婦がいないための不自由を察して、妻が献身的に夫の身のまわりを世話することは、妻の夫に対する**愛情の発露**とみるべきものであって、これを金銭的に評価し、原告が本件事故によって受けた財産的損害

第7章　親族による治療費支払・看護など

11・17下民集15巻11号2749頁[101]といった判決もあった。しかし、判例《**120**》後は、これを否定する判決はなく、実務上は現在では被害者自身の損害として賠償請求がされており、枚挙にいとまないほどの肯定判例が蓄積されている[102]。

というのは、いかにも常識に反するものといわなければならない。従って、右は、主張自体理由がないものというべきである。」という。

101) 「Xの請求する付添人日当143,800円のうち118,000円は、Xの妻AがXの看病のため付添った労務を1日800円の割合で評価したものであって、第三者に対し付添料として支払ったものでないこと、又Aは、町会議員として手当月額6,000円を受けているが、他に職がなく、Xの看病のため右の収入を失ったわけでないことが認められる……。ところで、妻が夫の受傷によって、高度の精神的苦痛を蒙った場合、民法709条、710条に基づき加害者に対し自己固有の権利として慰藉料の請求をなしうることがあるのは格別、夫の看病のため、その妻が献身することは家庭生活の道義上当然のことであって、そのための労務を金銭的に評価し、加害者にその支払を求めることは、事故の結果、被害者に対し損害額を超える新たな利得を取得させることにほかならないから、右の請求は許されないと考える。」という。

102) 例えば、東京地判平11・3・26交民集32巻2号537頁（被害者の姉が付き添った事例――85日間で38万2,500円を認容）、東京地八王子支判平11・3・25（被害者の母親による付き添いの事例――5,500円の割合による合計26万9,500円）、名古屋地判平11・9・17交民集32巻5号1425頁（交通事故により頭部打撲、骨盤骨折、右足骨折の傷害を負った被害者（71歳・女）に、1日当たり5,500円、合計1万6,500円を本件事故と相当因果関係に立つ損害として認めている）、仙台地判平11・9・27判時1724号114頁、判タ1044号161頁【判例評釈】平沼直人・月刊民事法情報177号75頁。「原告は、各々の行為自体は自ら行うことができるものの、前記認定の後遺症とりわけ記憶障害により、先ほどまで何を行い、次に何を行えば良いのかということの判断ができず、メモによって記憶を補助することもメモの存在を記憶できないために困難であり、日常生活を自立して行うことができないことが認められる。したがって、原告には随時介護が必要であり、平成5年1月27日に大学病院を退院後、自宅で原告を介護している妻甲野花子の付添介護費用は、1日につき2,500円が相当である」「本訴提起時36歳の原告の年齢の平均余命は41年であり、……原告の主張するライプニッツ式計算方法によって中間利息を控除すると、付添介護費用は、次のとおり金1,578万1,048円となる」という）、札幌地判平11・12・29交民集32巻6号1918頁（「入院付添費については、……Xの負った傷の内容及び程度は重大かつ深刻であり、Xは本件事故から約9日間は昏睡状態で意識障害があったこと、Xの意識が回復したのは本件事故から18日目であり、意識の戻った当初は周囲の人を認識することができず、話もできなかったこと、Xの家族は、医師から、Xの正常な意識を回復するための治療方法はなく、家族が常時付き添い、語りかけるなどの刺激を与えることが必要であると言われたこと、そこで、Xの妻子が本件事故直後から付添看護をしたことが認められる。したがって、その付添看護費用は本件事故と相当因果関係にある原告の損害と評価することができ、Xの主張するとおり、本件事故日から平成8年1月末日までの70日間、1日当たり6,500円合計45万5,000円の近親者付添看護費用を損害と認めることができる」）、大阪地判平12・2・28交民集33巻1号329頁（交通事故により等級1級相当の後遺障害が残った被害者（症状固定時7歳・女）につき、母親が入院に際して付き添った228日間の付添看護費として日額4,500円×228日＝102万6,000円を固定し、83歳まで、すなわち、退院時（7歳）から76年間（新ホフマン係数30・980）介護費用が必要として

2 学説の状況

介護費用については，職業的介護者に報酬を支払って介護を行ってもらった場合にはその費用を損害賠償請求できるが，身内の恩愛に基づいて無償で介護がされたら，報酬を支払う必要がないので介護費用分の損害はないというのは，どうみても不合理である。判例《120》がいうように，無償で介護をしているのは，被害者のためであり，不法行為者の責任を逸せしめるためではない。

やはり，被害者には不法行為と同時に介護料相当額の損害賠償請求権が成立し，ただ職業的介護者ではなく，親族に介護をしてもらった場合には，その親族に介護費用相当額の損害賠償請求権部分は代位により移転するというべきである。ただし，治療費におけると同様に，その親族が，被害者に一本化して損害賠償請求したほうがよいと考える場合には，被害者がその名で損害賠償を請求できるように譲渡しているものと考えるべきである。

なお，負傷それ自体を1つの損害とみる立場（西原説）では，現実に付添看護料を支払ったか，近親者が負担したのか，または，近親者が付き添って介護をしたのか等に関係なく，「通常要すべき付添看護の費用は，負傷による損害賠償の額を定めるについて，負傷者本人の損害の一内容として当然に考慮されるべきことになる」といわれる[103]。

計算し，8,793万4,340円の将来の介護費用の賠償を命じる）などがある。
103) 西原・間接被害者 219 頁。

第8章　会社による給与の支払など

第1節　企業の反射損害をめぐる判例の状況

　従業員や取締役が，不法行為（交通事故など）の結果として死亡または負傷した場合に，負傷し就労していないのに，会社が休業中の給与を全額ないし一定額支払ったり，または，会社が遺族に給付金を支払ったり社葬を開いた場合に，それをもって会社が不法行為によって受けた損害として，賠償義務者に対して損害賠償を請求することができるであろうか。これは，企業の**反射損害**ないし**不真正第三者損害**と呼ばれている問題である。本書7頁では，権利代位・求償権取得型と整理している事例である。

　既に説明した判決の中にも，この問題があわせて取り扱われている事例が数多くあり，以下に説明する判決の他，従業員への休業中の給料の支払，取締役報酬の支払，治療費の支払などの事例としては，判例【19】（3割程度労働しているので，7割分を損害と認定），【76】【26】（立替払をしたものとして代位を肯定），【27】【29】（代位ではなく，損害として肯定），【52】【56】が，会社の損害賠償請求を認めている。その他にも，東京地判昭48・2・26交民集6巻1号307頁は，会社の災害補償規程に従って前記損害残額中治療費（21万1,255円）および休業損害として合計78万1,335円を支払ったため，立替払を理由に会社による損害賠償請求を認めている。

　これに対して，判例【71】は，契約上の義務の履行であるとし，また，取締役個人に損害賠償請求権の成立を否定しているために，会社の損害賠償請求も否定している。既出判決では，否定判決はこれ1つだけである。以下，これまでに説明していない判決を紹介していくが，判例【130】の例外的な判決を除いてすべてが肯定判決である（否定判例は，判例【71】と【130】の2つだけ）。

1　主要な判例の紹介

《121》　大判昭7・7・20新報303号10頁（給与――義務的ではない事例につき肯定，参考判例）

「不法行為に因る損害を算定するには必ずしも

第8章　会社による給与の支払など

之に因りて生じたる直接の損害のみならず，苟も取引の通念上不法行為に基因するものと認むることを得る以上は，間接の損害と雖も之れに包含するものと解するを正当なりとす。従て護謨工場の所有者が其の製造に従事せんことを企図し，職工を雇入れたる上開業せんとするに当り他の不当なる仮差押の執行に因り遂に開業を為すこと能はず，雇人に対し給料を支払ひ損害を蒙りたるが如き場合にありては，其の被りたる損害は他人の不法行為に基因するものとしてこれが賠償を求め得るや論を竢たず。然るに原審は上告人が其の所有に係る本件護謨工場に於て自ら製造に従事せんと欲し職工12名を雇入れ昭和2年2月15日より開業せんとしたるに，本件仮差押の執行せられし為め上告人は其の製造業に従事すること能はず，雇入職工に対し徒に**給料を支払ひ損害を被りたり**との主張に対し，原審は斯る損害は一般の場合に於て当然生ずべきものにあらずとの理由に依り上告人の主張自体既に不当なりとし上告人の請求を排斥したるは，不法行為に因る責任の法則を誤解したる不法あるものにして原判決は**破毀を免れず**」

＊本件は，従業員が負傷または死亡した事例ではなく，雇主が債権者の不当な仮差押により開業が遅れ，その間，雇人に給料を支払ったことを損害として賠償を認めた事例である。

《122》　最判昭36・1・24民集15巻1号35頁
（従業員の死亡による遺族補償。労働基準法79条による義務的な事例につき肯定）

【122-1】　原審判決　大阪高判昭30・11・12（民集15巻1号35頁による　Y側が控訴）

「次にX_1会社の請求について判断するに，Aがその勤務しているX_1会社のため商品運送の業務に従事中死亡したことは，X_1とY_1電鉄との間においては争なく，……加工水産物の集荷配給を業務とするX_1会社の被用者であるAは，X_1会社の命によって和歌山県蒲鉾工業組合箕島支部に蒲鉾の荷引に行き，これを大阪の中央卸売市場で売りさばく準備をするため，同組合の依頼もあって蒲鉾を積載した右貨物自動車に便乗していたものであることを認めることができるから，AはX₁会社の業務に従事中死亡したものといわなければならない。そして……使用者であるX_1会社はAの死亡について**遺族補償として25万円**を昭和26年5月18日までにX_2に支払った事実を認めることができる。X_1会社がX_2に遺族補償を支払ったのは**労働基準法第79条に定める業務に基くもの**ではあるけれども，労働者の死亡について第三者が不法行為に基く損害賠償責任を負担するような場合には，補償義務を履行した使用者は，損害賠償者の代位に関する**民法第422条の規定を類推**し，その履行した時期及び限度で遺族に代位して第三者に対し損害賠償債権を取得するものと解するのを相当とし，労働者災害補償保険法第20条又は商法第662条のような明文の規定がなくても，このように解することを妨げるものではない。従ってX_1会社は遅くとも昭和26年5月19日以後はX_2に代位して25万円の損害賠償を請求できるものといわなければならない。」（Y_1電鉄より上告）

《122-2　最高裁判決》（上告棄却）「労働基準法は，同法79条に基き，使用者が遺族補償を行った場合において，補償の原因となった事故が第三者の不法行為によって発生したものであるとき，使用者はその第三者に対し，補償を受けたものが，第三者に対して有する損害賠償の請求権を取得するか否かについて何ら規定してはいないが，右のような場合においては，**民法422条を類推して使用者に第三者に対する求償**を認めるべきであると解するのが相当であるか

ら，これと同趣旨に出た原判決は誠に正当であって，所論の違法ありとはいえない。」

【123】 東京地判昭36・7・27交通下民集36年度365頁（従業員に労働基準法に基づき会社が支払った療養補償および休業補償——肯定）

「労働基準法に基づき会社が支払った療養補償および休業補償は，本件不法行為により会社をして補償義務を負わしめ，その支払をなさしめたものであるから，不法行為によって生じた損害に外ならない」として，会社の損害賠償を認めた。詳細は不明。

【124】 東京地判昭36・12・25交通下民集昭和36年度756頁（従業員への看護料，医療費，障害補償金の支払）

Y自動車が電報を配達中のX$_1$自転車に衝突してX$_1$を路上に顛倒させ，右大腿骨骨折の傷害を蒙らせた事例。X$_1$は附添看護料および輸血代合計金3万2,060円を，X$_2$公社（日本電信電話公社）は医療費金84万965円および障害補償費金33万3,700円を，各支払った。X$_1$は事故当時電報配達の途上であったので業務上の負傷であり，X$_2$公社はX$_2$公社職員業務災害補償規則に基き，X$_1$に対する災害補償として右金員を支払ったので，右支払の限度においてX$_1$がYらに対して有する損害賠償請求権を取得するものであることが認められる。X$_1$にも事故につき過失があり，過失の程度を斟酌すると金30万円を前記障害補償費より控除するのが相当と認められる。87万6,665円の支払をYに X$_2$公社に対して命じている。

【125】 東京地判昭37・2・16判時294号45頁（【判例評釈】宮原守男・交通事故判例百選86頁。従業員に給与及び賞与を支給した事例で，会社の損害賠償請求を肯定）

X$_1$会社の従業員X$_2$が負傷し休業したため，X$_1$会社の業務を遂行できなかったに拘らず，昭和34年9月17日から，昭和35年7月末日迄，10カ月14日分の給料として，1カ月13,000円の割合により，合計136,066円，同年8月分から，同年10月分の給料として合計30,500円，昭和34年12月末日迄の賞与として3,000円，昭和35年6月末日迄の賞与として13,000円，同年10月末日迄の賞与として10,332円，以上総計192,898円を支払った。この給与ならびに賞与は，X$_2$の勤務の有無に拘らず，使用者たるX$_1$会社が，X$_2$の生活を支持するに必要欠くべからざるものとして給与したものであることが認められるから，X$_1$会社が，Yらに対し，合計220,698円およびこれに対する，右損害の発生した日の後である，昭和36年1月1日から，支払ずみに至る迄，民法所定の年5分の遅延損害金の連帯支払を求める各請求は，すべて正当であるからこれを認容する。

【126】 東京地判昭38・12・23判時366号37頁，判タ156号209頁，交通下民集38号703頁（生活費の一部として給付——肯定）

就業規則により生活費の一部として合計15万円の支払をした事例で，「Yの責に帰すべき事由たる本件事故にもとずき，これを余儀なくされたものであったというべきであり，またタクシー営業会社の一般的実状からすればかかる就業規則の存在はこれを特別事態というべきでなく，むしろ通常の事態というべきであるから，

第8章　会社による給与の支払など

通常の損害というべきである」として，会社固有の損害賠償請求権を認める。

【127】　東京地判昭40・7・9判タ180号141頁
（従業員に入院治療費，給料などを支払った事例——肯定，過失相殺も肯定）

「X₁はX₂会社の従業員としてX₂会社の業務に従事中本件事故にあったものであること，X₂会社はX₁の入院治療費，付添看護婦料および付添人用ふとん借料金としてX主張の金265,339円を下らない金額を支出したことが認められ，その後労災保険から給付のあった療養補償金142,142円をX₂会社が受領したことは当事者間に争いがない。してみればX₂会社が右両者の差額金123,197円の損失をこうむったことは明らかである。」

「X₁は本件事故のため昭和37年3月8日から同年8月末日までX₂会社における労務の提供ができなかったが，その間X₂会社は同年3，4月分として所定給料月額16,000円の各金額，5月ないし8月分として各その半額，さらに夏季手当として金10,000円合計金74,000円を支払ったことが認められる……。そうだとすればX₂会社は，同年3月中労務提供のあった日数相当分としてXの自認する金5,334円ならびに労災保険から給付されX₂会社の損害填補にあてられた休業補償金26,904円（この点は当事者間に争いがない）を前記支払額から控除した残額金41,762円に相当する損失をこうむったということができる。」

「X₂会社の右(1)(2)の支出が労働基準法75条76条ないし社内規約に基づくものである……から，かかる場合X₂会社は前記損失の限度においてYに対しその賠償を求めることができると解すべきである。」

「X₁にはさきに認定した重大な過失があ」り，

「……さらにX₂会社の請求についてもX₁の右過失を斟酌し，X₂会社は前記四(1)(2)の損害合計金164,959円のうち，金70,000円の限度で被告に賠償を求めうるものとするのが相当である。」

【128】　東京地判昭42・10・18判時496号15頁，判タ211号203頁（【判例評釈】高田桂一・ジュリスト440号132頁，新堂幸司・交通事故判例百選120頁，池田浩一・判例評論110号31頁　従業員への補償給付——肯定）

給料の4割に相当する金17万41円が支給された事例で，「ところでX₁がX₂に対し負担すべき右4割相当額の補償義務とY₁，Y₂がX₂に対して支払うべき賠償額中右4割相当額とは，**不真正連帯債務関係**にあるところ，右両債務は性質を異にし，終局的にはY両名に負担義務があるのであるから，右金員を支払ったX₁は**民法422条の準用**によりX₂がY両名に対して有する右金員相当の賠償請求権を**代位行使**できるものと解すべきである。」とする。

【129】　東京地判昭44・1・31交民集2巻1号128頁（従業員への労働協約に基づく給与支払）

X₁会社の運転手X₂が，会社の自動車を運転中に，Yタクシー会社の運転手の運転する自動車が後方から衝突し，X₂が頸椎鞭打症の傷害を受けた事例。次のように，X₁会社の損害賠償請求（116万2,117円）を認容している。

「X₂は本件事故発生当時25歳の健康な男子で，X₁会社に自動車運転手として勤務し，平均月額5万7,147円の給与と1年間に上・下二期賞与を得ていたものであるところ，前記のとおり本件交通事故による受傷のため，長期間にわたっ

て勤務できなかったが、X₁会社はいわゆる**労働協約**により、このうち昭和41年4月分の一部、同年10月分から昭和42年8月分まで（そのうち昭和42年4月分からは、いわゆる昭和42年度春斗による昇給分を含む。）、同年12月分の一部、昭和43年1月分から5月分まで（そのうち4月分以降はいわゆる昭和43年度春斗による昇給分を含む。）合計98万5,617円の給与と昭和41、42年各上・下期分賞与合計17万6,500円とをX₂にその都度支払い、**同額の損害を蒙った**ことが認められる。」

【130】 東京地判昭44・7・18 交民集2巻4号992頁（従業員への給与の支払——相当因果関係がないとして損害賠償請求を否定）

交差点での自動車の衝突事故である。XからY₁およびその使用者であるY₂会社に対する損害賠償請求に対して、Yらが反訴を提起してXに対して損害賠償を請求した事件である。

Y₁については、本件事故により右肘部打撲の各傷を受けたが、本件事故当時、Y₂会社に自動車運転者として勤務し、1日1,700円の給与を得ていたが前記受傷により、1カ月ばかり運転手助手（給与は、1日1,300円）としての勤務を余儀なくされ、これにより少くとも6,800円の給与を得ることができなかったことが認められるから、Y₁の過失を斟酌すると2,720円をXに負担させるのを相当とする、とされている。また、1万円の慰謝料が認められている。

Y₂会社は、Y₁の欠勤中および助手としての稼働中の一部の給与を支払い、8万3,100円の損害を受けたと主張をする。しかし、裁判所は、「Y₂会社は、Y₁が本件事故により約1カ月Y₂会社の勤務を休んだにかかわらず、その間給与の支払をしたことが認められるが、Y₁の前記受傷の程度、通院実日数等を考慮すると、右Y₂会社の損害が直ちに本件事故と**相当因果関係**にある損害と認めることは困難である」、とこの請求を排斥している。

既出**【19】** 東京地判昭44・8・29 判タ239号198頁（従業員および代表取締役への給料の支払）

次のように、支払給与の70パーセントを損害と認める（30パーセントしか就労できなかった）。

X₁会社は材木の販売を目的とする有限会社で、本件事故当時X₂が**代表取締役**であり、同X₃が**従業員**であったが、いずれも同様に材木をかついだり、自動車で運搬する仕事が通常の仕事であった。この他X₂の妻が事務の仕事をしていたのみで他に従業員はいなかった。

① X₂は本件事故により昭和43年3月8日より同年6月17日までの間約38回にわたってAに通院し治療を受け、この間X₁会社に出勤したが当初1カ月半位はほとんど仕事をすることができず、その後も少しずつ仕事をしていたが、客との応待、電話に出る程度で、力仕事や自動車の運転はできなかった。X₃は昭和43年3月8日から同年4月24日まで、約35回にわたりAに通院し治療をうけ、この間、X₁会社へ出勤していたが、力仕事、自動車の運転はできず、客の応待等をしていた。X₁会社は右期間中事故前と同額の、X₂に月15万円、X₃に1カ月X₁主張の38,000円を超える給料を支払ったことが認められる。

右認定事実によればX₂は2カ月と10日間、X₃は1カ月半の間それぞれ**通常の3割程度**の労働しかなし得なかったものと認められ、この間X₁会社は両名に支給した557,000円の7割である**389,900円の損害**を蒙ったものと認められる。

② X₁会社はX₂、X₃の治療期間中の昭和43

年6月5日までの間不足した労働を補うため訴外Bを使用し給料として125,000円を支払ったことが認められる。

このように①②の賠償が認められているが、特別の理論的な説明はない（弁護士費用も賠償が認められている）。

【131】　札幌地判昭44・12・26判時583号27頁（従業員の死亡による葬儀費用、遺体引取費用は肯定、退職弔慰金、従業員を社葬に列席させた休業損失は否定）

[葬儀費用]「X会社は、本件事故により死亡した従業員A、B、Cのために自ら社葬を行ない、そのために支出した費用および喪失した利益を自己の損害と主張して請求しているが、およそ交通事故による死亡者のための葬儀費用は、通常死亡者の社会的地位、職業、資産状態、生活程度を斟酌し、社会通念上相当な範囲に限りこれを負担した遺族の損害として加害者側が賠償すべきである。これに対し社葬は使用者たる会社が遺族による葬儀とは別途に従業員の生前の功労に謝し、これに弔意を表するため自己の負担において営むものであり、しかも、未だ一般社会において必ずしも慣行化しているとまでは認められないから、交通事故による死亡者のため使用者たる会社が社葬を営んだとしても、原則として、これによる諸費用の支出をもって、右事故による損害と認めることはできない。しかし、社葬のほか遺族自身による葬儀が営まれず、遺族が社葬をもってこれに代えたものと認むべき事情の存する場合にあっては、会社の支出した社葬に関する費用のうち前記の社会通念上相当と認められる範囲に限り、本来損害賠償義務として加害者において負担すべきものを会社が第三者として弁済したものとして、会社は遺族の有する右損害賠償請求権を代位取得するものと解するのが相当である。」

「X会社は昭和41年4月5日A、Cのために、同年同月7日Bのためにそれぞれ葬儀を行ない、そのためA・C両家の葬儀の布施、式場料金、院号礼金として合計15万円、葬儀祭壇代金として17万6,000円を、仏具供物等の代金として1万5,374円、死亡広告料等として7万7,000円を支出し、B家の葬儀場料・法礼・法名料として合10万5,000円、葬儀祭壇等の代金として13万8,050円、死亡広告料等として16万8,000円を支出し、さらにA・C・B三家の葬儀料理代として24万7,600円を支出し、Xら遺族はこのほか特に自己において葬儀はいとなんでいない」「そして、X会社の一般従業員であるA、Cについては20万円、Bについては同人がX会社の取締役の地位にあったことを考慮し40万円がそれぞれ社会通念上相当な葬儀費用と認めることができるから、右に認定したX会社の支出した社葬に関する費用のうち右合計80万円については、本来損害賠償義務としてYらが負担すべきをさきに述べたところによってX会社が代位弁済したものであり、……X会社は右代位弁済と同時に右Xらの承諾を得て右Xらの有する損害賠償請求権を取得したものと認められる。従って、YらはX会社に対し右80万円を損害賠償金として支払う義務がある。」

[退職弔慰金]「X会社は社員が殉職したときは役員につき80万円、三級職の職員につき30万円の退職弔慰金を支給することを定めていることが認められ」る。「しかしながら右の退職弔慰金なるものは、X会社がとくに会社のために殉職した従業員を弔い、遺族を慰めるために遺族に支給する金員であると解せられ、しかも、かかる金員の支給が一般社会において必ずしも慣行化しているとまでは認められないから、これをもっていまだ本件事故と相当因果関係に立つ損害ということはできない。」

第1節　企業の反射損害をめぐる判例の状況

[休業損失]　「X会社は、A、C、Bの葬儀および通夜を行なった際会社を休業して従業員を参列させ、或いはその準備、事故後始末等に当らせ、そのため損失を被った旨主張している。しかし、社葬に伴う支出が損害と認められる場合であっても、その限度は、遺族の行なう社会通念上相当な規模の葬儀に要する費用にとどまるべきことは既に述べたとおりであり、これをこえる支出又は利益の喪失はもはや事故とは相当因果関係がないものというほかないし、事故後始末についても事故直後の必要的事後措置とみられる後記遺体引取等に関するものを除けば、やはり相当因果関係を否定すべきである。これによれば、X会社の休業損失のうち、別表㈣の2、3、4（但し遺体引取に関する費用を除く）、5ないし13番の支出又は利益の喪失はいずれも本件事故と相当因果関係の存在を認めることはできない（2の看病に関する費用も、特段の事情が存しない以上その看病はX会社の好意からなされたものと認めるのが相当であるから、これをもって本件事故による損害と認めるべきではないと考える。」

[遺体引取費用]　「交通事故により即死し又は瀕死の重傷を負った被害者および事故車を現場から早急に引取ることは事故の事後処理として最少限度必要なことであり、これら諸作業が何人によって行なわれてもこれに要する相当な費用は事故による損害として加害者において賠償すべきものである。」「X会社は本件事故当日に従業員本間晴通外8名を事故現場に派遣してA、C両名の遺体を引取らせ、そのため右従業員を休業させたにもかかわらず、その給料合計1万8,683円、賞与・労災保険料等による労務副費7,099円の人件費を支出したことが認められ、右認定を覆すに足りる証拠はない。」

「ところでX会社は右9名の給料および労務副費の支出のほか、右9名の労働によって生み出されるべき1日分の附加価値利益をも損害として請求し、その算出上の根拠として昭和40年度の金属製品工業平均加工高比率（附加価値に対する人件費比率）の41.9パーセントをあげている。もとより、右数値は統計上の根拠に基づく信頼するに足るものと思われるが、それはあくまで平均的数値にとどまり、休業者の担当職種いかんによってはそれ程業績に影響しない場合も十分予想し得るし、また、休業者が全従業員に比し著しく少数でその休業が極めて短期間に過ぎないような場合には他の従業員によって休業者の担当職務を代行することが可能であり、その結果企業全体としては一部の者の休業による影響を殆ど受けないですむことが少なくないことも往々にしてみられるところであるから、直ちに右数値をよりどころとして附加価値を算出することは相当でない。《証拠略》によれば、本件事故当時X会社の従業員は145名であったことが認められ、一方、右9名の担当職種が余人をもって代えがたい程重要なものと認むべき証拠はないから、145名中9名が1日休業したに過ぎない本件事故当日のX会社の附加価値の減少が控え目にみても前記数値によって算出された金額と一致するものと断ずることはできない。他にX会社が前記人件費の支出をこえて右9名の休業により被った損害を適確に認むべき資料はない」。

「しかして、X会社が支出した前記給料および労務副費合計2万5,782円は前記2遺体引取のために要する相当な範囲の費用と認められるから、別表㈣の1については、右支出の限度でX会社が本件事故により被った損害と認めて差支えない。」「Bは本件事故の2日後である昭和41年4月7日に本件事故現場に近い甲市立総合病院で死亡したので、X会社はその従業員を派遣して右Bの遺体を引取らせたことが認められるところ、別表㈣の4のうちどの限度の支出が遺

体引取のためになされたかは必ずしも判然としないが，Bの場合は，A・Cの場合に比し遺体が一個であること，死亡場所が病院であることなどを考慮すると，控え目にみて，A・Cの場合に損害と認められた額の半額すなわち，1万2,891円がX会社がBの遺体引取についての損害であると認めるべきである。」「X会社の遺体引取等本件事故の事後処理によって被った損害は3万8,673円である。」

[休業手当——義務的なもの及び義務的でないもの］「X_1が本件事故による受傷によって昭和41年4月5日から同42年3月7日まで入院療養し，その後も前記後遺症のためX会社に出勤できないまま同年5月末日同会社の嘱託の地位を解かれたこと，X会社は賃金規定上は公傷病の場合も公傷病の当日につき10割，その翌日から3日間以内の休業日について6割の手当を支払うべきものとされているにすぎず，それ以上の義務はないのにかかわらず，右期間にあたる13か月の間毎月X_1に対しその月給にあたる3万2,000円合計41万6,000円を支払ったことを認めることができ」る。「X会社の右の出捐のうち，賃金規定により義務として支給した分は本件事故によってX会社が直接被った損害ということができる。また，その余の支給分は，X_1が本件事故によって被った損害として，本来Yらにおいて負担すべきところをX会社が第三者としてX_1に対し代位弁済したものと解することができ，しかして，《証拠略》によれば，X会社は右代位弁済と同時にX_1の承諾を得た上，右損害賠償請求権を取得したものと認められる。したがって，YらはX会社に対し，右41万6,000円を損害賠償金として支払うべき義務がある。」

【132】 大阪高判昭45・1・29判タ246号306頁，判時591号69頁（従業員への義務的ではない見舞金の支払）

タクシーの乗客が交通事故により負傷し，被害者である乗客の勤務する会社が見舞金を支払った事例。

「X_1およびこれに乗客として同乗していた前記訴外人両名は，前示傷害を治療するため3名分で合計4万6,190円の治療費を要し，また，右訴外人両名は，郷里和歌山から駈け落ちして来阪中に本件事故に遭ったもので，訴外Aが通院治療を終るまで両名が宿泊した旅館代として計4万40円を支払い，流血で汚れた亀甲の衣服のクリーニング代1,170円を要したほか，精神的にも少なからぬ苦痛を被ったが，X_2会社において右の費用をすべて支払い，かつ，訴外人両名に対して，見舞金名義で精神上の苦痛に対する慰藉料金2万円を支払ったことが認められる。

X_2会社は，前記支払金額のうち訴外人両名に関する分については，第一次的に，本件事故に起因してX_2会社の直接被った損害であるとして，Y_1らに対してこれが賠償請求権を主張するが，前叙のとおり本件事故はもっぱらY_2の過失に起因するもので，これによって生じた前記X_1およびY_1らの損害についてはX_2会社には賠償責任はなく，本件の場合には商法590条1項もその適用がないものと解されるので，X_2会社が右3名に対して任意その損害金を支払ったとしても，これをもってX_2会社の本件事故によって被った損害ということはできないから，Y_1らの右主張は理由がない。

そこで，進んでX_2会社の事務管理に基づく費用償還請求権行使の主張について考えてみるに，上叙認定の事実からすると，X_2会社の前記X_1および訴外人らに対する損害金の支払は，X_1が自社の営業用タクシーの運転手であり，Y_1らが

その乗客であった関係から，Yらの支払うべき賠償金を一時立て替え支出したものと認めるのが相当であるところ，X₂会社の支払った右各金員のうち，前記治療費4万6,190円，衣服洗濯代1,170円，訴外Aの入院中における亀甲の宿泊に要した5日間の旅館代9,530円……および慰藉料2万円は，いずれも本件事故による損害としてYらにその賠償義務があるので，右の金員はX₂会社が上叙**事務管理**としてYらのために**支出した有益な費用**というべきであるが，その余の旅館代は，訴外人両名が大阪へ駆け落ちしてきた関係上，西山の退院後直ちに帰宅しにくい事情もあって，引きつづき旅先で宿泊通院したためのもっぱら訴外人ら側の事情に基づく失費であることが《証拠略》によって推知されるので，該金員は，X₂会社がYらのために事務管理として支出した有益なる費用とは認められず，Yらにつき不当利得の関係も成立しない。そして，本件における弁論の全趣旨に鑑みるときは，X₂会社がYらのために前記賠償金の立替払いをしたのは，Yらの意思に反してなしたものと解するのほかないが，右の立替払いによってYらが同額の利益を得たことは明かであり，反対の事情が認められない本件においては右の利益は現存するものと推断されるので，YらはX₂会社に対して右費用の合計7万6,890円を償還すべき義務ありというべきである。」

「右の次第であるから，Yらは各自X₂会社に対し，本件事故によりX₂会社が被った損害50万6,234円の賠償およびX₂会社がYらのため事務管理の費用として支出した7万6,890円の償還ならびに右損害50万6,234円の内金32万7,032円（原審で認容されたX₂会社の物損と弁護士費用4万円の合計額）と右管理費用7万6,890円の合計40万3,922円に対する履行期後たる昭和40年9月10日（本件訴状送達の日の翌日）から支払済まで民法所定年5分の割合による遅延損害金の支払義務があり，X₁に対し右事故によりX₁が被った損害13万6,000円および内金9万円（原審で認容された慰藉料）に対する右昭和40年9月10日から支払済まで年5分の割合による遅延損害金の支払義務がある。」

【133】 新潟地長岡支判昭45・12・18交民集3巻6号1898頁（従業員への給与の支払）

Y₁会社の従業員Y₂が，Y₂会社の自動車を仕事により運転中に，追突事故を起こし，衝突を受けた前方の車が更にその前方のX₁会社の従業員X₂が運転するX₁会社の自動車に衝突し，X₂はいわゆるむち打ち症等の傷害を受けた。本書では，X₁会社がX₂に支払った休職中の手当て18万2,000円の損害賠償が認められた部分だけを取り上げる。以下のように判示されている。

「X₂はX₁会社に雇われ，同会社の運転業務に従事中本件事故にあったので，同人が加療のため出勤できなかった事故当日から昭和43年5月末までの6か月半につき，従前の給与月2万8,000円宛をX₁会社で支払ったことが認められ，右は本件事故と相当因果にある損害というべきである。」

【134】 佐賀地判昭46・4・23交民集4巻2号681頁（社葬費用は肯定，社葬による休業損害は否定）

［社葬費用――肯定］「X原告会社は本件事故により死亡した従業員Aのために自ら社葬を行い，そのために支出した費用を自己の損害と主張しているが，およそ交通事故による死亡者のための葬儀費用は，通常死亡者の社会的地位，職業，資産状態，生活程度をしんしゃくし，社会通念上相当な範囲に限りこれを負担した遺族

の損害として加害者側が賠償すべきである。これに対し社葬は使用者たる会社が遺族による葬儀とは別途に従業員の生前の功労に対し、これに弔意を表するため自己の負担において営むものであり、しかも未だ一般社会において必ずしも慣行化しているとまでは認められないから、交通事故による死亡者のため使用者たる会社が社葬を営んだとしても、原則としてこれによる諸費用の支出をもって右事故による損害と認めることはできない。しかし社葬のほか遺族自身による葬儀が営まれず、**遺族が社葬をもってこれに代えたものと認むべき事情の存する場合**にあっては、会社の支出した社葬に関する費用のうち前記社会通念上相当と認められる範囲に限り、本来損害賠償義務として加害者において負担すべきものを会社が第三者として弁済したものとして、**会社は遺族の有する右損害賠償請求権を代位取得する**ものと解するのが相当である。そこで本件についてこれをみると《証拠略》を総合すると、X会社は本件事故後間もなく亡Aのために葬儀を行い、そのため祭壇等前山葬儀社に対する支払金24万900円、告別式案内状、会葬御礼状等印刷費2万650円、お布施3万円、生花代、果物代、弔代等1万4,000円、葬儀当日弁当代等25人分4,720円、会葬者送迎用マイクロバス代2,000円、新聞広告費3,900円、合計31万6,170円を支出したことが認められ右認定を左右するに足る証拠はない。そして亡Aの年齢、社会的地位等を考慮すると、20万円が社会通念上相当な葬儀費用と認めることができるから、右20万円については本来損害賠償義務としてYらが負担すべきところ、X会社が代位弁済したものであり、《証拠略》によれば、X会社は右代位弁済と同時に原告X₁、同X₂の承諾を得て同Xらの有する損害賠償請求権を取得したものと認められる。」

〔営業損失による休業損失――否定〕「X会社は本件事故により亡Aの属していた営業第二部の営業活動を3日間停止したため150万円の損害を受けたと主張する。そして《証拠略》によれば葬儀に営業第二部の従業員を参列させ、あるいはその準備、事故後始末等に当らせたため、営業第二部の活動が一時停止したものと認められる。」「しかしながら業務執行中事故死した従業員のため、使用者が社葬を含めて種々の配慮をしたとしても、そのため使用者が**営業活動を休止したことによる逸失利益は未だもって事故と相当因果関係のある損害とは認め難く**、この点に関するX会社の主張は理由がない。」

〔亡Aのセールスマンとしての教育費用――否定〕「X会社は亡Aを一人前のセールスマンに教育するために月額2万円として36ヶ月分合計72万円を支出し、同額の損害を受けたと主張するが、セールスマンが退社する場合に比して考えると、右教育費用も本件事故と相当因果関係の存在を認めることはできない。」

【135】 札幌地判昭46・12・27交民集4巻6号1847頁（従業員への賃金相当額全額の支払――義務的＋否義務的）

「X₁が、本件事故による傷害とその治療のために、昭和43年1月22日から少くとも同年8月末日までは休業せざるを得なかったこと、X₁が本件事故当時X₂会社に勤務して、1か月50,000円の賃金を得ていたものであることは既に認定のとおりである。……X₁は本件事故当時X₂会社の業務に従事中であったこと、X₂会社はX₁に対し、X₁が昭和43年1月22日から同月31日までおよび同年3月1日から同年8月末日までの間に得べかりし**賃金相当額全額**（316,129円）を支払ったことが認められる。

しかして、X₂会社は右支払額を、そのうち**労働基準法76条**によりX₂会社がX₁に休業補償と

第1節　企業の反射損害をめぐる判例の状況

して支払うべき分については民法422条の類推により、また、その余の部分については民法702条により、Yに対し請求しうることになる。もっとも、X₂会社が労災保険に加入している限りにおいては、X₂会社には休業最初の3日を越えては休業補償を支払う義務はないこととなるが、X₂会社が労災保険に加入していることの主張のない本件においては右のとおり解するほかない。」

「次に、X₂会社は、X₁もその通院期間中の6割を休業したと主張し、X₂会社代表者は右主張に添うかの供述をするが、たやすくこれを措信できず、また、X₁が昭和43年1月22日から同年2月9日までの間数回にわたり通院したことは既に認定のとおりであるが、右事実のみを以ってしてはX₂会社の右主張を推認するには足らず、他にこれを適格に認めるに足る証拠はない。」

【136】　札幌地判昭47・3・22交民集5巻2号423頁、判タ279号332頁（従業員の死亡による遺族補償金、葬儀費用の支払）

札幌北電報電話局において、主として電報配達の業務に従事していたAが、Yによる業務中の事故により死亡した事例で、「X公社は、これを日本電信電話公社職員業務災害補償規則所定の業務災害と認定し、遅くも昭和44年5月24日に、同規則24条に基づき治療費29,372円、35条、36条に基づき遺族補償費2,500,000円および43条に基づき葬儀費用334,097円（うち150,000円を超える分については後述のとおり）、以上合計2,863,469円を亡Aの父母であるX₁、X₂に支払ったことが認められる。」「ところで、右規則43条2項によれば、X公社が災害補償として支払うべき葬儀費用の額は、これを150,000円とする旨定められているので、X公社が葬儀費用として支払った右金員中150,000円を超える分については、義務なくして出捐をなしたこととなるが、《証拠略》によれば、X公社としては、これをYらのために立替えて支払ったものと推認される。」

「しかして、X公社は右出捐中、右規則により災害補償として支払うべき分については民法422条の類推により、また、その余の部分については民法702条によりYらに請求しうることになる。」

【137】　大阪地判昭47・3・23交民集5巻2号457頁（従業員への休業補償の支払）

「X₁は本件事故当時X₂会社芦屋営業所長として勤務していたが、本件事故による受傷のため、事故日の翌日から昭和44年7月19日まで94日間X₂会社を欠勤し、その間X₂会社より従前と同様の割合による給料相当額の支払いを受けていたこと、X₂会社には従業員が病気その他正当な理由がある場合には半年間以下の欠勤の場合給料の全額の支払いがなされる慣行のあったこと、が認められる。」「ところで、交通事故による受傷のため休業した従業員に対し、雇主が休業期間中の給与ないし休業補償を支払った場合には、それが労働協約や就業規則に基づく場合は勿論、慣行によりあるいは恩恵的になされたものであったとしても、その額と期間が相当であるかぎり、雇主が事故により直接被った損害として加害者に対し損害の賠償を請求しうるものと解するのが相当であるから、本件についてみても、X₂会社が支払った給料相当額のうち後記第四の二で認定した範囲内において、Yに対し損害の賠償を求めうるものと認めるのが相当である」。

「X₁は本件事故当時X₂会社に勤務して毎月金52,935円の収入を得ていたが、本件事故のため

第8章　会社による給与の支払など

昭和44年4月17日より同年7月19日まで94日間欠勤したこと，その間前記第二記載のとおりX_2会社においてその間の給与の支払いをなしたこと，が認められる。そして，前記第三認定の傷害，後遺症，入・通院状況からして右の休業期間は相当と考えられるので，従って，X_2会社の損害は次のとおり金165,863円と算定される。よって，主張の金149,650円の範囲内でこれを認容する。

　　52,935÷30×94＝165,863」

【138】　東京地判昭47・3・31 判タ278号353頁（代表取締役および従業員への給与の支払）

［X_2，X_3の休業中の給与支払分］「X_1会社は，その代表取締役あるいは従業員であるX_2，X_3が本件事故に基づく受傷のため労務を提供できなかった分に対応する給与の支払いをもって，X_1会社の損害であると主張するが，このような場合，受傷による被害者はX_2，X_3のみであって，原則としてX_1会社をその被害者とみることはできない。しかしながら，X_2，X_3は右受傷のため労働（労務提供）能力を失った損害を蒙ったのであり，それにもかかわらずその給与をX_1会社が支払ったときは，右X_2，X_3両名の損害が塡補されると同時に，これに相当する加害者に対する賠償請求権は，**債務の第三者による弁済の場合に準じて**，肩替りしたX_1会社に移転し，従ってX_1会社は，右X_2，X_3両名の有した加害者に対する賠償請求権の限度においてこれに代位してその賠償請求をなしうるものと解すべきであり，そしてX_1の本訴主張は，黙示に右の趣旨をも含むものと解することができる。

　そこで以下右の前提のもとに判断する。」

［X_2分］（被害者個人の損害賠償にも入れる）
「X_2はX_1会社の**代表取締役**として，X_1会社の経営を総括するとともに，販売，配達，集金などの業務に従事していたこと，その月額給与は15万円と定められていたが，これは同X_2の労務の対価分のみならず，同X_2の経営主催者としての永年の功績と対外的信用に対するものも含まれていること，X_1会社は同X_2が主催し，これに同X_2の妻および娘夫婦が協力して維持しているいわゆる個人会社で，労務の提供だけからみるとむしろ同X_2の女婿Aが中心的存在であるところ，その給与は月額10万円と定められていたこと，本件事故による前記受傷のため，同X_2は，少なくともX_2主張のとおり昭和45年6月21日から同年7月15日まで25日間は全く右労務に服しえず，翌日から同月30日までの15日間は平生の半分程度の労務にしか服しえなかったこと，それにもかかわらずX_1会社は同X_2に所定給与を支給したことがいずれも認められる。」

「ところで右のような短期間の労働能力喪失による損害を評価するに当っては，その基礎としての収入額につき右給与のうち純粋な労務対価分だけを考慮すれば足りるものというべきであるから，右事実関係，特にAの給与額に照らし，月額10万円をもって算定の基礎とするのが相当である。そして同X_2の右休業の程度は，前認定の受傷および治療の程度に照らし妥当と考えられるから，同X_2の受傷による労働能力喪失損害額は，左の算式のとおり金10万8,333円と評価すべきである。」「そうするとX_1会社は右金額の限度でX_2らに対し請求しうるものというべきである。」

【139】　東京地判昭47・9・18 判タ288号337頁（従業員への給与の支払）

詳細は不明であるが，次のように判示している。

「X_1は，X_2会社から給与として社会保険料，

所得税を控除した手取月額平均10万7,931円を受領していたが、本件事故による治療のため事故の日から昭和44年5月31日まで4ヶ月間欠勤し、X₂会社が右期間の給与合計43万1,724円をYタクシーのためにX₁に支払ったことが認められる」。「そして、右の認定事実によれば、Yタクシーは、X₁に対し右給与相当分の損害を賠償すべき義務があり、X₂会社の右弁済が本人たる同Yの意思に反することについては主張・立証がないから、X₂会社は、**民法702条**の規定により同Yらに対しその償還を請求することができるものというべきである。(大審院大正8年6月26日判決、民録第25輯1177頁、同庁昭和9年9月29日判決、新聞第3,756号7頁)。」

【140】 東京地判昭47・11・7判タ291号333頁（代表取締役の役員報酬の支払）

詳細は不明であるが、次のように判示している。

「X₁はX₂印刷の**代表取締役**の地位にあり、1カ月当り金15万円の取締役報酬をえていたところ、本件事故のため71日間の入院と70日間の就労障害を余儀なくされるに至ったのであるが、しかし、その取締役という地位と職務、それに頸椎損傷という受傷内容から、入院中もまったく職務に就きえないというわけでなく、事故前に比し**一割程度の労働**は可能な状態にあり、退院後は精神的な苦痛は存したものの、労働力が減退する事実は認められなかったこと、他方X₂印刷はX₁に対し、右入院期間中も毎月28日限り各金15万円ずつを支払っていた」。「そうすると、X₂印刷は、X₁が本件事故で受けた休業損害相当分を、同X₁に既に弁済し、その限りで、X₁がYに行使しうる損害賠償請求権と同額の金銭債権を、本来の義務者のため有益な費用を支出した**事務管理者**として、請求することができ

第1節 企業の反射損害をめぐる判例の状況

るといえる。そして、その額は、右認定のX₁の70日間に亘る9割の労働能力喪失という事実よりすると、金4,931円60銭という1日当りの報酬額の70日分の九割である金31万0,691円（円未満四捨五入）である。」

【141】 横浜地判昭48・7・16交民集6巻4号1168頁（従業員への休業補償費の支払は肯定、見舞金の支払は否定）

[休業補償費]「X₁会社は、X₂に対して、昭和44年5月28日より同年7月20日まで、同年8月11日より同年9月6日までの合計81日間、就業規則にもとづく**事務管理**として、労働者災害補償保険法にもとづく休業補償費によって支給されない残余の40パーセント分金70,862円を支給し、Yに対する求償請求権を取得した。」

[香花料]「X₂会社は、訴外Aに対して就業規則に基いて香花料金20,000円を支給したので、これが損害を請求するというのであるが、香花料は**損失**を**塡補**するものでなく、道徳、礼儀の分野に属するから、これが請求は理由がない。」

[保険料差額の損害]「X₂会社は本件交通事故の発生のため保険料の割引がなくなり、金15,571円余分に支払わざるを得なくなり同額の損害を被ったことが認められる。」

【142】 岡山地倉敷支判昭48・11・15交民集6巻6号1799頁（従業員への給与の支払は肯定、ただし、理事として当然に支払うべき部分については否定）

[事実認定]「イ X₂会社は昭和42年1月設立されたもので、**資本金1,300万0,000円**、常勤の従業員74名を擁する乳酸飲料の販売等を目的とする株式会社である。ロ 役員として取締役7名（うちX₁が代表取締役）、監査役1名がお

第8章　会社による給与の支払など

り、X₁は会社設立以来常勤の取締役として営業を担当してきた。ハ　会社役員全員は、昭和45年2月28日の改選時に、いずれも重任した。ニ　X₁は、X₂会社に対し130万0,000円の出資をしている。ホ　X₁は昭和44年3月9日以来、昭和46年1月中旬まで会社を欠勤した。ヘ　X₂会社は、役員間で協議のうえ、Yらにかわり X₁の欠勤中、生活費として、X₁に対し欠勤前に支給していたと同額の金員を給与の名目で支給を続けてきた。ト　1ケ月の基本額は14万5,000円であり、実際には、これから各種社会保険料、税金等を控除した額が支給された。昭和44年3月8日から昭和46年1月7日までの22ケ月間に合計261万6,140円の金員が原告藤井に支給された。チ　右金員の支給は、X₂会社の就業規則によるものではない。X₁は役員であるため就業則規の適用はされていない。リ　X₁は従前より、X₂会社からは役員報酬という名目で金具の支給を受けたことはない。との事実が認められる。」

X₂会社は、Yらにかわり、X₁に対し、昭和44年3月8日から昭和46年1月7日までの22ケ月間、毎月14万5,000円から社会保険、税金を差引いた金額を支給してきており、その合計額が、261万6,140円となっている。

[X₂会社が賠償請求できる額]「ところで、本件のように、X₂会社が、Yらにいわば肩代りして支払った場合には、当裁判所はX₂会社とYらとの間に**事務管理の関係**が成立するものとし、X₂会社から、Yらに対する償還請求を認むべきであると解する。ただし、X₂会社がX₁に支給したいかなる金員も償還の対象とすることはできない。もし、X₁がX₂会社から支給されていないと仮定した場合、X₁において、本件傷害と相当因果関係のある逸失利益としてYらに対し請求しうる金額の限度においてのみ、管理者たるX₂会社が本人たるYらのために有益なる費用を支出したものとして、X₂会社からYらに対する償還請求を認むべきである。」

[X₁の損害賠償請求権]「そこで、X₁がX₂会社らか前記認定の金員の支給を受けていなかったと仮定した場合、はたしてX₁は、本件事故による（すなわち本件事故と相当因果関係のある）逸失利益としてこのうちどの程度の金額をYらに対して請求しうるものか、を吟味することにする。

右(一)に認定のとおり、X₁は、X₂会社の資本金の約1割を出資しているものであり、昭和42年にX₂会社が設立されて以来、取締役の地位にいるものである。営業担当の常務であり、いわゆる外まわり的な肉体労働をもしていたとはいえ、X₂会社は、常勤の従業員だけでも70数名を擁するかなりの規模の会社なのであるから、X₁に対する給与（従来より役員報酬との名目での金員の支給をしていないこと、会社の就業規則を適用していないこと、からすれば、実質は役員報酬であろう。）は、やはりX₁がX₂会社に提供する経営の企画等の精神的、知的労務に対する対価としての比重が、かなり大きいものとみるべきである。したがって、現実に出勤しなくとも各種の意思伝達機関の利用により、X₂会社に対し、ある程度の寄与は期待できるものというべきである。

なるほど、X₁は、本件事故の後、約2年間X₂会社を欠勤したわけであるが、その間、右のような、精神的、知的労務の提供までまったく不可能であったと認めるに足る証拠はない」。「このような諸事情を考慮すると、本件事故と相当因果関係のあるX₁の逸失利益としては、前記認定の261万6,140円のうち、せいぜいその7割にあたる183万1,298円と認めるのが相当である。」「以上のしだいで、管理者たるX₂会社がX₁に支給した金員のうち、客観的にみて、本人たるYらのために有益なる費用とみなしうるのは183万1,298円であるから、この限度で、X₂

会社のYらに対する償還請求は理由がある。」

なお，X_2会社主張の他の法律構成によっても，右認容額を超える部分につき，Yらに支払義務を負わせることはできない。

[X_3組合の請求について]「イ X_2会社は乳酸飲料の製造等を目的とする協同組合であり，その製品の販売会社たるX_2会社の役員等が出資者となっている。出資金は約2,400万円である。ロ X_1は，昭和38年頃からX_3組合の非常勤理事をしており，また，120万円位の出資者でもある。ハ 非常勤理事は，毎月1回の役員会に出席する程度である。X_1が役員会に出席できなくても運営には支障をきたさなかった。ニ X_3組合は，昭和44年3月から昭和46年1月7日までの間に従前どおり，毎月1万5,000円から所得税のみを差引いた金員の合計30万6,900円を給与の名目でX_1に支給してきた。ホ X_3組合には従業員が40数名おり，就業規則等も存在するが，X_1は就業規則の適用を受けていない。との各事実が認められる。

X_3組合は，給与の名目でX_1に支給してはいるけれども，X_3組合の構成，X_1の組合内における立場，支給された金額が少額であること，所得税のみしか控除されていないこと等右に認定の諸事実を考慮すると，支給した金員は，理事であるいうことに伴って当然に支払うものであって，X_1の組合に対する精神的，肉体的労務の提供と対価関係に立つ性質の金員とは認め難く，本件程度の入通院治療を継続したことにより支払いが停止されるような性質のものとはとうていいえない。すなわち，X_3組合がX_1に右のように金員の支払いを継続しても，X_3組合，X_1，Yらの三者間に利得や損失が生じたとはいえず，X_3組合の主張するいかなる法的構成によっても，Yらにこの支払義務を認むべき理由はない。」

【143】 宇都宮地判昭51・1・16 交民集9巻1号28頁（従業員への就業規則による給与の支払）

[被害者による損害賠償請求] X_1は，X_2設備株式会社に勤務し，工事課長の地位にあったが，本件交通事故による傷害治療のため入通院し，このため事故の翌日である昭和46年3月6日から同年9月30日まで就労不能となったこと，X_1が右期間就労したならば支給さるべきはずの給料および賞与の合計額は金100万6,516円であったから，本来ならばX_1は右金額相当の得べかりし利益を失うことになるわけであるが，就業規則等の定めに従い，欠勤にもかかわらず，X_2から右金額のうち金91万6,516円を補償されたので，結局X_1は残金9万円の得べかりし収入を失い，同額の損害を被ったものと認められる。

[会社による損害賠償請求]「X_2はX_1が欠勤したにもかかわらず，就業規則の定めに従い給与金91万6,516円を支給し，これにより日建設備は民法422条の規定の趣旨に従いX_1のYらに対する右賠償請求権を取得したものというべきである。」

【144】 岡山地判昭51・2・16 交民集9巻1号191頁（従業員への就業規則による給与支払）

X公社は，A等から労務の提供を受けられなかったにもかかわらず，就業規則により支払を余儀なくされた金額……の合計は181万7,722円となる。A等の本件負傷はYらが自動車を運転するにあたり交差点における安全確認を怠った過失による共同不法行為に基づくものであり，それにより，X公社はA等に対する雇傭契約に基づく労務提供請求権を侵害され，前記181万7,722円相当の損害を受けたことになる，と主

張する。

裁判所は、X公社のこの主張を受け入れて、「X公社は、Yらの右共同不法行為により、A等に対する雇傭契約に基づく**労務提供請求権を侵害**され、右合計181万7,722円相当の損害を蒙ったものと認めるべきである」と判示している。

【145】 大阪地判昭51・12・4交民集9巻6号1655頁（代表取締役への給与支払を会社の損害として肯定）

代表取締役が交通事故による欠勤している間も給料を支払ったことを損害として、次のような計算により損害賠償を認容している。

X_1会社は、本件事故当時、その**代表取締役**であるX_2に給料として年間189万円、月15万7,500円を支払っており、X_2が本件受傷により欠勤した期間も、X_2に右額の給料を支払っていたことが認められるから、X_1会社は本件事故によりその労務提供と対価関係にないX_2の**給料支払分の損害**を被ったということができるところ、X_2はその入院期間中の41日間は、全く就業せず、通院期間中の77日間は、X_2が歩行困難な状態にあったこと、従事する仕事の内容・実通院日数等に照らし、**従前の2分の1程度の労務提供**しかしていないと認められるから、X_1会社は、次記算式で算定される金41万7,375円の損害を被ったというべきである。

15万7,500円×30分 の41日＋15万7,500円×2分の1×30分の77日＝41万7,375円

なお、Yは、X_2の給料には、労務の対価以外の**役員報酬**も含まれているから、右報酬分については、X_1会社の損害から控除すべきことを主張するが、X_1会社は婦人、子供服の製造ならびに販売を業とする**資本金180万円、従業員4名の小規模な、個人企業的な会社**であり、代表取締役であるX_2自身、銀行廻り、仕入、集金、裁断、アイロンかけ等、縫製の仕事以外は、全てに従事し、中心となって切盛していたことが認められ、X_2の、質的、量的なX_1会社に対する稼働寄与度からすると、X_2の給料は、左程高額ということもなく、**労務提供相当分**というに支障はない。

さらに、ビル管理のために雇用したAはX_1会社の仕事にも従事していたから、その限度でX_1会社の損害は填補されたと主張するが、Aはもともとビル管理の必要上、雇用されたのであって、偶々、手のすいた時に、X_1会社の電話番位をしたにすぎないから、Aの存在によってX_1会社の右損害が減少したと認めるまでには至らない。

【146】 大阪地判昭52・9・20交民集10巻5号1338頁（従業員への給与の支払については損害賠償請求を肯定、営業利益の損害賠償請求は否定）

[X_1会社の損害]「X_2が就業できなかったためその代人として雇入れた者への支払としてX_1会社から同表各欄に記載のとおりの出費があった事実を認めることができる。そこでこれらの各出費が本件事故と相当因果関係のある損害であるか否かにつき考えるに、……X_1会社においては、X_2に対しては本件事故後も継続して事故前と同額の給与（月額金20万円）を支払っている事実が認められるので、X_2が本件事故による受傷のため就業できなかった期間に対応する支給分については、いわば本来X_2に発生すべき損害をX_1会社において肩替りしたものとみることができるから、その限度においては前記出費も**本件事故と相当因果関係のある損害**と認めることができる筋合である。

……X_2は本件事故のため5か月間は就業でき

なかったものと認めることができるから、この間の休業損害相当額たる100万円の限度においては前記のとおり本来X₂に生ずべき損害をX₁会社において立替払いをしたものとみてX₁会社に損害の発生を認め得るが、**右金額を超える分についてはもはや本件事故と相当因果関係があるものとは認められない。**」

［営業損害］「またX₁会社の役員、その従業員をも含めた同会社の組織内容、担当職務等が明らかにされないので、X₁会社主張のX₂休業による営業利益の減少、開店が遅れたことによる損害が、いずれもX₂（同人がX₁会社の代表取締役であることは弁論の全趣旨上明らかである）が本件事故による受傷のため就業できなかったことと相当因果関係があるものとはにわかに認め難いものである。」

【147】 山形地判昭54・8・9交民集15巻1号45頁（代表取締役への義務なき役員報酬の支払）

［X₁会社の事務管理費用の償還請求］「X₂、同X₃は、本件事故により早くとも昭和52年8月末日までの間は休業のやむなきに至ったものである。そして、同X₂X₃らは、特段の事情がない限りは、右休業により取締役報酬相当額の損害を被ったと認められ、Yらは同X₂X₃らに対して右損害を賠償すべき債務を負うところ、それに関してはX₁会社がX₂、同X₃に対して**取締役報酬**を支給しているので、その金額の限度ではX₁会社の出捐により右休業損害が塡補される結果になるから、X₁会社は、X₂、同X₃の有する損害賠償請求権について**代位**する関係となる。

ところで、X₁会社は、**事務管理による有益費償還請求権**に基づいて右損害賠償金相当額の支払を求めるものであるから、この観点から考えてみよう。……X₁会社は、株主総会決議に基づいてX₂、同X₃に対し取締役報酬を支給したと認められるから、右給付自体はたしかに法律上の原因に基いてなされている。しかしながら、右給付は、同時に右X₂X₃両名の休業損害を塡補し、同X₂X₃らの有する損害賠償請求権を満足せしめる効果を生ずるものであるところX₁会社においてはYらの与えた損害を塡補するために自己が出捐しなければならない。という法律上の義務があるわけではないし、また右損害塡補による利益をYらに終局的に帰属せしめる結果に導くならば、公平の理念にも反する。従って、X₁会社の右給付は、X₂、同X₃との間の前記法律原因の存在にはかかわらず、Yらとの関係では、**義務なくしてYらのために損害賠償の事務を管理し有益費を出したもの、と評価されるべきである。そして、X₁会社は、X₂、同X₃に対して支給した休業期間中の取締役報酬合計金692万1,000円について民法702条に基きこれを被告らに対して償還請求なしうるというべきである。」

【148】 福岡地小倉支判昭54・12・19交民集12巻6号1645頁（従業員への休業補償の支払について肯定、障害見舞金の支払について否定）

［休業補償］「AがXの職員であることは、当事者間に争いがなく、……Xは職員が業務上負傷をした場合は、法令その他別に定めのある場合の外、業務災害補償就業規則等に基づき業務災害補償として療養補償、休業補償、障害補償等の給付を行うものとしていること、AはXの業務に従事中本件事故に遭遇したもので、Xの下関工事長はXの本件事故による負傷を業務上の負傷と認定したことが認められる。」「Aは前記九州労災病院で173万5,862円相当の、前記門司鉄道病院で37万3,290円相当の各治療を受け、また診断書作成料その他として1万円の経

第8章　会社による給与の支払など

費を右各病院に支払う必要を生じたこと，Xは前記就業規則の規定に基づき右治療費等合計211万9,152円を支払ったことが認められる。」
「Aは本件事故による負傷のため昭和49年12月1日から昭和53年1月31日まで休業を余儀なくされ，その間給与及び賞与の支払を受けることができなかったこと，XはAに対し前記就業規則の規定に基づきあるいは同規定を類推適用して右休業期間中の給与及び賞与に相当する1,102万5,693円の金員を**休業補償**として支払ったことが認められる。XはAに対し昭和49年12月に支払った期末手当45万0,320円全部及び超過勤務手当4万3,882円を休業補償として支払ったものであると主張するかのようであるが，弁論の全趣旨によれば右期末手当は昭和49年7月から同年12月までの勤務に対応して支払われるものであることが認められるから，右手当のうちA負傷時前の期間に対応する37万5,267円は**本来の賞与**であって休業補償に当たらず，また右超過勤務手当は同年11月における超過勤務に対する手当であると推認されるから，これも休業補償に当たらないというべきである。」

「XはAに対し前記就業規則の規定に基づきAの前認定の後遺障害に対する補償として障害補償一時金149万1,520円を支払ったことが認められる。」

「Xは前記就業規則等の規定に基づき右各給付をなした結果，**民法422条の類推適用**によりAがYらに対して有する損害賠償請求権を右各給付により塡補されたAの損害額を限度として代位取得したというべきである。」「Aにも過失があったので，Xが代位取得する損害賠償請求金額は過失相殺をして得られる金額1,024万5,455円になるというべきである。」

［障害見舞金］「Xは「援護及び見舞金等贈与基準規程」において職員等が業務上の重度障害（休業治療21日をこえるものをいう。）を受けた場合には，その職員等に対して**重度障害見舞金を贈与**する旨定めている（同規程8条）ところ，Aが本件事故により業務上の重度障害を受けたので，同訴外人に対し右規定に基づく重度障害見舞金として総裁名で2万円，下関工事局長名で1万円合計3万円を贈与したことが認められる。」「ところで，XはYのAに対する前記加害行為のために右見舞金を支出せざるを得なかったものといえるが，しかし，Xは右加害行為の直接の被害者でないことはいうまでもなく，右規程（甲第九号証）によれば，右見舞金は原告が使用者の立場で職員等の福祉増進，勤労意欲の向上をはかることを目的としてこれを贈与するものであることが明らかであって，A［Yの誤りか］の加害行為と右見舞金の支出との間に**相当因果関係**を認めることはできない。したがって，XのYらに対する右見舞金相当額の損害賠償請求は理由がない。」

【149】　福島地郡山支判昭55・4・28交民集13巻2号548頁（役員報酬を実質報酬として肯定）

「X₁会社が牛乳販売を業とする資本金60万円の有限会社（代表者X₂）であり，法人とは名ばかりの俗にいう**個人会社**であって，X₂が朝は各家に牛乳配達をし，日中は小売店に牛乳の卸売をし，その間集金をするという具合に営業の中核として稼働しており，X₂にはX₁会社の機関としての代替性がなかった」。

「X₂は本件事故当事X₁会社から月額金20万円の役員報酬を受領していたところ，本件事故により稼働できなくなったのちも，引き続き月額金20万円の**役員報酬**を受け取っていたこと，X₂の受領していた月額金20万円は，役員報酬といっても同X₂の稼働状況からして**実質は賃金**

の性質をもつものであったことが認められ」る。

「ところで，X₁会社は，X₂の休業期間中に支払った右給与分はX₁会社の独自の損害となる旨主張するので，按ずるに，いわゆる**企業損害**については当該企業と直接の被害者とが経済的同一関係を有する場合（例えば，個人会社等）に限って企業も収益の減少等の損害があれば，これを加害者に直接請求し得ると解する余地は存するものの，本件においてX₁会社の主張するのは，X₂の休業中にX₁会社が支払った給与分の支払を求めるものであるから，それは本来X₂が休業損害として加害者に対し請求し得るものを，X₁会社が**肩代りして支払**ったことに帰着する。したがって，肩代りして支払った金額をもって直ちにX₁会社の**独自の損害**ということはできない筋合であり，しかもX₁会社の肩代りは法律上の義務に基づくものではないから，かかる場合のX₁会社のYらに対する請求は，弁済者の**任意代位**（**民法499条**）あるいは**事務管理**（**民法702条**）の法理によるべきが相当である。」

【150】 広島地尾道支判昭55・11・11 交民集13巻6号1523頁（公務員への協約等に基づく給与全額の支払）

「国が職員の公務上の災害について，補償法に基づいて補償をした場合，災害が第三者の不法行為によって生じたものであるときは，国は補償法6条の規定により，補償の限度で職員の第三者に対する損害賠償請求権を代位取得するが，前記のような協約等に基づいて職員の休業期間中の給与全額を支給した場合は，**民法422条の規定を類推**して，国は給付額の限度で加害者に対する損害賠償請求権を代位取得すると解するのが相当である。」

第1節　企業の反射損害をめぐる判例の状況

【151】 仙台高判昭57・1・27 判タ469号241頁，交民集15巻1号37頁（取締役報酬の支給——否定）【判例評釈】八木雅史・法時56巻6号129頁，尾崎三芳・判タ505号101頁

「本件事故の当時X₁はX₃会社の代表取締役のほかに訴外5社の代表取締役又は取締役に就任しており，またX₂もX₃会社の専務取締役のほかに訴外5社のうち2つの会社の専務取締役に就任していたが，本件事故により負傷したため事故後3か月間はそれらの会社の取締役としての事務に従事することができなかった。」「しかして……㈠X₃会社は本件事故に原因してX₁から昭和52年6月より8月までの3か月間にわたり代表取締役としての委任事務の履行を受けることができなかったが，報酬契約にもとづき右3か月分の取締役報酬として毎月83万円ずつ合計金249万円をそのころ支給し，またX₂に対しても同様に取締役としての委任事務の履行を受けることができなかったが，右期間内の取締役報酬として毎月41万7,000円ずつ合計金125万1,000円をそのころ支払ったこと，㈡X₃会社主張のとおり訴外5社はX₁に対し，また訴外5社のうち八千代観光自動車株式会社及び株式会社ホテル山形はさらにX₂に対し，いずれも前同様に，右X₁X₂らから取締役としての委任事務の履行を受けることができなかったが，前記期間内の取締役報酬としてX₃会社主張の金額（その全体の合計額は318万円）を支払ったこと，㈢訴外5社は右X₁X₂らに取締役報酬を支給したことによりX₁X₂らのための事務管理が成立し，支給金額と同額の費用償還請求権とその附帯の遅延損害金請求権を取得したとしてX₃会社に対し，その主張のとおりこれらの債権を譲渡したことが認められ，訴外5社から右債権の譲渡についてYらに対し債権譲渡の通知がなされた」。

「X₁及び同X₂（以下，ここではX₁らという。）は本件交通事故により負傷し，一定の期間X₃会社及び訴外5社（以下，ここではX₃会社らという。）の取締役としての事務につくことができなかったけれども，X₁らはX₃会社らとの間に結ばれた取締役の報酬契約（取締役を委嘱する委任ないし準委任契約に附随する契約）にもとづき，実際にその事務の執行ができたか否かにかかわりなくX₃会社らから報酬の支給を受けることができ，したがって取締役の報酬に関する限りでは同人らに収入の喪失による損害が生じなかったのである。」「したがって，X₃会社らの右取締役報酬の支給は報酬契約にもとづく債務の履行としての給付であって，X₁らが事故により休業したことにもとづく収入の損失を補填し，ないしは補償する意味を全く帯有していないといわざるをえない。」

「してみると，右取締役報酬の支給をもって，X₃会社らがYらのX₁らに対する休業損害の填補義務を，事務管理として履行したものと解する余地はないし，その他にYらには不当利得等の理由によっても，右取締役報酬の支給に関し，X₃会社らに対してその弁償をなすべき義務があることを見出し難い。」「よって，右取締役報酬の支給を原因とするX₃会社の請求（従来からの請求である自社支給分の374万1,000円及び当審における新請求である訴外5社支給分の318万円）は全部理由がなく，これを棄却すべきである。」

【152】 東京地判昭58・7・25 交民集16巻4号1026頁，判タ517号207頁（労務の対価と認められる役員報酬——肯定）

「X₁会社は，工作機械部品の製作並びに販売を業とする資本金300万円の有限会社であり，X₂が個人で営んでいたものを昭和48年12月5日に会社組織にしたものであること，事故当時は，X₂，長男であるA及びアルバイト1名の3名が稼働しており，X₂は，機械部品の加工，組立等の現業の仕事のほか，受注，集金，経理等の仕事もしており，X₁会社はX₂の個人会社というべき実態であったこと，X₂は，事故前，X₁会社から年収金360万円（1か月金30万円）の報酬を得ていたが，それは労務の対価である賃金というべきものであったこと，X₂は，事故後，受傷のため稼働することができなくなったにもかかわらず，X₁会社から対税上の関係もあって，引き続き1か月金30万円の報酬の支払を受けていたこと，X₂の休業をうめるため，他に勤務していた二男であるBが勤めを辞め，本件事故後X₁会社で働いていること，X₂は，退院後，現業の仕事はしていないが，受注，支払，経理等の仕事はある程度できた」。

「右認定事実によれば，X₁会社はX₂の個人会社と認められるから，X₁会社がその受けた損害を直接Yらに対し請求するとの構成も可能であるが，本件では，X₁会社がX₂に支払った報酬分の支払を求めるものであるから，それはX₂が休業損害としてYらに対し請求できるものをX₁会社が肩代りして支払ったものの請求ということになる。したがって，端的に肩代りして支払ったものの求償ないし償還請求と解する方が簡便であり，しかも右肩代りは法律上の義務に基づくものとはいえないから，本件における請求は，**弁済者の任意代位（民法499条）あるいは事務管理（民法702条）の法理を類推適用**して認めるのが相当である。」

「ところで，X₂の受傷から症状固定まで16か月間あるが，通院期間中は次第に症状が軽快していったものと認めるのが経験則に合致し，かつその間個人会社の特質からして事務的仕事には従事しえたわけであるから，右のような事情を考慮し，X₂の休業は，当初6か月間を100

パーセント，次の6か月間を70パーセント，残りの4か月間を40パーセントの就労不能ないし就労制限があったと推認し，休業損害を算定するのが合理的であると考える。してみると，相当因果関係あるX₂の休業損害額は金354万円になり，X₁会社がYらに対し請求しうる金額も右と同額になるといわなくてはならない。」

【153】 福島地判昭59・9・14 交民集17巻5号1278頁（個人会社ではなく，役員報酬として否定）

「X₁はX₂会社の代表取締役であるところ，本件事故による傷害のため事故日から3年間は業務に従事することができず，その間3,000万円以上の給与の支払を受ける利益を失い，右給与相当額の損害はX₂会社が被告に代って支払った，と主張する。」

「しかしながら，X₁が本件事故当時X₂会社の代表者であったことは当事者間に争がないところ，株式会社と代表取締役との関係が雇傭契約に基づくものでないことは明らかであるから，X₁はX₂会社に対し賃金ないし給与請求権を有するものではなく，したがって，X₁が本件事故による傷害のためX₂会社の業務に従事し得なかったからといって，給与相当額の得べかりし利益を失ったものということはできないものといわなければならない。」「もっとも，株式会社の取締役であっても，それが従業員兼任の取締役であったり，会社がいわゆる個人会社であって取締役が実質上企業自体とみられるような場合においては，会社から取締役に対して支払われる金銭の名目がたとえ報酬ないし役員賞与とされていても，実質上これを賃金と認める余地がないわけではない。」「しかしながら，本件においては，X₁がX₂会社の従業員兼任の取締役であったり，X₂会社がX₁のいわゆる個人会社

第1節　企業の反射損害をめぐる判例の状況

である等の事実を認めるに足りる証拠はなく，かえって，……X₂会社は昭和24年2月28日設立された資本金3,900万円の会社であって，福島市に本社並びに本店，仙台市に支店，郡山市，会津若松市，秋田市及び双葉郡浪江町に出張所を有し，従業員91名を擁し，昭和54年10月1日から昭和58年9月30日までの間毎年10億円を超える売上高を有する塗装会社であり，X₁は名実共にその代表取締役として経営にあたってきていることが認められる。」「したがって，X₂会社からX₁に対して支払われるべき金銭をもって，実質上賃金ないし給与とみることはできない。」「右により，賃金ないし給与相当分を代払したとして事務管理費用の支払を求めるX₂の請求は，その余について判断を加えるまでもなく，理由がないものといわなければならない。」

【154】 東京地判昭60・6・26 交民集18巻3号898頁（従業員への賃金保障の約束に基づく給与相当額を支払）

［X₁に対する支払済み賃金］「X₁は本件事故による受傷のため本件事故の日から昭和58年1月ころまで就労不能であったこと，しかるにX₂はX₁の就労不能による同X₁の休業期間中に当たる昭和57年10月及び11月の2か月間につき，予め同X₁との間になしていたこの間の賃金保障の約束に基づき，就労した場合と同額に当たる賃金合計金50万円を同X₁に支払った」。「X₂のX₁に対する合計金50万円の前記賃金支払については，これを直接にX₂自体の本件事故による損害ということは困難であり，したがって，X₂自体が自動車損害賠償保障法3条本文によってYらに対し，直接，同金額につき損害賠償請求権を有するものとはいえない。しかし，本来，X₁は右休業期間である昭和57年10月及び11月の2か月間の休業損害（前記賃金合計金50万

円に相当する。）につき、Yらに対し損害賠償請求権を有する地位にあり、X_2は、X_1との間になしていた前記賃金保障の約束に基づき、偶々、右損害について損害填補を余儀なくされたという関係に立ったものである。」「そうすると、X_2は、**民法422条の類推適用**により、Yらに対し、X_1の有する前記金50万円の損害賠償請求権を同X_1に代位して取得するものというべきで、Xらの請求の原因の主張は、X_2にかかる責任原因につき、右の民法422条類推適用による損害賠償請求権の代位取得及び行使の主張をも含むものと解するのが相当である。」「右の見地に立って、X_2の前記金50万円の損害賠償請求を肯認できるものというべきである。」

［X_1所属バンドの他のメンバーに対する支払済賃金］「X_1が前記のとおり就労不能となったことから同X_1所属のバンド「ウエルカム」自体が昭和57年10月及び11月の2か月間演奏活動が不能となり11月中に解散するのを余儀なくされたこと、しかし、X_2において右2か月の期間中前記バンドのX_1以外のメンバーに対して合計金260万円の支払をなしたことが認められるが、X_2の右の金260万円の支出については、これを本件事故による損害に当たるものとしてYらに帰責することはできないというべきである。」

【155】 東京地判昭61・3・7交民集19巻2号350頁（代表取締役への役員報酬の支払）

「Xは、不動産業を営む甲商店の代表取締役であり、同会社においては、宅地建物取引業法による有資格者はXのみで、不動産仲介・管理の業務に直接携わっているのは専らXであること、そのほか同会社には、図面・契約書等の作成に携わる男性1名、一般事務に携わる女性1名がおり、同会社は右3名で運営されている小規模な会社で、**実質的にはXの個人会社であって**、

Xには同会社の機関として**代替性がなく**、Xと同会社とは**経済的同一性**があること、Xは、本件事故による前記受傷のため40日間休業したが、その間も同会社から従前と同様に**役員報酬**名下に月額40万円の支給を受けてきたこと、以上の事実が認められ、右認定を左右するに足りる証拠はない。

右の事実によれば、Xの稼働内容からみて、右月額40万円の役員報酬は、Xの労務の対価として支給されていたものと認められるところ、甲商店は、休業中のXに対し、労務の提供を受けないにもかかわらず役員報酬を支払ったもので、いわば損害賠償債務を負担するYらに代わって**休業損害の立替払**をなした関係にあるものというべきであるから、同会社は、Yらに対し、**事務管理の規定の類推適用**により、右支払によって被った損害の賠償を求めることができるものというべきであるが、右のとおり、同会社は実質的にはXの個人会社であって、Xと同会社とは**経済的同一性**があることに照らすと、右立替払による同会社の損害はXの損害と同視しうるものであって、Xにおいて、Yらに対し、右立替払分の損害の賠償を求めることができるものというべきである。

したがって、Yらは、Xに対し、月額40万円の40日分に当たる53万3,300円（100円未満切捨）の支払義務がある。」

【156】 東京地判昭61・5・27交民集19巻3号716頁、判時1204号115頁、判タ621号162頁（代表取締役への役員報酬の支払について、稼働に対する対価の部分について肯定）

「X_2会社は、X_1が右各期間において全部もしくは一部その労務を提供できなかったにもかかわらず、X_1に対し、従前の**役員報酬**である年

1,500万円（各月125万円）を支払うことをX₁本人及びその家族が事故前と同様な生活状態を維持・継続するため，余儀なくされたことが認められるが，前記のように，そのうち900万円が**稼働に対する対価の部分**であるから，X₂会社がX₁から労務の提供を受けないのに稼働に対する対価として支払うことを余儀なくされた金額は，次のとおりであると認められる。」

「ところで，X₂会社は，X₁から労務の提供を受けないにもかかわらず，前記のようにX₁に対し従前の役員報酬を支払ってきたが，それはX₁及びその家族が事故前と同様な生活状態を維持・継続するため出捐を余儀なくされたことによるものであるから，右出捐はX₂会社にとって明らかに**損害**というべく，しかもかかる事実関係のもとにおいては，YのX₁に対する加害行為と同Xの受傷に起因するX₂会社の右出捐による損害との間に**相当因果関係の存する**ことを認めるのが相当であるから，損害を公平に分担させるという損害賠償法の根本理念の要請に鑑み，X₂会社は，Yらに対し，右損害の賠償を請求することができるものと解するのが相当である。」

[**過失相殺について**]「Aは，X₂会社の営業課長であり，同人は同社の業務のために被害車を運転しており，X₂会社の代表取締役であるX₁が，同社の業務のためAに命じて被害車を運転させ，同車に同乗していたものであるから，X₂会社の関係でも過失相殺するのが相当である」。

【157】　東京地判昭61・6・27交民集19巻3号
　　　　890頁（代表取締役への役員報酬の支払，全面的に肯定）

「X₁は，本件事故当時，X₂会社を**代表取締役**として経営し，年額480万円の給与の支給を受けていたところ，本件事故による受傷のため，

第1節　企業の反射損害をめぐる判例の状況

昭和58年2月17日から同年4月10日までの53日間欠勤したこと，しかしながら，X₂会社は，X₁から労務の提供を受けなかったにもかかわらず，右期間の給与70万4,762円をX₁に支払った」。「右の事実によれば，X₂会社が支払った給与70万4,762円は，本来であればX₁の休業損害が生じるところ，これをX₂会社が支払ったためX₂会社の損害として生じているものと認めることができるから，本件事故と**相当因果関係のある損害**というべきである。」

【158】　東京地判昭62・5・29交民集20巻3号
　　　　742頁（従業員への給与の支払，個人営業）

[Aへの給料支払分　64万円]「Aは，本件事故当時，Bに勤務して，月額8万円の給与の支給を受けていたが，前示の受傷のため，本件事故後は稼働できない状況にあったところ，Bにおいては，Aに対し，その間少なくとも8か月にわたり給与として月額8万円，合計64万円を支払ったことが認められ」る。「右の事実関係によれば，Bは，Aの生活を維持するため，右給与の支払を余儀なくされたものと推認することができ，右推認を覆すに足りる証拠はなく，これに，Bは，個人営業としてXの夫がXとともに経営しているものであることを勘案すると，BにおいてAに支払った右の64万円は，本件事故と**相当因果関係のある損害**として，XにおいてYらに対し請求しうべきものというべきである。」

【159】　大阪地判平5・6・3交民集26巻3号
　　　　727頁（代表取締役への役員報酬の支払につき，労働の対価部分にき肯定）

[X₁への報酬支払損害]「X₂は，X₁が昭和42年ころに設立した機械工具の販売を業とする

会社で，従業員は40数名であり，設立当初からX_1が代表取締役をし，株主の大半は，X_1とその親族が保有している。X_1は，X_2会社から平成2年分の役員報酬として毎月200万円の役員報酬と，年間400万円の役員賞与の支払を受けていた（合計2,800万円）。X_1は，前記入院中，病室に携帯電話を持ち込み，X_2会社の社長として社員に指揮，命令をしていた。X_2会社の平成2年9月1日から平成3年8月31日までの営業年度における営業利益は，5,348万円余りで，これは，その前年度の営業利益とほぼ同じであり，その翌年度は増収増益となっている」。

「右認定事実によれば，X_2会社は，X_1を中心とする同族会社であり，また，X_1がX_2会社から支払を受けていた役員報酬は，X_1の**労働の対価部分と利益配当部分**で構成されていると解され，これにX_2会社の従業員数，営業利益額を併せ考慮すれば，X_1の役員報酬のうち，X_1の労働の対価部分は**50パーセント**と評価すべきである。また，右認定事実によれば，X_1は，右入院中，病室に携帯電話を持ち込み，X_2会社の社長として社員に指揮，命令をしていたことが認められることからすると，右入院によってX_1の社長としての労働部分は**50パーセント**制限されていたと解すべきである。そうすると，X_2会社の請求する3か月分の報酬支払損害600万円については，150万円（600万円のうちの労働の対価部分300万円に対する50パーセントの労働制限部分相当額）の限度で理由がある。」

【160】 東京地判平9・7・30交民集30巻4号1086頁（代表取締役への役員報酬の支払を全部労働の対価として肯定）

X_1はX_2書房（有限会社）の**取締役**であり，Yによる交通事故により負傷し休業をした事例で，X_2書房の損害について次のように判示する。

［X_1の休業期間中に支払った**報酬相当額**］
「X_2書房がX_1に支払った報酬は，平成4年5月から同年7月まで月37万円であり……，その金額からすると，右報酬に実質的な利益配当が含まれているとはいいにくい。……X_2書房がX_1に支払った月額37万円は，すべて**労働の対価**によるものと認められる。

そして，仮にX_2書房がX_1に対し休業期間中の報酬を支払わなかった場合，X_1がYらに対し休業損害を請求できるのは明らかであるところ，たまたまX_2書房がX_1に対し休業期間中の報酬を支払ったことにより，休業損害相当額と本件交通事故との間の相当因果関係がなくなるとは考えられない。

また，同様の理由から，損害額も，X_2書房がX_1に対し休業期間中に支払った報酬（1月当たり37万円）によるのであり，Aに支払った給与額に限定されるものではない。

したがって，平成4年7月28日（本件交通事故日）から同年9月21日（本件交通事故と因果関係が認められる期間。……）までの56日間につきX_1に支払った報酬相当額が本件交通事故と相当因果関係がある損害であるところ，その額は，次の数式のとおり，69万666円である。」

［X_1の休業期間中に代替労働力として雇用したAに支払った給与相当額］「X_2書房には，本件交通事故当時，X_1及びBの2名が勤務しており，Bが店のレジを午後5時まで担当し，X_1が，荷さばき，チェック，差し替え，外売のための納品書等の手配及び配送，午後5時後の店での販売等を行っていたところ，本件交通事故によりX_1が休業したため，X_2書房がAを雇用したとX_1は供述する……。」「ところで，X_2書房は，Aを雇用する前，Bを雇用していたが，平成3年及び平成4年のBの給与は，月30万円，ボーナスなしであった……ところ，……X_2書房は，BないしA以外の従業員を雇用していたとうか

がえ，その者が X₁ のすべき仕事を代替できたのではないかとの疑問がある。」「このことに加えて，X₂ 書房が現在も A を雇用している理由は，X₁ の負担が多いためというものであり……，X₂ 書房が A を雇用したのは，本件交通事故によるためというよりは，X₁ の負担軽減するためでないかとの疑問もある。」「したがって，X₂ 書房が A を雇用したことに係る損害は，本件交通事故と相当因果関係があるとまではいえない。」

【161】 神戸地判平 9・10・28 交民集 30 巻 5 号 1549 頁（代表取締役への役員報酬の支払について労働者としての仕事の対価部分についてのみ肯定）

X₁ は，本件事故当時，47 歳であり，X₂，X₃ および X₄ の各代表取締役社長に就任しており，自ら右各会社に常勤し，それらの営業その他の業務を統括していた。X₁ は，本件事故により 20.5 日間休業した。

「X₂ はゴルフ練習場を，X₃ は 9 ホールのゴルフコースをそれぞれ経営し，X₄ は食堂経営及びゴルフ関連用品の販売業をしている。X₁ は，本件事故当時，報酬ないしは給与（以下「給与等」と略称する。）として X₂ から月額 182 万円，X₃ から月額 50 万円，X₄ から月額 10 万円の各支給を受けていた。X₁ は，社長自ら率先垂範を示し，役員としての仕事だけではなく，ゴルフの練習場及びコースの草取り，水撒き，芝生の管理作業，掃除やゴミ拾い等の清掃などをしてきた。

X₂，X₃ 及び X₄ は，X₁ の右休業期間中分に対して通常どおりの額になるよう給与等の代払をした。

右認定によると，X₁ は，X₄ については，いわゆる**労働者としての仕事**をしているとはいえないが，X₂ 及び X₃ については役員としての仕

第 1 節　企業の反射損害をめぐる判例の状況

事だけではなく，労働者としての仕事をしており，その時間的な配分については必ずしも明確ではないが，諸般の事情も考慮すると，**半々とみるのが相当**である。そして，X₂ と X₃ につき，X₁ の給与等を対比すると，X₂ における労働対価的部分は 15 万 4,989 円で，X₃ のそれは 4 万 2,580 円となる。従って，X₂ が X₁ の休業損害分を代払したことによる損害は，15 万 4,989 円となる。

X₃ が X₁ の休業損害分を代払したことによる損害は，4 万 2,580 円となるが，X₄ については，X₁ の労働者としての仕事部分を認めることができないから，損害はないといわざるをえない。」

【162】 神戸地判平 11・4・21 交民集 32 巻 2 号 650 頁（代表取締役への役員報酬の支払につき労働の対価部分についてのみ肯定）

[直接被害者 X₁ の損害賠償請求]　先ず，被害者本人につき，X₁ の労働能力の逸失による損害を考慮するについて，X₂ 会社から受領していた月額 100 万円の報酬を基準とすることはできない。X₁ の労働がなかったにもかかわらず，X₂ 会社はずっと月額報酬を支払い続けていたことからしても，この報酬の中には役員としての報酬を（さらには一人株主であるというから，利益配当の趣旨も）含んでいることは明らかである。他に依るべき資料もないから，右報酬のうち X₁ の労働に対する対価部分は，平均賃金程度と見るのが相当であるところ，平成 8 年度の賃金センサスによると，40 歳から 44 歳までの男子労働者の平均賃金（学歴計，企業規模計）は，年間 658 万 1,600 円であるから，これを基礎収入として算定することとする。

[X₂ 会社の損害賠償請求]　次に，X₂ 会社の損害賠償請求につき，次のように肯定する。

「X₁ 本人によると，X₁ は，本件事故当時 X₂

第8章 会社による給与の支払など

会社の代表取締役であり,従業員は25名ばかりを擁していたこと,X_1の負傷休業中も,X_2会社は営業を続けていたこと,そしてX_2会社は,X_1の欠勤中も月額100万円の役員報酬を支払ってきたことが認められる。X_1本人は,その休業により営業成績が落ちた旨供述するが,これを裏付ける的確な証拠はない。」「X_2会社はX_1の労働を得られないことにより,賃金センサスによる平均賃金程度の損害を被ったと評価するのが相当である。」

「治療状況からみて,X_1は,当初7か月は全く稼働できず,その後4か月は10パーセント程度,その後7か月は20パーセント程度しか稼働しなかったと認められる。」「そうすると,X_1の稼働もなく,報酬を支払ったことによるX_2会社の損害は,次のとおり876万1,905円と認められる。」

$6,581,600 \div 12 \times (7 + 0.9 \times 4 + 0.8 \times 7) = 8,885,160$

これに被害者の過失を理由に過失相殺を行い,X_2会社がYに請求できる損害は621万9,612円となる。

2 判例の整理・分析

従業員の死亡による遺族補償についての判例《122》後,ほぼ肯定判決が判例として確立されていくが,法的構成は必ずしも一致していない。なお,取締役については最後にまとめて説明をするので,先ずは取締役以外に限定をして説明をしていく。ただし,次の法的構成については,取締役の事例も一切含めて分析しておく。

(1) 肯定判決の法的構成

会社による損害賠償請求を肯定した判決も,その法的構成の点で以下のように分かれている。これを見る限り,判例《122》の最高裁判決があるものの,必ずしも代位構成が採用されているわけではなく,相当因果関係だけで損害賠償請求が肯定されている事例が少なくなく,近時はそのほうが多いことが分かる。なお,過失相殺については,代位構成では肯定は問題ないが,他の構成ではどう説明するのかは問題が残される。

❶ 相当因果関係を認め固有損害として肯定する判決 判例《121》は,あくまでも参考判例にすぎないが,仮差押により開業が延期され,その期間中の従業員への給与支払が問題になった事例であるが,「其の被りたる損害は他人の不法行為に基因するものとして之れが賠償を求め得るや論を俟たず」として,何らの根拠も示していない。

従業員などへの給与・治療費などの支払については,何ら理由の説明をせずに,会社の損害として会社の損害賠償請求を肯定する判決が多数ある。判例【1】(葬儀費用),【19】(取締役および従業員),【52】(役員報酬),【123】(労働基準法に基づき会社が支払った療養補償および休業補償),【126】(就業規則により生活費の一部としての支払を「通常の損害というべきである」という),【127】(従業員・入院費・給与),【129】(従業員・給与),【133】(従業員・給与,相当因果関係ありという),【137】(従業員・休業補償),【145】(役員報酬),【146】(従業員・給与,「立替払いをしたものとみて……本件事故と相当因果関係ある」という),【147】(役員報酬),【156】(役員報酬),【157】

第1節　企業の反射損害をめぐる判例の状況

（取締役の役員報酬），【158】（従業員・給与），【160】（役員報酬），【162】（役員報酬）がある。

なお，すでに説明したように，判例【68】は，会社の休業損害としてであるが，直接被害者である代表者に会社が支給した報酬または給与部分の限度で，損害賠償請求を認めている。

❷　肯定するがなんらの理由を示さない判決　肯定しているが，なんら理由が示されていないものとして，判例【124】（災害補償金）【125】（従業員・給与），【161】（役員報酬）がある。

❸　債権侵害を問題にする判決（固有の損害賠償請求権を肯定）　更には，従業員に対する不法行為による負傷を雇主に対する債権侵害による不法行為を認めて，会社が従業員に支払った給与を損害として賠償を認める異例な判決もある（判例【144】）。

❹　422条の類推適用による判決[104]（代位構成1）　422条の類推適用による判決として，判例【122-1】（従業員の遺族補償，《122》の原審判決），《122》，【128】（従業員への給与の4割の給付），【135】（休業補償，労働基準法76条で支払うべき分は民法722条の類推適用，その余は民法702条），【136】（災害補償，規則により支払うべき分は民法722条の類推適用，その余は民法702条），【143】（従業員に就業規則に従い給与を支給），【147】（役員報酬），【148】（従業員への休業補償の支払），【150】（国が協約に基づいて給与全額を支給），【152】（労働の対価と認められる役員報酬），【154】（従業員への給与支払），【155】（個人会社の取締役の役員報酬）がある。

❺　第三者弁済による代位取得による判決（代位構成2）　第三者弁済による，被害者の損害賠償請求権への代位を認める判例として，判例【27】【56】【76】（条文根拠を示すことなく，肩代わりした会社に移転するという。判例【56】【76】はいずれも肩代り損害のみを認容），【131】（葬儀費用，義務を超える給与支払），【134】（社葬費用），【138】（代表取締役，従業員への給与支払。第三者による弁済に準じてという），【140】（代表取締役への報酬の支払），【148】（従業員・休業補償），【149】（役員報酬。任意代位または事務管理），【152】（役員報酬。「弁済者の任意代位（民法499条）あるいは事務管理（民法702条）の法理を類推適用して認めるのが相当である」），がある。

❻　702条による判決（費用償還請求権構成）　事務管理（702条）を理由として，会社の費用償還請求権を認める判例として，判例【56】，【132】（見舞金の支払），【135】（労働基準法76条で支払うべき分は民法722条の類推適用，その余は民法702条），【136】（災害補

104）　なお，会社ではないが，千葉地判昭52・9・26交民集10巻5号1361頁は，「本件事故車に同乗していたAが，本件事故により傷害を負ったこと，Yらがいずれも本件外車の運行供用者であったことは当事者間に争いがなく，Xは，Aから本件事故によりAが受けた傷害の治療費の賠償を求められたので，本件事故の責任の所在はともかくとして，AがBと知己の間柄にあったことから，やむなく昭和49年4月9日までの間に合計金69万2,360円を損害金として支払ったことを認めることができる。」「そうだとすれば，XとYらとの間には事務管理が成立しているものというべきであるから，Yらは，Xに対し右損害賠償金を償還すべき義務を負っていることが明らかである。」とした判決がある。

償。規則により支払うべき分は民法722条の類推適用，その余は民法702条），【139】，【140】，【141】（従業員・給与の40パーセントの支給），【142】（役員報酬），【147】（役員報酬），【149】（役員報酬。任意代位または事務管理），【152】（役員報酬），【155】（役員報酬。事務管理の類推適用という）がある。

(2) 肯定判決の事例類型
(a) 支払った金銭の名目

❶ 給与・賞与支払の事例　従業員への給与・賞与の支払が問題とされた事例として，判例《105》（全額），【19】（全額），【76】（全額）【125】（全額），【127】（3，4月は全額，それ以後は半額），【128】（4割支払），【129】，【131】【133】【137】【138】【135】（全額），【137】（全額），【138】（全額），【139】【141】（休業補償費によって支給されない給与の40パーセント），【143】（全額），【146】（全額），【154】（全額），【158】（全額）がある。

❷ 休業補償　判例【123】は，療養補償および休業補償について，不法行為によって生じた損害として賠償を認める。給与および賞与相当額を，就業規則に基づきあるいは同規定を類推適用して支払った事例について，民法422条の類推適用により損害賠償請求が認めている。判例【148】は，給与および賞与を休業補償の名で支払った事例につき，会社の702条に基づく償還請求を認めている。

❸ 遺族補償の事例　遺族補償について，会社による不法行為者への損害賠償請求が認められた判決としては，判例【122-1】（判例《122-2》の原審判決），《122-2》，【136】がある。

❹ 就業規則による生活費の一部としての支払の事例　就業規則により生活費の一部として合計15万円が支払われた事例で，通常の損害として会社による損害賠償請求が認容された判決がある（判例【126】）。

❺ 社葬，葬儀費用負担の事例　社葬については，遺族がこれ以外に葬儀を行わなかった場合に限り，死亡した従業員らの地位などから相当の葬儀量の範囲で損害賠償が認められている（判例【127】【131】【134】〔代位弁済を理由として会社の損害賠償請求を認める〕，【136】）。判例【56】は事務管理の法理による。

❻ 遺体引取料　従業員の遺体引取りのために従業員を派遣した場合に，その日数に対応するその派遣した従業員の給与，労務副費について相当の範囲の損害とされ賠償が認められている（判例【131】）。

❼ 見舞金　見舞金の支払は，賠償金を一時立替えて支払った事務管理になるとして，費用償還請求として会社による請求が肯定がされている（判例【132】）。

❽ その他　生活費の一部として給付がされた場合につき，判例【126】は，通常の自体であるとして会社による賠償請求を認めている。

(b) 義務的な給付か否か
(ア) 義務的な支払の場合

❶ 労働基準法に基づく場合　労働基準法79条により遺族に平均賃金を保証した場合について，判例【122-1】《122-2》は民法422条の類推適用による，会社による損害賠償請求を認めている。判例【123】は，労働基準法76条により休業補償をした場合につき，不法行為によって生じた損害として，会

社の賠償請求を認めている。

❷　公社職員業務災害補償規則に基づく場合　判例【124】は，なんら理由を示さずに，公社職員業務災害補償規則に基づく支払がされた場合に，公社による損害賠償請求を認めている。判例【136】は，規則による義務的な支払については民法422条の類推適用による損害賠償請求権の取得を認める。

❸　労働協約により補償した場合　判例【150】は，補償法に基づくときは損害賠償請求権を代位取得できるが，協約等に基づいて給与全額を至急した場合には，民法422条を類推適用して代位取得できるという。

❹　就業規則により保障した場合について，相当因果関係により会社による損害賠償請求を肯定した判決（判例【126】），移転という判決（判例【76】）何も法的説明をせずに損害賠償請求を認めた判決（判例【127】）がある。また，判例【141】は，就業規則に基づく事務管理として，労災保険法によって支給されない残余の40パーセントを支払った事例で，求償請求権を認めている。判例【143】は，就業規則等による給与等の支払につき，民法422条の類推適用により会社が損害賠償請求権を取得することを認める。

　(イ)　義務ではない場合

❶　治療費・葬儀費用　治療費や葬儀費を出した場合については，第三者弁済による代位が肯定されている（判例【1】【131】【134】）。判例【136】は，規則により災害補償として支払う分を超えた部分については，民法702条により損害賠償請求ができるという。

❷　給与・賞与　給与・賞与の支払につき，義務的と明らかになっていない事例をこで取り扱うが，判例【125】は，理由を示さず会社による損害賠償請求を認めている。判例【19】も損害をこうむったということだけを理由に，会社による損害賠償請求を認める。判例【131】は，直接被った損害と見ることもできるといい，また，代位弁済により取得したともいえるという。判例【133】【137】【146】【158】も事故との相当因果関係を認めている。これに対して，判例【138】は第三者の弁済に準じてという説明をし，判例【132】は，事務管理を理由としている。

　(3)　請求が否定された事例

請求が否定された事例としては，以下のような事例がある。

❶　退職弔意金　一般的に慣行化していないとして，相当因果関係にある損害とは認められないとされている（判例【131】）。また，判例【103】【104】は，遺族に支払われた弔慰金について，会社が過去の功労に報いるために好意で支払ったものとして，不法行為との相当因果関係が否定している。

❷　遺体引取り費用　判例【104】は，社会通念上，遺体の確認は遺族が行うべきものであり，従業員がいわば自らの好意によって遺族の遺体確認に付き添って行くのに要した費用を会社が支出したからといって，その費用を不法行為と相当因果関係があるということはできないとしている。

❸　社葬に従業員を列席させた損失　社葬費用については既述のように損害賠償が認められるが，これを超える支出や利益の喪失は，相当因果関係の範囲内とは認められないとされている（判例【131】）。なお，判例【104】

第8章　会社による給与の支払など

は，社葬として葬儀費用の一部を会社が負担した事例で，その費用の会社による損害賠償請求を否定している。

❹　社葬による休業損害　社葬により営業活動を3日停止させたと主張して逸失利益の賠償が請求されたが，事故と相当因果関係にある損害とは認められないとされている（判例【134】）。

❺　香花料　就業規則に基づく香花料の支給について，これは「損失を填補するものでなく，道徳，礼儀の分野に属するから，これが請求は理由がない」とされている（判例【141】）。

❻　障害見舞金　見舞金は，使用者の立場で職員等の福祉増進，勤労意欲の向上をはかることを目的とした贈与したものとして，相当因果関係が否定されている（判例【148】）。

❼　退職用意金　退職用意金については，一般社会において必ずしも慣行化しているものとはいえないとして，相当因果関係が否定されている（判例【131】）。

❽　営業利益の減少など　従業員が交通事故で負傷し，その休業による営業利益の減少，開店が遅れたことによる損害が主張されたが，会社の組織内容，担当職務を明らかにしないので，事故と相当因果関係があるとはにわかには認めがたいとされている（判例【146】）。また，取締役が交通事故で休業中，代替労働力として雇用した者に支払った給与相当額については，すでにいる従業員で代替できたなどの疑問があるとして，相当因果関係を否定している。

❾　給与の支払　従業員が約1カ月会社の勤務を休んだ，または運転助手としての勤務しかでなかったにも拘らず，会社が給与を支払った事例で，受傷の程度，通院実日数等を考慮して，相当因果関係にある損害ではないとされている。肯定判例の事例とどことが異なるのか，明確にされているとはいえない。

(4)　取締役への役員報酬の支払の事例について

(a)　肯定判決

(ア)　会社による労務の対価部分についてのみ損害賠償請求が認容された事例　役員報酬については，事務管理や代位などにより，被害者本人が損害賠償請求できるが範囲に限り，支払った会社も代位できる。そして，被害者本人が不法行為者に対して損害賠償を請求できる額は，労務の対価部分に限られているので，会社が代位できるのもその範囲に限られる。

❶　一定額を労働の対価として認定する判決　個人会社について，月15万円の代表取締役の報酬につき，月額10万円を労務対価分と認めた判（判例【138】），年1,500万円の役員報酬中，900万円が労働に対する対価として，この部分についてのみ相当因果関係を認めて会社による損害賠償請求を肯定した判決（判例【156】）がある。従業員40数名の会社の役員報酬につき，労働能力対価部分は50パーセントとして，支払われた600万円の労働対価部分50パーセントの労働制限部分相当額の150万円について賠償請求を認めた判決がある（判例【159】）。X₂会社については，労務の対価と認められる7割の部分についてのみ肯定（判例【142】），半々として半分のみ労働の対価とした判決（判例【161】）

❷ 労働能力対価を賃金センサスで算定する判決　月額100万円の報酬のうち労働に対する対価部分を，賃金センサスにより年間658万1,600円と認定し，事故後7カ月は0パーセント，その後4カ月は10パーセント，その後7カ月は20パーセント程度しか稼動していないとして，損害を計算する判決もある（判例【162】）。

その金額を超える部分は，被害者本人が報酬請求権を失わないので損害賠償請求権をもたず，支払った会社が固有の損害（逸失利益とは異なって債権侵害などを理由にすることになろうか）として賠償請求することになるが，認めた判決はない。

(ｲ)　会社による全額の損害賠償請求が認容された事例　個人会社については，実質賃金性を認めて，報酬を支払った会社による全額の損害賠償請求が認められた事例も少なくない。判例【145】（個人会社であり役員報酬も給与に含まれているが，さほど高額ではなく，全額労務提供の対価と認めた），【147】，【149】（資本金60万円の有限会社を個人会社として，月額20万円の役員報酬全額を実質賃金として，全額について会社による損害賠償請求が認められている），【152】（資本金300万円の有限会社である個人会社につき，月額30万円の役員報酬につき全額労務の対価と認めている），【155】（実質的に個人会社であり経済的同一性があることを理由），【157】（年額480万円の給与），【160】（月額37万円という金額からして，実質的な利益配当が含まれているとは考えられないとして，全額を労働能力対価と認めた）などがある。

(b)　否定判決
取締役への報酬は委任契約に基づく債務の履行としての給付であり，事故により休業したことに基づく収入の損失を補塡し，ないし補償する意味を全く有していないとして，会社による損害賠償請求を一切否定した判決もある（判例【71】【151】）。判例【142】も，理事に対する報酬について，労務の提供の対価とは認められないとして，組合による損害賠償請求権の取得を否定している。判例【153】は，個人会社であって，取締役が実質上企業そのものと見られるような場合は，報酬は実質上これを賃金と認める余地がないわけではないが，個人会社という事実を認めることができないとされている。

(c)　取締役個人が損害賠償を請求する事例
判例【155】は，「甲商店は，休業中のXに対し，労務の提供を受けないにもかかわらず役員報酬を支払ったもので，いわば損害賠償債務を負担するYらに代わって休業損害の立替払をなした関係にあるものというべきであるから，同会社は，Yらに対し，事務管理の規定の類推適用により，右支払によって被った損害の賠償を求めることができるものというべきであるが，右のとおり，同会社は実質的にはXの個人会社であって，Xと同会社とは経済的同一性があることに照らすと，右立替払による同会社の損害はXの損害と同視しうるものであって，Xにおいて，Yらに対し，右立替払分の損害の賠償を求めることができる」として，会社が報酬を支払った後に，被害者である取締役本人が賠償請求をすることを肯定している。

第8章　会社による給与の支払など

第2節　反射損害ないし不真正第三者損害をめぐる学説および分析

1　反射損害ないし不真正第三者損害をめぐる学説

　直接被害者の休業損害を，直接の被害者が不法行為者に損害賠償請求できるのは当然であるが，直接被害者が仕事についていないにもかかわらず企業が給与を支払っている場合に，直接被害者は二重に支払を受ける必要はなく，被害者が給与分の逸失利益の損害賠償を求めることはできない。しかし，これは損害が発生していないという場面とはまったく異なっている。というのは，不法行為と同時にいったん，被害者には逸失利益の損害賠償請求権が発生しているとみるべきだからであり，損害賠償請求権が成立しない場合とは異なるからである。いったん発生した損害賠償義務が，第三者の損害塡補によりどういう運命をたどるのか，ということがここでの問題である。

　結論としては，不法行為者の損害賠償義務と保険会社の保険金支払義務の関係のように，不法行為者を免責せず，会社から不法行為者への支払金額分の支払請求が認められてしかるべきであるが，問題はそれをどう法的に根拠づけるかである。

(1)　会社の給付が義務的である場合

　会社による給付が法令または就業規則により義務である場合には，会社による不法行為者への損害賠償請求については次の2つの法的構成が根拠づけとして考えられているが，判例には相当因果関係だけで処理するものがあることは，すでに見たとおりであり，これを含めれば3つの可能性があることになる。

> ①　民法422条の賠償者の代位の規定の類推適用すること，または，
> ②　加害者の損害賠償義務と企業の支払義務とを不真正連帯債務の関係とした上で，不法行為者が究極の責任者であるとして，出捐をした企業は不法行為者に全額の求償ができるものと構成すること，である。

　学説は，422条の類推適用だけで説明するもの[105]と，422条の類推適用と不真正連帯債務者間の求償の2つの可能性を認めるものとに別れている[106]。また，義務的か否かを区別せず，弁済者代位（499条・500条），不当利得返還請求権，事務管理費用の費用償還請求権が認められるという学説もある[107]。

---

105)　幾代・徳本270頁（田山・不法行為（平8）194頁は，422条の類推適用だけ）。平井・不法行為184〜185頁も，代位の類推適用によって解釈すべきという。滝谷洸「企業の逸出利益」『交通事故損害賠償の法理と実務』266頁（422条または499条・500条の類推適用）。
106)　倉田・企業の損害89頁も，422条の類推適用および不真正連帯債務者間の求償による。
107)　加藤雅・不法行為219頁。西原・間接被害者も義務的かを区別せず，代位による。

第2節　反射損害ないし不真正第三者損害をめぐる学説および分析

(2)　会社の給付が義務的でない場合

会社の給付が義務的でない場合についても複数の法的構成が提案されており，以下のようである。

❶ **弁済者代位による学説**　先ず，民法499条・500条の第三者弁済と代位の規定を類推適用する構成が考えられている。前田教授は，事務管理などの求償として考えて，499条が適切であろうとし，また，衝突事故で炎上している自動車の乗客を助け出そうとして第三者が負傷したり，轢き逃げ事故の加害者を追って，スリップ転倒した第三者が負傷した場合も，この義務のない場合と同様に扱うべきであろうという[108]。

❷ **賠償者代位と代償請求権の精神による学説**　民法422条と代償請求権の制度の精神に基づき，会社は直接被害者の不法行為者に対する損害賠償請求権を代位取得するという構成を主張する学説もある[109]。

❸ **賠償者代位や弁済者代位の趣旨による学説**　田山教授は，会社による損害賠償請求を認める根拠について，「499条，500条さらには422条の趣旨を類推適用して」という[110]。

❹ **702条の事務管理費用による学説**　判例には，義務的ではない給付について事務管理によるものがあることはすでに見たが，実務家には，702条の管理者の費用償還請求権により，会社の不法行為者への損害賠償請求を根拠づける主張がある[111]。なお，事務管理という構成では，本人つまり加害者のためという要件を充たしているかは疑問が残るが，企業が被害者のために支給をしたとしても他人のためという要件には反しないと反論されている[112]。

❺ **損害賠償請求権の譲渡による**　事務管理の可能性も承認した上で，企業については，加害者の負う賠償債務を代わりに弁済するという意思を有するとは考えがたく，「むしろ企業が従業員の被った損害を引き受け肩代わりしようとするものであり，従業員の有している損害賠償請求権そのものを企業に移転すること，すなわち損害賠償請求権を買い受けることにより損害の肩代わりを行なうという意思が当事者にあるのではなかろうか」と，損害賠償請求権の譲渡という構成を提案する学説もある[113]。

❻ **場合により分けて構成する**　平井教授は，①受傷者と近親者・企業とがともに請求している場合には，加害者は受傷者のみ請求権者として扱えば足りる，②しかし，受傷者が請求せず，あるいは，請求権の放棄，請求の認諾，和解等をした場合には，「不真正間接被害者」は自己の関知しない事由によって究極的に加害者が負担すべき損害を負わしめられることになるのは不当であり，この場

---

108)　前田・不法行為284頁。
109)　幾代・徳本・不法行為271頁。
110)　田山・不法行為194頁。なお，倉田・企業の損害89頁は，治療費などと同様に立替請求による。
111)　滝谷洸・前掲論文266頁。
112)　八木雅史「判批」法時56巻6号132頁。
113)　八木雅史「判批」法時56巻6号132頁

第8章　会社による給与の支払など

合に限り，「学説の挙げる各種の類推適用によって請求権を有すると解すべきである」，墓碑建設費用や葬儀費用は，死者その者は請求できないので同様の扱いはできない，と主張している114)。

2　本書の立場

(1)　支払が義務な場合

先ず，会社による給与の全額ないし一定額の支払が，法律・就業規則などにより義務づけられており，被害者が会社に対して請求権を有する場合については，不法行為者と会社はいわば不真正連帯債務の関係に立つ。そして，この場合には，不法行為者が最終的な負担者たるべきである。会社の支払義務は，被害者に給与分の支払を確保してその生活を保障しようとするものであり，被害者の利益のためであり不法行為者を解放するためのものではないからである。したがって，会社は支払った全額について不法行為者に求償できるというべきである。この場合には，被害者の不法行為者に対する損害賠償請求権の代位取得を認める必要はなく，会社の不法行為者に対する求償権を認めれば十分であろう。

(2)　支払が義務ではない場合

次に，会社の支払が義務なものではない場合，治療費などを近親者が支払った事例と類似してくるが（治療費の負担は親権者が身上看護義務に基づく義務的なものであり，それ以外の者が負担した事例），会社には支払義務はないので，不真正連帯債務者間の求償権という構成はできない。会社はどういう趣旨で給与や治療費を支払うのであろうか。その支払の法的性質はどう理解すべきであろうか。債務がないので履行ではなく，不法行為によらない場合でも支払われる可能性があり，不法行為者のために代わりに支払っているとはいえないであろう。したがって，代位弁済とその法的性質を分析すべきではない。やはり法的性質としては，会社から被用者である被害者への無償の恩恵的給付というほかないであろう。事務管理としての代位弁済というのは，擬制に過ぎるであろう。

しかし，無償の恩恵的給付を受けたため被害者の損害が消滅し，不法行為者の損害賠償義務が消滅するという必要はない。あくまでも法的には被害者への贈与であり，不法行為者に対して賠償資金を贈与するものではないからである。不法行為者に求償権が発生するわけではないので，弁済者代位で被害者の損害賠償請求権を代位取得するということはいえないであろう。したがって，弁済者代位の規定の適用ないし類推適用は，基本となる求償権がない以上無理である。かといって，不法行為者を免責するのは，いわれのない利益を，会社の出捐により与えることになって妥当ではない。そこで，義務的支払ではない場合には，賠償者代位の422条の類推適用（第三者対抗要件不要）をして，被害者が贈与により損失を塡補されることにより失う，贈与額相当額については不法行為者に対する損害賠償請求権は会社に移転するというべきである。

---

114)　平井・不法行為184頁以下。

第9章　その他の特殊事例
──近親者の死亡・傷害による間接的財産損害──

　711条については，慰謝料の解説にゆだねるとして，以下には近親者が被害者の傷害・死亡を理由に固有の財産的損害の賠償を請求する事例について説明をしていく。なお，死亡の事例について，相続肯定説を採用すれば，相続人は固有の損害賠償請求権のみが認められることになり，この問題を議論する必要がある。しかし，現在，わが国の判例は相続肯定説が確立されており，学説による強力な批判にもかかわらず変更されそうにないので，この相続をめぐる問題については扱わないことにしたい。以下のような判例があることを，蛇足になるがつけ加えておく。

【163】　京都地判平6・3・29交民集27巻2号457頁（否定）

　事故当時，満49歳の健康な女性であり，夫とともに新聞販売店を経営し，自ら新聞配達等の仕事を行っていた上，糖尿病である夫の世話を含む家事全般に従事していた被害者Aの死亡による損害として，夫と子が次のような損害も含めて賠償請求したが，この請求部分は次のように認められていない。

　「Xらは，Aが新聞配達員として稼働していたところ，同人の死亡により代替の配達員を雇用しなければならなかったとして1か月当たり15万円の損害の賠償を請求し，また，夫であるX1が糖尿病であり特別の食事療法等介護が必要であり，Aの死亡により家政婦を雇わなければならないとして1か月当たり7万円の損害の賠償を請求しているけれども，いずれもいわゆる**間接損害**に属するものであって，本件事故とは**相当因果関係がない**から，Xらの請求は理由がない。」

【164】　大阪地判平7・3・28交民集28巻2号532頁

　「Xは，Xの父Aは，内装工事を業としているところ，富士火災本社ビルの内装工事を170万円で請け負い，昭和63年9月30日着工したが，本件事故発生により，急遽右工事を250万円で太陽鉄工に振替えざるを得なくなり，80万円相当の損害を被ったと主張する。しかし，右主張事実を認めるに足る証拠がないばかりでなく，右損害は，いわゆる**間接損害**であり，Xに生じた損害ではないことが明らかであるから，右主張は採用できない。」

既述【65】　大阪地判平12・3・2交民集33巻2号466頁

　交通事故により死亡した被害者Aの父親Xが，「Xは，借地上建物を所有し，その事業の用に供しており，事業とともにこれをAに承継させる

第9章 その他の特殊事例──近親者の死亡・傷害による間接的財産損害──

予定であったところ，Aの死亡によりこれが果たせなくなり，近い将来この建物を解体して借地を返還しなければならなくなった。その解体費用として459万2,700円を要する」と主張して，その賠償を請求した。これに対して，Y側は，「Xの主張する逸失利益は，いわゆる企業損害である。Xの営んでいた甲組とAの営んでいた乙建設との間に経済的一体性は全く認められない。また，Xの所得（売上から経費を控除したもの）は，A死亡前後でほとんど変化がないし，むしろ，Aの妻子のために甲組の仕事の一部を譲ったのであって，収入が減ったとしても右の事情によるものである」，と主張してこれを争う。裁判所は，次のように判示してXの主張を退けている。

「X主張の逸失利益は，Aが死亡したことによってXに生ずる逸失利益を求めるものである。この種の損害については，Xと直接の被害者との間に経済的一体性がある場合にのみ，Xが固有の逸失損益を請求することができると解するのが相当である。

本件においては，〔1〕Aが乙建設を営むようになってからは，甲組と乙建設とはそれぞれ個別に注文を取るようになっていたこと，〔2〕甲組に注文された仕事については，できる限り甲組に属する2人の職人に行ってもらっていたが，必要に応じ，Aにも手伝ってもらっていたこと，〔3〕Xが取ってきた仕事については全て甲組の収益になるし，Aが取ってきた仕事については全て乙建設の収益になる関係にあったことに照らすと……，XとAとが経済的に一体をなす関係にあると認めるには足らず，Xに本件事故と相当因果関係のある逸失利益が生じたものということはできない。」

終章　本書のまとめ

　最後に判例を要約した本書の結論をあわせて要約して，本書を終えたい。本書では序章（本書6頁以下）において，いわゆる間接被害者（かどうかが争われる場合を含めて）の問題を大きく3つの類型に分類したので[115]，それぞれの分類について，判例と本書の立場を確認しておこう。

1　損害賠償範囲型（本書第1章）

　先ず，間接被害者といわれる者に対する独立した不法行為の成立を問題とする必要なく，即ち，その侵害された利益が不法行為法上保護されるものか否かという，不法行為の成立レベルでのハードルをクリアーすることを必要とせず，直接被害者に対する不法行為により，派生的に一定の者が受けた損害が直接被害者の利益保障の範囲に含まれ，いわば直接被害者に対する不法行為の損害賠償の範囲に含まれる（＝相当因果関係あり）ものと評価することができるか否かだけを問題にすればよい場合がある。直接被害者との身分関係からして，そのような費用支出までが，直接被害者の保護範囲に含まれる場合である（被害者側の過失というのと同様に，「被害者側」の損害）。間接被害者について相当因果関係だけを問題にし，特別の要件を設定していない判決が少なくなく，学説もそのような場合を単なる相当因果関係の範囲の問題と考えることに違和感を抱いていないといえよう。

　ただし，このような派生的損害については，政策的な考慮を加味して相当因果関係の範囲内か否かが判断される必要がある。精神的損害について，711条が原則的な基準を設定しているのも，このような観点から理解でき，また，その基準が絶対でないことも正当化できよう。

---

[115]　ただし，不法行為の成立要件として，経済的一体性を特別の要件とするといった点で，不法行為の成立要件とするのと相当因果関係の問題とするのとでは，ずいぶん結論が異なるようにみえる。しかし，個人企業についての例外を便宜的な別の問題としてしまえば，成立要件とすると故意の場合だけしか成立が認められず，相当因果関係がある場合に認められる場合とは，過失の事例において差があるに過ぎず，故意的な場合には相当因果関係を問題にしても例外的に損害賠償が認められ，不法行為の成立についても成立が認められ，結論に差はない（まったく排除される遠い損害の場合には，故意の事例でも損害賠償は認められない）。

終章　本書のまとめ

(1)　判例の状況

❶　被害者である親族の看護などのための交通費（本書12頁以下）　交通事故により，被害者の海外にいる子どもなどが駆けつけたその往復費用を，子どもなどが賠償義務者に対して損害賠償を請求する事例があり，判例は，損害賠償の範囲＝相当因果関係の問題として，請求を認容している（判例【1】,《2》,【3】,【4】。ただし，判例《2》は直接被害者による損害賠償請求）。

❷　被害者の親族の看護のための休業損害（本書14頁以下）　看護などのための休業損害については，否定した判例として，判例【1】（事故によりそうなるべき必然性がない），【4】（長女について必要性の証明がない），【10】（仕事を休んで介護しなければならない特別事情があったわけではない），【7】【8】（第三者に生じた損害というだけ），【119】（間接損害であり，経済的一体性がなければ損害賠償請求が認められない）がある。他方で，肯定判例として，判例【1】【4】（次女について）【6】がある。なお，判例【5】【10】【119】は，主婦としての休業損害を認めるものの，結局介護費用と等しい額が認定されているだけであるので，除外して考える。

判例の全体的傾向としては，否定する判決が数としては多いということができ，相当因果関係を問題にしてこれを否定したり，経済的一体性説をここにまで適用して否定する判決などがある。しかし，経済的一体性説を適用した判決は別にして，否定・肯定いずれも相当因果関係の判断の結果に過ぎず（要するに，事例の差），相当因果関係によって判断するという点については，ほぼ一致しているといえよう。

❸　遺族による墓碑建設費など（本書19頁以下）　判例《13》により，相当範囲で葬儀費用を負担した喪主が，これを自己の損害として相当な範囲で賠償請求できることについては，判例は確立しているといえる。相当因果関係があるというのが，その根拠づけであるといえる。

❹　被害者を雇用する会社の事例（特に章立てしていないが，第2章および第8章の判例の中に含まれている）　まず，死亡した従業員の遺体を会社が引き取るために社員を派遣した人件費について，会社による損害賠償請求が認められた判決がある（判例【131】）。また，アメリカ人の従業員が死亡した事例で，関連会社が遺体をアメリカに輸送するため業務遂行ができなかった損失を立替払したとして，その金額を相当因果関係にある損害として，会社による損害賠償請求を認めた判決もある（判例【96】）。他方で，社葬の費用については，未だ一般慣行化しているとまで認められず，これを事故による損害と認めることはできないが，遺族自身が葬儀を行わず，遺族が社葬をもってこれに代えたと認められる場合には，社会通念上相当な範囲内で，会社は第三者弁済により遺族の損害賠償請求権を代位取得するとした判決がある（判例【131】【134】）。他方で，判例【56】は，社葬費用の損害賠償請求を認容するが，単に相当因果関係が認められるというだけである。いずれにせよ，遺族自身が葬儀を行わない場合には，社会通念上相当の範囲内で，社葬費用を会社が加害者に損害賠償請求できることについては判例上疑いなく，詳しく論じている判決で

は，弁済者代位構成が採用されている。第2章，第3章のいわゆる企業損害とは切り離されて，この問題は考えられている。

(2) **本書の立場**（本書22頁以下，25頁以下）

(1)❶〜❹の場合には，直接被害者について，709条・717条・715条1項，製造物責任法など特別法による責任が成立すれば，それらとは別個に間接被害者に対する不法行為の成立を問題にすることなく，それらの不法行為責任の損害賠償の範囲内の損害か否か，相当因果関係の問題として解消されるべきである。ただし，どのような者のどのような損害までがこのような損害として判断されるのか，その基準の設定はそう簡単ではない。親族関係や雇用関係などの特別の法律関係があることが必要であり（利益範囲とされるための要件），その要件がクリアーされた場に旅費，看護費用などどこまでが賠償されるかは，相当因果関係によって判断されることになろう（ただし，看護費用はいまや被害者の損害として賠償請求がされている）。

親族の看護のための休業損害は，会社の企業損害同様に，別個にその利益がこのような形の侵害に対して保護されるべき成立要件型なのか，それともここでの問題なのか微妙である。仮に相当因果関係の問題としてみても，原則としては賠償請求は否定されるが，ただし，介護をしなければならない親族に対して損害を与える故意で，子などに不法行為を行った場合には，故意不法行為であることを理由に，例外的に休業損害についても損害賠償が認められるというべきである。

なお，(1)❹の会社の事例は，親族の場合とは異って，相当因果関係の問題ではなく，権利代位・求償権取得型の事例として考えるべきである。

2　不法行為成立要件型——企業損害
（本書第2章〜第4章，学説につき第5章）

従業員や取締役などが交通事故などにより就労ができず，そのため会社や雇主である事業者が収益を減少し逸失利益の損害を受けた場合に，不法行為者に対して損害賠償を請求できるかが，企業損害の名の下で議論されている。

(1) 判例の状況

(a) 取締役の事例（第2章）

会社の損害賠償請求が認められた判決として，【16】【17-2】（判例《17》の原審判決）《17》【22】【24】【25】【27】【31】【33】【35】【36】【38】【41】【44】【45】【49】【62】と数多くの判決がある。なお，経済的一体性を認め個人会社としながら，損害の発生または相当因果関係を否定した判決として，判例【18】【20】【21】【29】【32】【34】【42】【44】【46】【47】【50】【61】があり，また類似のものとして，個人との和解により会社の損害賠償責任も解決済みとする判決（経済的一体性説肯定）として，判例【53】，すでに代表者個人に対して損害が填補済であるとして，会社の請求を退けたものとして，判例【60】がある。

これに対して，経済的一体性説に立脚し，個人企業という要件が欠けるものとして，企業による損害賠償請求を退けた判決として，判例【30】【32】【37】【39】【40】【52】【54】

終章　本書のまとめ

【55】【56】【57】【58】【63】【64】【65】【26】【51】【59】【71】がある。否定判決であるが，経済的一体性説によらない判決として，債権侵害による不法行為の成立を問題にして，会社の損害賠償請求を否定した判決として，判例【15】【37】（経済的一体性も問題にこれも否定），個人の損害として問題にすべきものとする判決として，判例【23】がある。

判例《17》以後，判例は経済的一体性説で確立されているといってよいであろう（肯定判決には，判例【26】のように，営業侵害として直接の被害者という構成をする判決もみられるが，イレギュラーな判決である）。したがって，相当因果関係に乗りながらも経済的一体性という特別の要件を設定し，これをクリアーすれば例外的に会社に損害賠償請求が認められることになる。

(b)　**従業員の事例**（第3章）

従業員の負傷の事例については，会社の損害賠償請求を認めた判決として，判例【19】，【80】（富山の薬売り事件。控訴審の判例【81】で否定され，《86》も控訴審判決を支持），【84】（慰安バス旅行事件　控訴審の判例【90】で覆される），【85】【89】（控訴審の判例【91】で取り消される），【94】（代替従業員の費用のみ肯定），【96】（被害者の遺体をアメリカに搬送するために従業員を同行させた費用・損失の賠償請求を容認）の7つだけである。それ以外は，否定判決であり，代表者についての判例《17》の経済的一体性説を従業員にも適用し，これを否定する（経済的一体性がある従業員は考えられないので否定するのは当然）ものである。判例【80】は，経済的一体性を認めて会社の損害賠償を認めているが，無理があり控訴審では覆されている。最高裁判決としても判例《86》の否定判決が出されており，経済的一体性説を従業員にも適用する否定判決が現在では確立しているといえる。

(2)　**本書の立場**（128頁，133頁以下，136頁以下）

本書も否定という結論については，判例・通説に賛成である。企業損害の事例については，加害の対象が物などについて営業財産ではなく，行動の自由を保障された人間であるという点にも注目する必要があるからである。例えば，事故について直接被害者である被用者にも過失があったとしても（加害者に対しては過失相殺される），使用者である会社に対して，この過失ある被用者が不法行為ないし債務不履行の責任を負うことはない。間接被害者である使用者は営業財産が侵害された場合のように当然に損害賠償が認められるべきものではなく，そもそも，直接被害者である被用者には雇用契約に基づく債権以上の保護は保障されていないのである。その債権は，被用者が病気や自分の過失などで負傷したり，自由な退職が保証されているため，履行を受けられるかどうか初めから不確かな権利である。そのような脆弱な債権としての法益保障の保護しか受けられない間接被害者については，第三者に対しても債権侵害とパラレルな問題として不法行為法による保護が問題とされるべきである。したがって，原則否定説に賛成し，第三者に対しては，原則として，会社に損害を与える害意がある場合にしか，企業損害は保護されることはないというべきで

あろう。

しかし、実務上、会社名義で便宜的に請求することを認めるべき要請があり、また、そのような会社もわが国の法制度上会社として容認している以上、この実務の要請を無碍に理論的観点から拒絶するわけにもいかない。そこで、債権侵害法理ではなく、法人法理の観点からの例外、いわば法人と個人を一体として捉えることを認めることには一歩譲ってもよいであろう[116]。したがって、例外を認めることは、理論的には問題はあるものの、結論としてあえて反対はない。

3　権利代位・求償権取得型（本書第7章及び第8章）

従業員や取締役が不法行為により負傷し就労ができないのに、会社が従業員、代表者に従来どおりの給与を支払っている場合に、本来ならば被害者が逸失利益の賠償請求をできるのに、損害が填補されているものとして不法行為者を免責する必要はない。このような類型の損害賠償を扱う事例も、上記のような例から家族が被害者の治療費を負担した事例まで多様である。

(1)　**判例の状況**

(a)　**親族の事例**（本書第7章）

❶　**学費の支払**（本書153頁以下）　予備校が虚偽の広告をして学生を募集し、広告とはかけ離れた指導しかしないため、これら一連の行為を不法行為として、支払った入学金や授業料を損害賠償請求する事例については、子が自己の損害として賠償請求した事例で、これが認められた判決として、**大阪地判平5・2・4判時1481号149頁、福井地判平3・3・27判時1397号107頁、大阪地判平15・5・9判時2828号68頁**がある。他方で、親が損害賠償請求した事例として、**浦和地判平7・12・12判時1575号101頁**は、幼稚園の事例で、契約の解除がされ、解除後の授業料相当額のみの返還請求が認められ、**静岡地判平8・6・11判タ929号221頁**は、親による学費相当分の損害賠償請求を認容している。

❷　**治療費の支払**（本書155頁以下）　被害者ではなく、治療費を負担した近親者が損害賠償を請求することを認める肯定判例として、判例《113》【114】があり、他方で、被害者自身が損害賠償を請求した事例でも、大審院判決の判例《115》はこれを認容しており、戦後の最高裁判決《117》も肯定しており、いずも被害者側が自由に選択できるというのが確立した判例といえよう。しかし、その法的構成ないし説明については、これまで

---

116)　また、債権侵害型ではないが、主体面から特殊な扱いがされるべき事例として、夫の家業を妻が給料の支払を受けることなく手伝っている場合（法人化していれば、経費として落とすために給料が支払われる）、妻が第三者の不法行為により負傷し家業を手伝えずに営業上の収益が下がった場合に、確かに妻自身に主婦としての逸失利益の損害賠償を認めるという処理のしかたもあるが、これを請求しないで、夫が営業損害の賠償請求をすることも便宜的に認めてもよいであろう（第6章3(1)、本書149頁以下）。

必ずしも納得のいく説明がされているとは思われない。

❸ 親族による介護（本書166頁以下）　休業損害として賠償請求がされた事例につき，被害者自身に定額化された看護費用の賠償請求権が認められるので，実務上，被害者自身の損害賠償項目として組み入れられており問題は解決されている。すなわち，介護をした親族による損害賠償も肯定されているが（【5】【6】【108】【109】），被害者自身が自分の損害として損害賠償請求することも肯定され（最高裁判決【110】以来確立），これが判例として確立され実務上も定着している。

❹ 墓碑建設費用・葬儀費用（本書19頁以下）　墓碑建設費用については，否定する判決があったものの，判例《13》はこれを肯定し，その後肯定することが異論のない判例法として確立しているといえる。これも，遺族自身の損害として賠償請求することも，被害者の損害賠償請求権の内容とし，その相続を問題にすることとが考えられるが，理論的にいえば死亡後の費用支出であるから後者は無理である。その意味で，基本的には，間接被害者として遺族を問題にすべきであり，また，独立した不法行為の成立レベルではなく，相当因果関係のレベルで検討されるべき問題である。

(b) 会社の事例（本書第8章）
従業員や取締役が不法行為により負傷し就労ができないのに，会社が従業員，代表者に従来どおりの給与を支払ったりしている場合については，判例は会社による損害賠償請求を肯定する法的構成については，以下のように最高裁判決が出て後も必ずしも確立されていない（取締役の役員報酬については，労働対価に限って代位が肯定されている⇨本書196頁以下）。

❶ 相当因果関係を認め固有損害として肯定する判決　判例【1】【19】【52】《121》【123】【126】【127】【129】【133】【137】【145】【146】【147】【156】【157】【158】【160】【162】がある。なお，既に説明したように，判例【68】は，会社の休業損害としてであるが，直接被害者である代表者に会社が支給した報酬または給与部分の限度で，損害賠償請求を認めている。

❷ 肯定するがなんらの理由を示さない判決　肯定しているが，なんら理由が示されていない判決として，判例【124】【125】【161】がある。

❸ 債権侵害を問題にする判決（固有の損害賠償請求権を肯定）　従業員に対する不法行為による負傷を雇主に対する債権侵害による不法行為を認めて，会社が従業員に支払った給与を損害として賠償を認める異例な判決もある（判例【144】）。

❹ 422条の類推適用による判決[117]（代位構成1）　422条の類推適用による判決として，【122-1】《122》，【128】【135】【136】

---

[117] なお，会社ではないが，千葉地判昭52・9・26交民集10巻5号1361頁は，「本件事故車に同乗していたAが，本件事故により傷害を負ったこと，Yらがいずれも本件外車の運行供用者であったことは当事者間に争いがなく，Xは，Aから本件事故によりAが受けた傷害の治療費の賠償を求められたので，本件事故の責任の所在はともかくとして，AがBと知己の間柄にあったことか

【143】【147】【148】【150】【152】【154】【155】がある。数の上では，必ずしも一番多いものとはいえない。

❺　第三者弁済による代位取得による判決（代位構成2）　第三者弁済による，被害者の損害賠償請求権への代位を認める判例として，判例【27】，【76】【131】【134】【138】【140】【148】【149】【152】がある。

❻　702条による判決（費用償還請求権構成）　事務管理（702条）を理由として，会社の費用償還請求権を認める判例として，判例【56】，【132】【135】【136】【139】，【140】，【141】【142】【147】【149】【152】【155】がある。なお，判例【135】【136】のように，義務的な分は422条の類推適用，それを超える分は事務管理として，1つの請求の根拠づけを分ける判決もある。

(2)　本書の立場
(a)　親族の事例

❶　学費の支払（本書153頁以下）　子が賠償請求している事例は，大学受験予備校または専門学校であり，子自身が契約当事者になっているのに対して，親が賠償請求している事例は，幼稚園の事例では親が契約当事者になっているため，契約解除の返還請求とのバランスからいったら，それぞれ子・親の賠償請求権となることは不合理ではないであろう。ただし，いずれが契約当事者となっているのか微妙な事例については，契約当事者の認定は柔軟に行うことを認め，子自身を契約当事者として子自身が学費相当額の損害賠償を請求することも（親が代理して訴訟を行うので実質的にはいずれでも変りないのであるが），親が契約当事者として親が学費相当額の損害賠償を請求することも，いずれも可能というべきであろう。

❷　治療費の支払（本書161頁以下）　本書としては，他人に扶養されている者であろうと，被害者自身に治療費の損害賠償請求権を不法行為と同時に成立することを認め，治療を要する傷害を受けたことを損害として認めるべきであり，最終的な費用負担はひとまず捨象して考える。そして，扶養義務者が治療費を支払った場合には，422条の類推適用により，被害者の取得した治療費分の損害賠償権を代位取得するというべきである。したがって，被害者自身は，扶養義務者以外の者が治療費を負担し，この者に対して求償義務を負担する場合以外は，もはや損害賠償請求権を保持していないといわざるをえない。しかし，すべて被害者の権利として，原告を被害者1人として訴訟をすることが便宜的に必要であり，いったん近親者が取得した損害賠償請求権を，被害者があわせて行使できるように譲渡している（あえて贈与というかはおく）と構成することが可能であろう。

❸　近親者による介護（本書166頁）　やはり，被害者には不法行為と同時に介護料相当額の損害賠償請求権が成立し，ただ職業的

ら，やむなく昭和49年4月9日までの間に合計金69万2,360円を損害金として支払ったことを認めることができる。」「そうだとすれば，XとYらとの間には事務管理が成立しているものというべきであるから，Yらは，Xに対し右損害賠償金を償還すべき義務を負っていることが明らかである。」とした判決がある。

介護者ではなく，親族に介護をしてもらった場合には（介護料を立替える代りに，自ら介護を現実履行），その親族に介護費用相当額の損害賠償請求権部分は代位により移転するというべきである。ただし，治療費におけると同様に，その親族が，被害者がその名で損害賠償を請求できるように譲渡していると考えることもできる。

(b) **会社による給与などの支払**（本書198頁以下）

❶ **支払が義務な場合**　先ず，会社による給与の全額ないし一定額の支払が，法律・就業規則などにより義務づけられており，被害者が会社に対して請求権を有する場合については，不法行為者と会社はいわば不真正連帯債務の関係に立ち，会社は支払った全額について不法行為者に求償できるというべきである。法律または就業規則による肩代りの義務（実質的には，法定の保証債務）であり，全額の求償が認められて不都合はないからである。

❷ **支払が義務ではない場合**　次に，会社の支払が義務的なものではない場合には，会社には支払義務はないので，不真正連帯債務者間の求償権という構成はできない。従業員が負傷し休業しているのに，好意で行われる会社による義務的ではない給与や治療費の支払は，不法行為者のための代位弁済ではなく，会社から被用者である被害者への無償の給付＝贈与というほかないであろう。しかし，贈与を受けたため被害者の損害が消滅し，不法行為者の損害賠償義務が消滅するという必要はない。また，不法行為者に対して求償権が発生するわけではないので，求償権確保のための制度である弁済者代位によって，被害者の損害賠償請求権を代位取得するともいえない。かといって，不法行為者を免責するのは，いわれのない利益を，会社の出捐により与えることになって妥当ではない。そこで，義務的支払ではない場合には，賠償者代位の422条の類推適用（第三者対抗要件不要）をして，被害者が会社の支払（贈与）により損失を填補されることにより，支払（贈与）額相当額分については，不法行為者に対する損害賠償請求権は会社に移転するというべきである。

判 例 索 引

【 】《 》内は本書の判例通し番号，【 】《 》右の太字は，判例通し番号掲載頁を示す。
《 》は大審院・最高裁判例。下線は請求が一切認容されなかった判決である。請求が一部ないし全部認容された判決は，下線を付していない。

大判明 44・4・13 刑録 17 輯 569 頁, 民集 3 巻 12 号 522 頁 ……………………《12》20
大判大 13・12・2 民集 3 巻 522 頁……………20
大判昭 4・7・4 新聞 3041 号 4 頁 ………《105》144
大判昭 7・7・20 新報 303 号 10 頁………《121》173
大判昭 12・2・12 民集 16 巻 46 頁………《113》155
東京地判昭 13・11・26 新聞 4358 号 13 頁………159
大判昭 18・4・9 民集 22 巻 255 頁………《115》157
福岡高判昭 25・11・20 高民集 3 巻 3 号 178 頁
　………………………………………【7】16
福岡高判昭 25・11・20 下民集 1 巻 11 号 1886 頁 ………………………………………159
東京高判昭 27・12・25 民集 11 巻 6 号 1102 頁
　………………………………………《117-1》158
東京地判昭 28・12・24 下民集 4 巻 12 号 1978 頁 ………………………………【114】157
福島地判昭 29・3・31 下民集 5 巻 3 号 443 頁 …159
大阪地判昭 29・9・6 下民集 5 巻 9 号 1428 頁
　……………………………………157, 【116】158
大阪高判昭 30・11・12 民集 15 巻 1 号 35 頁……174
最判昭 30・11・25 民集 9 巻 12 号 1852 頁 ……11
東京地判昭 30・11・26 下民集 6 巻 11 号 2470 頁 ………………………………………157, 159
東京地判昭 31・3・29 下民集 7 巻 3 号 755 頁 …157
東京地判昭 31・9・29 下民集 7 巻 9 号 2757 頁…144
宮崎地判昭 31・11・27 下民集 7 巻 11 号 3396 頁 ………………………………………157, 159
最判昭 32・6・20 民集 11 巻 6 号 1093 頁…《117》158
最判昭 33・8・5 民集 12 巻 12 号 1912 頁 ………159
東京高判昭 35・2・15 下民集 11 巻 2 号 341 頁, 東高時報 11 巻 2 号 36 頁………………【15】27
福岡地判昭 35・3・16 下民集 11 巻 3 号 541 頁 …25
最判昭 36・1・24 民集 15 巻 1 号 35 頁……《122》174
名古屋高判昭 36・1・30 交民集昭和 36 年度 24 頁………………………………………19

東京地判昭 36・7・27 交通下民集 36 年度 365 頁………………………………………【123】175
東京地判昭 36・12・25 交通下民集昭和 36 年度 756 頁 ……………………………【124】175
広島高岡山支判昭 37・1・22 下民集 13 巻 1 号 53 頁 …………………………………144
東京地判昭 37・2・16 判時 294 号 45 頁 …【125】175
最判昭 37・11・8 民集 16 巻 11 号 2216 頁 ……159
熊本地八代支判昭 37・12・19 ……………【17-1】30
名古屋地判昭 37・12・26 判時 328 号 25 頁 …【5】15
東京地判昭 38・10・14 判タ 154 号 124 頁………169
東京地判昭 38・12・23 判時 366 号 37 頁, 判タ 156 号 209 頁, 交通下民集 38 号 703 頁
　………………………………………【126】175
福島地判昭 39・11・17 下民集 15 巻 11 号 2749 頁 ……………………………………169
福岡高判昭 40・3・19 下民集 16 巻 3 号 458 頁
　………………………………………【17-2】30
東京地判昭 40・5・10 下民集 16 巻 5 号 829 頁, 判時 415 号 33 頁, 判タ 176 号 136 頁……【11】19
東京地判昭 40・7・9 判タ 180 号 141 頁 …【127】176
長野地松本支判昭 40・11・11 判時 427 号 11 頁, 判タ 185 号 149 頁………………【69】77, 145
東京高判昭 42・8・17 民集 25 巻 4 号 650 頁……168
東京地判昭 42・10・18 判時 496 号 15 頁, 判タ 211 号 203 頁 ………………………【128】176
東京地判昭 42・12・8 判時 513 号 57 頁, 判タ 216 号 171 頁 ………………………【16】28
東京地判昭 43・2・17 交民集 1 巻 1 号 131 頁……19
最判昭 43・8・2 民集 22 巻 8 号 1525 頁 …《106》146
秋田地大曲支判昭 43・9・2 交民集 1 巻 3 号 …… 21
宇都宮地判昭 43・9・26 交民集 1 巻 3 号 1089 頁 ………………………………………【6】16
宇都宮地判昭 43・9・26 交民集 1 巻 3 号 1089 頁 ………………………………………157

判例索引

最判昭 43・11・15 民集 22 巻 12 号 2614 頁
　……………………………………《17》29, 61, 68
東京地判昭 43・11・28 交民集 1 巻 4 号 1370 頁
　………………………………………………【18】31
東京地判昭 44・1・31 交民集 2 巻 1 号 128 頁
　……………………………………………【129】176
名古屋地判昭 44・1・31 交民集 2 巻 1 号 171 頁…19
最判昭 44・2・28 民集 23 巻 2 号 525 頁…《13》21, 22
新潟地判昭 44・6・27 判時 585 号 70 頁…………145
東京地判昭 44・7・18 交民集 2 巻 4 号 992 頁
　……………………………………………【130】177
東京地判昭 44・8・13 判タ 239 号 184 頁
　………………………………………【1】12,【1】124
東京地判昭 44・8・29 判タ 239 号 198 頁
　…………………………………………【19】32, 177
東京地判昭 44・11・26 判タ 242 号 277 頁 …【20】33
東京地判昭 44・12・10 判タ 244 号 266 頁 …【21】33
札幌地判昭 44・12・26 判時 583 号 27 頁…【131】178
大阪高判昭 45・1・29 判タ 246 号 306 頁, 判時
　591 号 69 頁 ………………………………【132】180
大阪地判昭 45・2・14 交民集 3 巻 1 号 220 頁
　………………………………………………【72】91
東京地判昭 45・3・18 判時 590 号 62 頁, 判タ
　252 号 192 頁 ……………………………【103】124
岐阜地判昭 45・6・17 交民集 3 巻 3 号 884 頁
　………………………………………………【98】119
東京地判昭 45・10・12 交民集 3 巻 5 号 1515 頁,
　判タ 257 号 252 頁…………………………【70】78
横浜地判昭 45・10・31 判タ 261 号 333 頁
　……………………………………………【22】34, 145
新潟地長岡支判昭 45・12・18 交民集 3 巻 6 号
　1898 頁 ……………………………………【133】181
甲府地判昭 46・1・18 交民集 4 巻 1 号 73 頁……145
千葉地木更津支判昭 46・2・10 交民集 4 巻 1 号
　234 頁 ………………………………………【71】79
名古屋地判昭 46・2・20 交民集 4 巻 1 号 249 頁
　………………………………………………………145
福岡地判昭 46・3・5 判タ 269 号 298 頁, 交民集
　4 巻 2 号 452 頁 ……………………………【73】92
佐賀地判昭 46・4・23 交民集 4 巻 2 号 681 頁
　……………………………………………【134】181

東京地判昭 46・6・15 判タ 267 号 339 頁……【23】34
最判昭 46・6・29 民集 25 巻 4 号 650 頁 …《120》168
大阪地判昭 46・6・30 判タ 270 号 338 頁……【24】34
岐阜地判昭 46・7・1 交民集 4 巻 4 号 1023 頁 …145
東京地判昭 46・8・14 判タ 270 号 376 頁, 交民
　集 4 巻 4 号 1187 頁 ………………………【74】93
福岡地判昭 46・9・22 判タ 275 号 338 頁 …【99】120
東京地判昭 46・9・28 判タ 271 号 348 頁……【25】35
東京地判昭 46・10・26 判タ 271 号 231 頁…………3
大阪高判昭 46・10・28 判タ 276 号 321 頁……【8】17
東京地判昭 46・10・30 判タ 272 号 353 頁 …【75】94
新潟地佐渡支判昭 46・11・29 交民集 4 巻 6 号
　1721 頁 ……………………………………………145
札幌地判昭 46・12・27 交民集 4 巻 6 号 1847 頁
　……………………………………………【135】182
東京地判昭 47・1・19 判タ 276 号 322 頁…【107】146
東京地判昭 47・1・24 判時 665 号 68 頁, 判タ
　275 号 237 頁 ………………………………【76】95
横浜地横須賀支判昭 47・1・31 判時 671 号 70
　頁 …………………………………………【108】147
東京地判昭 47・1・31 判タ 376 号 330 頁……【26】36
名古屋地判昭 47・3・8 判タ 283 号 182 頁
　………………………………………【27】37, 145
札幌地判昭 47・3・22 交民集 5 巻 2 号 423 頁,
　判タ 279 号 332 頁………………………【136】183
名古屋地判昭 47・3・22 判時 667 号 57 頁, 判タ
　279 号 331 頁 ………………………………【77】96
大阪地判昭 47・3・23 交民集 5 巻 2 号 457 頁
　……………………………………………【137】183
東京地判昭 47・3・31 判タ 278 号 353 頁…【138】184
鹿児島地判昭 47・6・21 交民集 5 巻 3 号 840 頁
　………………………………………………【78】96
東京地判昭 47・9・18 判タ 288 号 337 頁…【139】184
福井地武生支判昭 47・9・28 交民集 5 巻 5 号
　1367 頁 ……………………………………【28】38
東京地判昭 47・11・7 判タ 291 号 333 頁…【140】185
水戸地判昭 47・12・25 判タ 298 号 408 頁 …【79】97
東京地判昭 48・2・15 交民集 6 巻 1 号 270 頁
　………………………………………………【29】38
東京地判昭 48・2・26 交民集 6 巻 1 号 307 頁 …173
横浜地判昭 48・7・16 交民集 6 巻 4 号 1168 頁

……………………………………………**[141]**185
盛岡地判昭 48・8・14 交民集 6 巻 4 号 1282 頁…145
静岡地富士支判昭 48・8・22 交民集 6 巻 4 号
　1323 頁 ………………………………………145
岡山地判昭 48・8・23 交民集 6 巻 4 号 1349 頁…145
岡山地倉敷支判昭 48・11・15 交民集 6 巻 6 号
　1799 頁 ………………………………**[142]**185
静岡地判昭 49・3・27 交民集 7 巻 2 号 405 頁……25
東京地判昭 49・4・19 交民集 7 巻 2 号 518 頁 …145
最判昭 49・4・25 民集 28 巻 3 号 447 頁………《2》12
東京地判昭 49・5・21 判時 753 号 39 頁 ……**[30]**40
大分地中津支判昭 49・8・19 交民集 7 巻 4 号
　1125 頁 ………………………………………145
水戸地日立支判昭 49・12・23 交民集 7 巻 6 号
　1929 頁 ………………………………**[31]**42
大阪地判昭 50・1・28 判タ 323 号 233 頁, 交民
　集 8 巻 1 号 134 頁……………………**[32]**43
札幌地判昭 50・3・31 ジュリスト 598 号 6 頁
　………………………………………**[33]**45
宇都宮地判昭 51・1・16 交民集 9 巻 1 号 28 頁
　………………………………………**[143]**187
岡山地判昭 51・2・16 交民集 9 巻 1 号 191 頁
　………………………………………**[144]**187
宇都宮地判昭 51・5・12 交民集 9 巻 3 号 693 頁
　………………………………………**[34]**45
大阪地判昭 51・12・4 交民集 9 巻 6 号 1655 頁
　………………………………………**[145]**188
熊本地判昭 51・12・21 交民集 9 巻 6 号 1763 頁
　………………………………………**[35]**45
新潟地判昭 52・3・25 訟月 23 巻 4 号 625 頁……145
大阪地判昭 52・7・29 交民集 52・7・29 交民集
　10 巻 4 号 1055 頁 ……………………**[36]**46
東京地判昭 52・8・11 交民集 10 巻 4 号 1113 頁
　………………………………………**[118]**167
大阪地判昭 52・9・20 交民集 10 巻 5 号 1338 頁
　………………………………………**[146]**188
千葉地判昭 52・9・26 交民集 10 巻 5 号 1361 頁
　……………………………………199, 214
東京地八王子支判昭 53・7・31 交民集 12 巻 2
　号 347 頁 ………………………………**[80]**97
大阪地判昭 53・9・7 交民集 11 巻 5 号 1320 頁

……………………………………………**[37]**47
東京高判昭 54・4・17 判時 929 号 77 頁, 交民集
　12 巻 2 号 344 頁 ……………………**[81]**98
金沢地判昭 54・5・24 交民集 12 巻 3 号 741 頁
　………………………………………**[99]**148
大阪地判昭 54・6・28 判時 957 号 88 頁 …**[82]**100
大阪地判昭 54・7・31 交民集 12 巻 4 号 1083 頁
　………………………………………**[83]**101
山形地判昭 54・8・9 交民集 15 巻 1 号 45 頁
　………………………………………**[147]**189
大津地判昭 54・10・1 下民集 30 巻 9 〜 12 号
　459 頁, 判時 943 号 28 頁, 判タ 399 号 74 頁,
　交民集 12 巻 5 号 1355 頁 ……………**[84]**102
山口地下関支判昭 54・10・12 交民集 12 巻 5 号
　1408 頁 ………………………………**[85]**105
最判昭 54・12・13 交民集 12 巻 6 号 1463 頁
　………………………………… 100,《86》105
福岡地小倉支判昭 54・12・19 交民集 12 巻 6 号
　1645 頁 ………………………………**[148]**189
宇都宮地判昭 54・12・21 交民集 12 巻 6 号
　1651 頁 ………………………………**[87]**106
広島地判昭 55・1・24 交民集 13 巻 1 号 112 頁
　………………………………………**[38]**48
山口地宇部支判昭 55・1・28 交民集 13 巻 1 号
　119 頁 …………………………15, **[119]**167
岡山地倉敷支判昭 55・2・4 交民集 13 巻 1 号
　181 頁 …………………………………**[39]**49
長崎地佐世保支判昭 55・2・26 交民集 13 巻 1
　号 259 頁 ………………………………137
佐賀地判昭 55・3・3 交民集 13 巻 2 号 336 頁
　………………………………………**[40]**49
福島地郡山支判昭 55・4・28 交民集 13 巻 2 号
　548 頁 …………………………………**[149]**190
東京地判昭 55・4・28 交民集 13 巻 2 号 521 頁
　………………………………………**[88]**107
大阪地堺支判昭 55・5・29 交民集 13 巻 3 号
　727 頁 …………………………………**[9]**17
浦和地判昭 55・6・26 交民集 13 巻 3 号 794 頁 …20
名古屋地判昭 55・9・26 交民集 13 巻 5 号 1203
　頁 ………………………………………**[89]**107
広島地尾道支判昭 55・11・11 交民集 13 巻 6 号

間接被害者の判例総合解説　**219**

1523頁 ……………………………………【150】191
神戸地伊丹支判昭55・11・21交民集13巻6号
　　1577頁 …………………………………………19
大阪高判昭56・2・18判タ446号136頁,金判
　　641号33頁,交民集14巻1号61頁 …【90】109
東京高判昭56・10・21判時1072号112頁………54
名古屋高判昭56・12・23交民集14巻6号
　　1320頁 ……………………………………【91】109
仙台高判昭57・1・27判時469号241頁,交民
　　集15巻1号37頁…………………………【151】191
浦和地判昭57・5・21交民集15巻3号665頁
　　…………………………………………【92】110
浦和地判昭57・5・21交民集15巻3号665頁 …20
岡山地判昭57・11・29交民集15巻6号1555
　　頁 ……………………………………………【3】13
東京高判昭58・1・27判時1072号112頁………145
神戸地判昭58・2・28交民集16巻1号261頁
　　……………………………………………【112】151
水戸地判昭58・5・10交民集16巻3号633頁
　　……………………………………………【110】150
横浜地判昭58・5・16交民集16巻3号679頁
　　……………………………………………【100】121
東京地判昭58・7・25交民集16巻4号1026頁,
　　判タ517号207頁 …………………【152】192
名古屋地判昭58・9・30交民集16巻5号1328
　　頁 ……………………………………………【41】50
岡山地倉敷支判昭58・10・6交民集16巻5号
　　1372頁 ……………………………………【42】51
東京地判昭58・11・14交民集16巻6号1603
　　頁 ……………………………………………【43】52
横浜地判昭59・4・16交民集17巻2号556頁
　　………………………………………………【4】13
大阪地判昭59・4・19判タ531号227頁 ……145
東京地判昭59・5・31交民集17巻3号729頁
　　……………………………………………【44】54
福島地判昭59・9・14交民集17巻5号1278頁
　　……………………………………………【153】193
大阪地判昭59・10・25判タ545号251頁………145
神戸地判昭59・11・29判時1143号130頁 ……145
東京地判昭60・3・25判時1186号78頁…【104】125
東京地判昭60・6・26交民集18巻3号898頁

………………………………………【154】193
札幌地判昭60・10・30交民集18巻5号1398
　　頁 ……………………………………………【93】110
東京地判昭61・3・7交民集19巻2号350頁
　　……………………………………………【155】194
東京地判昭61・3・14交民集19巻2号354頁
　　……………………………………………【111】151
福岡地判昭61・4・28交民集19巻2号578頁
　　……………………………………………【45】56
東京地判昭61・5・27交民集19巻3号716頁,
　　判時1204号115頁,判タ621号162頁
　　……………………………………………【156】194
東京地判昭61・6・27交民集19巻3号890頁
　　……………………………………………【157】195
東京地判昭61・7・22交民集19巻4号1014頁,
　　判タ611号83頁 ……………………【46】57
東京地判昭62・4・17交民集20巻2号519頁
　　……………………………………………【47】58
東京地判昭62・5・29交民集20巻3号742頁
　　……………………………………………【158】195
大阪地判昭63・4・21判タ693号158頁 ………145
福井地判平3・3・27判時1397号107頁 …154,213
京都地判平4・4・30判タ798号138頁,判時
　　1451号137頁 ……………………………………10
東京地判平4・9・11交民集25巻5号1123頁
　　……………………………………………【48】58
大阪地判平5・1・12交民集26巻1号14頁
　　……………………………………………【94】112
大阪地判平5・1・28交民集26巻1号122頁 …145
大阪地判平5・2・4判時1481号149頁……154,213
名古屋地判平5・3・26判時1467号94頁,判タ
　　833号233頁 ……………………………………10
大阪地判平5・5・31交民集26巻3号699頁
　　……………………………………………【49】59
大阪地判平5・6・3交民集26巻3号727頁
　　……………………………………………【159】195
徳島地判平5・6・18判タ845号281頁 ………10
札幌地判平5・11・12判タ845号285頁…………10
名古屋高判平5・12・24判タ846号221頁………10
千葉地判平6・2・22交民集27巻1号212頁
　　……………………………………………【50】61

京都地判平6・3・29 交民集27巻2号457頁
　………………………………………【163】207
高松高判平6・10・25 判タ871号257頁…………10
東京地判平6・11・15 判タ884号206頁, 判時
　1540号65頁 ……………………………【51】61
大阪地判平7・3・28 交民集28巻2号532頁
　………………………………………【164】207
東京地判平7・5・16 交民集28巻3号774頁
　………………………………………【101】122
大阪地判平7・9・13 交民集28巻5号1353頁
　…………………………………………【95】113
浦和地判平7・12・12 判時1575号101頁…154, 213
東京地判平7・12・20 交民集28巻6号1795頁
　…………………………………………【52】61
横浜地判平8・2・26 交民集29巻1号272頁
　…………………………………………【53】63
東京地判平8・3・19 交民集29巻2号409頁
　…………………………………………【54】64
静岡地判平8・6・11 判タ929号221頁……154, 213
大分地判平8・12・25 交民集29巻6号1861頁
　…………………………………………【55】65
大阪地判平8・12・26 交民集29巻6号1882頁
　…………………………………………【56】66
大阪地判平9・1・24 交民集30巻1号108頁
　…………………………………………【57】67
大阪地判平9・3・27 交民集30巻2号516頁
　…………………………………………【58】67
名古屋地判平9・4・23 交民集30巻2号571頁
　…………………………………………【96】113
東京地判平9・7・30 交民集30巻4号1086頁
　………………………………………【160】196
神戸地判平9・10・28 交民集30巻5号1549頁
　………………………………………【161】197
札幌地判平9・12・22 交民集30巻6号1810頁
　…………………………………………【59】68
東京地判平10・1・28 交民集31巻1号111頁
　…………………………………………【60】68
名古屋地判平10・2・27 交民集31巻1号279
　頁…………………………………………【61】70

大阪地判平10・4・7 交民集31巻2号553頁
　…………………………………………【62】70
名古屋地判平10・4・22 交民集31巻2号593
　頁…………………………………………【63】71
名古屋地判平10・7・1 交民集31巻4号992頁…22
大阪地判平10・8・26 判時1684号108頁, 判タ
　1015号180頁 ……………………………【10】18
神戸地判平10・8・28 交民集31巻4号1268頁…21
大阪地判平11・3・4 交民集32巻2号461頁
　…………………………………………【64】72
東京地判平11・3・26 交民集32巻2号537頁…170
大阪地判平11・3・29 判時1688号3頁, 判タ
　1010号96頁 ……………………………【14】22
東京地判平11・4・13 交民集32巻2号611頁 …14
神戸地判平11・4・21 交民集32巻2号650頁
　………………………………………【162】197
神戸地判平11・6・16 交民集32巻3号905頁
　…………………………………………【97】113
神戸地判平11・7・28 交民集32巻4号1222頁…20
名古屋地判平11・9・17 交民集32巻5号1425
　頁………………………………………………170
仙台地判平11・9・27 判時1724号114頁, 判タ
　1044号161頁 …………………………………170
札幌地判平11・12・29 交民集32巻6号1918
　頁………………………………………………170
神戸地判平12・2・17 交民集33巻1号257頁
　………………………………………【102】123
大阪地判平12・2・28 交民集33巻1号329頁…170
大阪地判平12・3・2 交民集33巻2号466頁
　………………………………【65】72,【65】207
東京地判平13・1・29 交民集34巻1号109頁
　…………………………………………【66】73
東京高判平13・1・31 交民集34巻6号1744頁
　…………………………………………【67】74
大阪地判平13・7・17 交民集34巻4号922頁
　…………………………………………【68】76
東京地八王子支判平14・9・5 交民集35巻5号
　17頁……………………………………………22
大阪地判平15・5・9 判時2828号68頁……154, 213

間接被害者の判例総合解説　　221

〔著者紹介〕

平野 裕之（ひらの ひろゆき）

略歴　1960　東京都に生まれる
　　　1982　明治大学法学部卒業
　　　1984　明治大学大学院法学研究科博士前期課程修了
　　　1995　明治大学法学部教授
　　　現在　慶應義塾大学法科大学院教授，早稲田大学法学部非常勤講師

〔主要著作〕

著書　『基礎コース民法入門』，『基礎コース民法Ⅰ（第2版）』，『基礎コース民法Ⅱ』（以上，新世社），『民法総則』（日本評論社），『論点講義シリーズ物権法（第2版）』（弘文堂），『製造物責任の理論と法解釈』，『債権総論（プラクティスシリーズ）』，『契約法（第2版）』，『保証人保護の判例総合解説』（以上，信山社），『考える民法Ⅰ』，『考える民法Ⅱ』，『考える民法Ⅲ』，『考える民法Ⅳ』（以上，辰巳法律研究所），『法曹への民法ゼミナールⅠ』『法曹への民法ゼミナールⅡ』，『プチゼミ債権法総論』（以上，法学書院）．

論文　「契約責任の要件としての契約の存在」法律論叢67巻2・3号，「契約責任と第三者」法律論叢67巻4・5・6号，「契約外の第三者と損害賠償責任」『玉田弘毅先生古稀記念論文集現代民法学の諸問題』「投資取引における被害者救済法理の相互関係について(1)(2)」法律論叢71巻1号，2・3号，「フランス法におけるlettre d'intentionの法理について」法律論叢71巻4・5号，「債権者代位権の優先的債権回収制度への転用(1)〜(3)」法律論叢72巻2・3号，4号，5号「契約上の「債務の不履行」と「帰責事由」」椿寿夫教授古稀記念現代取引法の基礎的課題，「法人保証の特質」NBL別冊『法人保証の現状と課題』，「根保証契約における保証人の死亡」法律論叢73巻4・5号，「フランス法における法人保証」金融法研究17号，「一部無効」『法律行為無効の研究』，「無権代理無効」同前，「非権利者処分無効」同前，「態様別にみた無効」NBL別冊『法律行為無効の研究』「債権の排他的回収を可能とする法定の制度(1)(2)・完」民事研修535号，537号，「態様別にみる無効」私法64号，「責任財産秩序の矯正手段をめぐって」『遠藤浩先生傘寿記念，現代民法学の理論と課題』「代理における顕名主義について」法律論叢75巻2・3号など．

間接被害者の判例総合解説　　　　　　　　　　　判例総合解説シリーズ

2005(平成17)年7月25日　第1版第1刷発行　5658-0101

著　者　平野裕之
発行者　今井　貴・稲葉文子　　発行所　株式会社信山社　東京都文京区本郷6-2-9-102
　　　　　　　　　　　　　　　電話(03)3818-1019　〔FAX〕3818-0344〔営業〕　郵便番号113-0033
　　　　　　　　　　　　　　　印刷／製本　松澤印刷株式会社

©2005，平野裕之　Printed in Japan　落丁・乱丁本はお取替えいたします．　NDC分類324.211
ISBN 4-7972-5658-3　　　　　　　★定価はカバーに表示してあります．

Ⓡ〈日本複写権センター委託出版物・特別扱い〉　本書の無断複写は，著作権法上での例外を除き，禁じられています．本書は，日本複写権センターへの特別委託出版物ですので，包括許諾の対象となっていません．本書を複写される場合は，日本複写権センター(03-3401-2382)を通して，その都度，信山社の許諾を得てください．

判例総合解説シリーズ

分野別判例解説書の新定番　　　　　実務家必携のシリーズ

実務に役立つ理論の創造
緻密な判例の分析と理論根拠を探る

石外克喜 著（広島大学名誉教授）　2,900 円
権利金・更新料の判例総合解説
●大審院判例から平成の最新判例まで。権利金・更新料の算定実務にも役立つ。

生熊長幸 著（大阪市立大学教授）　2,200 円
即時取得の判例総合解説
●民法192条から194条の即時取得の判例を網羅。動産の取引、紛争解決の実務に。

土田哲也 著（香川大学名誉教授・高松大学教授）　2,400 円
不当利得の判例総合解説
●不当利得論を、通説となってきた類型論の立場で整理。事実関係の要旨をすべて付し、実務的判断に便利。

平野裕之 著（慶應義塾大学教授）　3,200 円
保証人保護の判例総合解説
●信義則違反の保証「契約」の否定、「債務」の制限、保証人の「責任」制限を正当化。総合的な再構成を試みる。

佐藤隆夫 著（國学院大学名誉教授）　2,200 円
親権の判例総合解説
●離婚後の親権の帰属等、子をめぐる争いは多い。親権法の改正を急務とする著者が、判例を分析・整理。

河内 宏 著（九州大学教授）　2,400 円
権利能力なき社団・財団の判例総合解説
●民法667条〜688条の組合の規定が適用されている、権利能力のない団体に関する判例の解説。

清水 元 著（中央大学教授）　2,300 円
同時履行の抗弁権の判例総合解説
●民法533条に規定する同時履行の抗弁権の適用範囲の根拠を判例分析。双務契約の処遇等、検証。

右近 建男 著（岡山大学教授）　2,200 円
婚姻無効の判例総合解説
●婚姻意思と届出意思との関係、民法と民訴学説の立場の違いなど、婚姻無効に関わる判例を総合的に分析。

小林 一俊 著（大宮法科大学院教授・亜細亜大学名誉教授）　2,400 円
錯誤の判例総合解説
●錯誤無効の要因となる要保護信頼の有無、錯誤危険の引受等の観点から実質的な判断基準を判例分析。

小野 秀誠 著（一橋大学教授）　2,900 円
危険負担の判例総合解説
●実質的意味の危険負担や、清算関係における裁判例、解除の裁判例など危険負担論の新たな進路を示す。

平野裕之 著（慶應義塾大学教授）　2,800 円
間接被害者の判例総合解説
●間接被害による損害賠償請求の判例に加え、企業損害以外の事例の総論・各論的な学理的分析をも試みる。

三木 義一 著（立命館大学教授）　2,900 円
相続・贈与と租税の判例総合解説
●譲渡課税を含めた相続贈与税について、課税方式の基本原理から相続税法のあり方まで総合的に判例分析。

松尾 弘 著（慶應義塾大学教授）　【近刊】
詐欺・強迫の判例総合解説
●関連法規の全体構造を確認しつつ判例分析。日常生活の規範・ルールを明らかにし、実務的判断に重要。

信山社